AF537651

Impressum:
Serena Müller c/o Block Services
Stuttgarter Str. 106, 70736 Fellbach
kontakt@serena-mueller.de
www.serena-mueller.de

Gesamtgestaltung: Serena Müller
ISBN: 978-3-75467-533-5

Bibliographische Information der Deutschen Nationalbibliothek:
Die Deutsche Nationalbibliothek verzeichnet diese Publikation in der Deutschen Nationalbibliografie. Detaillierte bibliografische Daten sind im Internet über dnb.dnb.de abrufbar.

Herstellung und Druck über tolino media GmbH & Co. KG,
Albrechtstr. 14, 80636 München. Printed in Germany.
Fragen zu Produktsicherheit an: gpsr@tolino.media.

Maya

und das Geheimnis des Mandelbrotbaums

Serena Müller

TEIL 1

0: Der Ursprung

DER TOD DES EINSIEDLERS

Kurz vor der Lichtung hört der Fremde die Axt schlagen. Inmitten der Einsamkeit trifft jemand Vorbereitungen für den Winter. Ein knorriger alter Mann. Die Haut hängt ihm schlaff über den Wirbeln und spannt sich nur noch dann, wenn er die Axt in die Höhe hebt. Es ist dies die Haltung seiner Jugend. Ob er das kommende Frühjahr noch erleben wird? „Nein“, schlägt die Axt. „Nein.“ Und noch einmal: „Nein.“ Lässt sich sein Schicksal noch abwenden? „Nein.“ Es ist längst besiegelt und in dem Moment, als er sich zu dem Fremden umdreht, huscht auch noch das letzte bisschen Hoffnung durchs Unterholz davon. Denn in den Augen des Fremden spiegelt sich das sorgsam gehütete Geheimnis des Einsiedlers. Ein letztes Mal fällt die Axt: „Jetzt.“

Der Wanderer starrt noch immer auf das hölzerne Amulett, das an der schweißnassen Brust des Alten klebt. Es haftet dort genauso fest wie die 13 Symbole an der Erinnerung des Fremden. Mit metallischem Klicken fügen sich die Puzzlestücke in seinem wahnsinnigen Hirn ineinander, bis ein fleckiges Leinenhemd die Verbindung trennt und sich die Blicke der Männer treffen. Beide wissen, was die Stunde geschlagen hat. Und dennoch sagt der Fremde beiläufig, wie von einer automatischen Kraft gesteuert:

„Ich suche den Wasserfall. Man sagte mir, ich solle ihn auf jeden Fall einmal sehen, so lange ich hier bin."

„Ich bin fertig", antwortet der Alte, geht hinüber zum Stall, öffnet das Gatter und greift zum Stock. „Gehen wir."

Ein Stück weit schweigen sie. Es kostet den Alten einige Kraft, sich auf den Beinen zu halten und der Jüngere passt sich dem trägen Schritt an.

„Sie können mir den Weg auch beschreiben. Sie brauchen mich nicht zu begleiten", sagt er. Der Form halber.

Der Alte verharrt für einen Moment. „Es gibt Wege", sagt er, „die keiner für dich gehen kann." Dabei scheint er ihn mit seinem Blick zu durchleuchten. „Und diesen Weg, mein Sohn, haben wir beide gemeinsam zu gehen."

Ein eisblauer Schleier legt sich über die Männer. Der Fremde versucht, die Farce zu wahren und stellt sich in gekünsteltem Plauderton als Journalist vor, der an einem Artikel über das Leben vor Ort arbeite.

„Sie haben da ein interessantes Amulett umhängen. Können sie mir etwas darüber erzählen?"

„Du hast ein geschultes Auge, mein Sohn", antwortet der Alte. „Doch was ich dir darüber erzählen könnte, würde dir nichts nützen." Er atmet schwer. „Fremdes Wissen lässt sich nicht so einfach übernehmen. Man muss immer auch das dazugehörige Bewusstsein entwickeln. Wissen ohne Bewusstsein ist leblos. Du kannst sein wahres Ausmaß weder erkennen noch nutzen. Und im schlimmsten Fall wirst du es missbrauchen und es wird sich gegen dich und

andere richten." Er hustet schwer und würde sein Gehstock die Erschütterungen nicht ins Erdreich ableiten, würden die Rippen brechen wie klackernde Dominosteine. „Mein Sohn, bei allem, was du tust, erinnere dich daran, was ich dir jetzt sage ..."

Aus der eingefallenen Tiefe seiner Augenhöhlen stechen die Pupillen wie Stecknadeln. Ungeahnte Kraft liegt in ihnen. Eine Kraft, die nicht nur sein Gegenüber in aufmerksame Starre versetzt, sondern auch die eigenen, hundertfach gefalteten Lider am völligen Erschlaffen hindert.

„Wissen gehört nicht hierhin", sagt er, wobei er mit dem krummen Zeigefinger an seine Schläfe tippt, „sondern hierhin. Ins Herz. Wissen muss durchs Herz fließen. Erst dort wird es lebendig und erst dort zeigt es sein Potenzial. Und erst dann, mein Junge, erst dann sollst du es nutzen. Dann nämlich wird dir alles gelingen, was du tust, denn du wirst es zum Wohle des Ganzen tun. Wissen im lebendigen Zustand ist an das Bewusstsein gebunden und lässt sich nicht einfach so weiterreichen. Deshalb: Belaste dich nicht mit meinen Angelegenheiten. Lass es gut sein."

„Ich glaube kaum, dass mich ihre Geschichte belasten würde. Als Journalist lebe ich schließlich von den Geschichten anderer Menschen." Er spielt seine Rolle gut. Es fehlt nicht mehr viel und der Alte wird ihm sein Geheimnis verraten.

„Nicht nur mein altes Herz ist schwach, mein Sohn. Auch ein junges, ein starkes Herz kann täuschen – und getäuscht werden. Es kann den falschen Fährten folgen. Ich selbst musste dies in meiner Jugend erfahren. Und ich würde alles dafür geben, könnte ich rückgängig machen, was ich getan habe. Höre ganz genau hin, wenn sich ein Wunsch auftut.

Hinterfrage deine wahren Gründe. Und schau dir auch die Konsequenzen deines Handelns ganz genau an, bevor du aktiv wirst. Herz und Verstand müssen miteinander arbeiten, wenn große Aufgaben anstehen. Denn manchmal haben wir viel größere Macht als wir denken. Vergiss das nie.“

Das ist nun überhaupt nicht das, was der Fremde hören wollte. Er hält nicht viel von solcherlei Weisheiten. Sie gehören für ihn, wenn überhaupt irgendwohin, dann auf Kalenderblätter in die Küchen gutmütiger Großmütter. Doch er schweigt. Er merkt, dass dem Alten die Kräfte schwinden. Er hat keine Eile. Er ist seinem Ziel so nah.

Als sie den Wasserfall erreichen, schlurft der Alte leichtsinnig nahe an den Abgrund heran.

„Hier“, sagt er. „Hier endet unser gemeinsamer Weg.“

„Woher haben sie das Amulett?“, nimmt der Jüngere sein Thema wieder auf, ohne dem Naturschauspiel Beachtung zu schenken.

„Schau hin“, sagt der Alte. „Seit ich denken kann, rauscht das Wasser hier hinunter. Mal mehr und mal weniger. Aber es fließt stetig. Was wir sehen, ist immer nur ein Moment. Immer nur eine Perspektive. Woher alles kommt, wohin alles geht – das erschließt sich uns nur, wenn wir bereit sind, die unendlichen Spiralen des Lebens wahrzunehmen. Jeder einzelne Tropfen, jedes noch so kleine Molekül trägt in sich das Wesen des Ganzen. Wenn du dies einmal erkannt hast, wirst du sein Wirken überall sehen.“

„Und der Anhänger? Was hat es mit seiner, ähm, Struktur auf sich? Darf ich ihn mal sehen?“

Der Alte fasst das speckige Lederband mit beiden Händen und presst die knochigen Fäuste gegen die Brust, bevor sich sein Schädel nach vorne neigt und er das Amulett in einer langsamen, feierlichen Bewegung darüber zieht.

Der Fremde hätte nicht gedacht, dass es so einfach sein könnte. Nur ein einziger Griff und das Ding wäre für immer seines. Wie sollte dieser Greis ihn jemals einholen, wenn er sich davon machte? „Da wird dir auch kein Feuerblick helfen, mein Lieber", denkt er, als er die Hände nach dem Anhänger ausstreckt. Die Fäuste des Alten schließen sich fester. Der Fremde zieht. Der Alte nimmt alle Kraft zusammen. Vergeblich bäumt er sich auf gegen den jugendlichen Irrsinn. Ein einziger Stoß, ein kräftiger Ruck und er verliert ein letztes Mal in diesem Leben das Gleichgewicht.

Das Grollen des Wasserfalls verschluckt die Stille und in Kürze auch alles, was jemals an den Einsiedler erinnerte. Beinahe alles. Denn das geheimnisvolle Amulett verbleibt in der Hand des Fremden. Mit kaltem Triumph steckt er es in die Innentasche seiner Jacke, wirft noch einen letzten Blick in die Schlucht und wandert zurück ins Dorf. —

1: Das Bewusstsein

Weit entfernt in tiefer Nacht

„Hilflos hin oder her – wir können sie nicht bei uns aufnehmen!“
Die Worte des jahrhundertealten Mannes raspeln über seine Stimmbänder. Sein Gesicht zuckt vor Erregung. Wie kann Tala nur ernsthaft ein solches Szenario in Erwägung ziehen? Damit setzt sie nichts weniger als die Existenz des gesamten Volkes aufs Spiel.

„Es geht nicht nur um uns, Tala“, fügt er hinzu. „Ich will gar nicht daran denken, was diese Malhani außerdem …“
Im Mondlicht sieht Osmo seine Argumente an den langen Haaren der Greisin abperlen wie Wassertropfen an schimmernden Silberfäden. Erschöpft lässt er sich auf den mächtigen Stamm sinken, den das Meer einst an Land gespült hat.

Tala schweigt. Natürlich ist sie sich darüber im Klaren, in welche Gefahr sie die Letzten und Einzigen ihrer Art manövriert: Diese Frau, deren Ankunft sich andeutet, ist eine Malhani. Eine Entwurzelte. Sie gehört jener Gattung der Menschheit an, die seit ihrer Trennung vom Ursprung, als das Denken die Oberhand gewann, in irrer Fantasterei über den Planeten rast. Doch Tala weiß auch nur zu genau, dass die aktuellen Konstellationen glasklare Entscheidungen fordern. Eine Neuordnung steht bevor. Alles Leben summt bereits auf dieser Frequenz und selbst der Mond hängt in dieser Nacht heller über der kleinen Insel als sonst. Wie sein Schein, so lag bisher auch der universelle Schutz über allem und ermöglichte es ihrem Volk, das Wissen der alten Zivilisationen vor der Entdeckung durch die Malhani zu bewahren. Doch dieser Schild ist nun dabei, sich aufzulösen.

„Du kennst den Prozess so gut wie ich, Osmo", sagt sie schließlich. „Die Öffnung lässt sich nicht aufhalten. Wir müssen dafür sorgen, dass das Zentrum den nötigen Schutz hat, während die Erde atmet und ihre Wandlung durchläuft. Durch den Tod des Zweiten ist eine Lücke entstanden, die geschlossen werden muss, Osmo. Wir brauchen einen neuen Hüter der Verbindungen. Und zwar wie immer von innen heraus, aus dem Kreis der Malhani selbst."

Nach einer kurzen Pause, in der sie zum hundertsten Mal in die Situation hinein spürt, fügt sie hinzu: „Diese Malhani verfügt über die Anlagen, die dem Schutzkreis fehlen – wenn auch reichlich verkümmert. Da hast du Recht. Allerdings musst du zugeben, dass wir auf ihre Hilfe mehr angewiesen sind als sie auf unsere. Für sie steht nur ihr eigenes Leben auf dem Spiel. Wir hingegen sind für sehr viel mehr verantwortlich."

Zart und sachte schwappen kleine Wellen an den Strand. Sie beenden ihre lange Reise über den Pazifik, kriechen neugierig an die zwei Weisen heran und hoffen doch vergeblich, den Ausgang des Gesprächs mit hinunter in die Tiefe nehmen zu können.

„Das Risiko ist zu groß, Tala!“ Ein letztes Mal gibt Osmo seinen Standpunkt zu bedenken. Doch seine Worte haben ihre Stärke eingebüßt. Kraftlos fallen sie zu Boden wie die Häufchen zerkauter Kavablätter neben seinen Füßen. „Wir können diese Malhani nicht aufnehmen und hoffen, dass sie uns ausgerechnet gegen die Gefahr schützt, die sie selbst uns bringt.“

„Doch“, entgegnet Tala mit jener Zuversicht in der Stimme, die noch keine Bekanntschaft mit dem Alter gemacht zu haben scheint. „Die Gefahr, die sie bringt, ist nicht die Einzige, die über uns schwebt. Bis der Wandel vollzogen ist, werden wir alle Kräfte benötigen. Sie ist eine Malhani und doch ist sie in ihrem innersten Wesenskern ein Mensch. Und allein darum geht es. Darin liegt die Hoffnung. Deshalb werden wir ihr ermöglichen, was sie für ihre Entwicklung braucht. So, wie wir es bei den anderen auch getan haben.“

Osmo seufzt. Zähneknirschend legt er die Zukunft seiner Welt in die Hand einer Malhani. Es wird ihm schwer fallen, dem Geschehen zuzusehen und darauf zu vertrauen, dass sie allein die richtigen Entscheidungen treffen wird. Denn er weiß, dass nur Entscheidungen, die aus freiem Willen und innerem Antrieb getroffen werden, die Macht zu wahrer Veränderung und wahrem Leben in sich tragen.

2: Die Verbindung

Maya

Es ist kein Wunder, dass der rote Peugeot im Verkehrschaos dieses tiefgrauen Junimorgens zwei Minuten später als üblich an der Berngrader Kreuzung zum Stehen kommt. Französisch manikürte Fingernägel trommeln zu Lucio Battistis ‚Il mio canto libero' aufs Lenkrad. Wie gerne würde Maya den Verantwortlichen für diese nervtötende Ampelschaltung einmal zur Rede stellen. Entweder hat er es bewusst darauf angelegt, die Leute zu schikanieren oder aber er hat schlicht keine Ahnung von seinem Job.

Ihre schwarzen Pumps zielen aufs Gaspedal und der scharfe Blick streift das Display der Uhr: 6:37. Sie wird sich ranhalten müssen. Die letzten Bilder müssen noch in die – na endlich! Spiegel, Schulterblick, Gas! – Präsentation eingefügt werden. Zu dumm, dass sie ihren Stick gestern im Lehrerzimmer hatte liegen lassen. Ein dummer Fehler, der nur passieren konnte, weil Karin mit ihrem chronischen Durcheinander wieder einmal alles um sich herum mit ins Chaos riss. Maya hätte ihr einfach nicht erlauben dürfen, sich die Materialien zu kopieren, dann hätte der Stick auch an seinem Platz gelegen und sie hätte ihn regulär mit den anderen Unterlagen eingepackt.

„Es ist doch immer das Gleiche“, rauscht es ihr durch den Kopf, während sie vor dem LKW auf die rechte Fahrbahn einfädelt. „Warum schaffen die anderen es eigentlich nicht, eine gewisse Grundordnung zu halten? Das ist doch wirklich nicht so schwer. Aber Karin ist und bleibt eine Schluderliese, bei der wahrlich nicht nur die Frisur ungeordnet ist. Neulich wollte sie ihr doch allen Ernstes weismachen, dass das Eselsohr in der Vorlage kein Problem sei: ‚Sieht man ja auf den Kopien eh nicht.‘ Also mit der Einstellung –“.

Schwungvoll parkt Maya auf ihrem Parkplatz, streckt den Schirm mit einem sicheren Hieb nach draußen und hätte einen potenziellen Gegner ziemlich sicher ins Herz getroffen. Mit Genugtuung beobachtet sie, wie das Instrument ihres Willens per Knopfdruck aufspringt. Dann fährt sie das linke Bein mit lang geübter Eleganz weit aus und platziert den Bleistiftabsatz ihres Gianvito Rossi sicher am Pfützenufer vor dem Ausstieg. Ihm folgt der schlanke Oberkörper, der sich in gleichmäßigem Flow über die Beine schiebt und in der Berghaltung aufrichtet. Würde sie jemand vom Fenster des Schulgebäudes aus beobachten, wäre er von der Anmut ihrer Bewegungen sicherlich fasziniert. Doch es beobachtet sie niemand.

„Jetzt aber schnell ins Trockene!“ Mayas klassischer Bob verträgt so hohe Luftfeuchtigkeit überhaupt nicht. Nebel und Regen stellen genauso wie Schnee echte Gefahren dar, die das mühsame Werk von Fön und Rundbürste innerhalb weniger Sekunden zerstören können.

„So viel Ordnung im Kopf wie auf dem Kopf“, hatte ihre Mutter immer gesagt, während sie Klein-Mayas Haarpracht mit dem Glätteisen stramm zog. Damals war Maya noch wild gewesen und hatte es geliebt, mit den Nachbarskindern durch die Gärten zu toben.

„Damals hätte ich mich wahrscheinlich sogar gut mit Karin verstanden,“ sinniert sie. „Aber im Gegensatz zu ihr bin ich inzwischen erwachsen geworden und habe mein Leben im Griff.“

Im Lehrerzimmer angekommen fällt ihr erster Blick wie üblich auf die alte Bahnhofsuhr. Punkt 7:00 Uhr. An irgendeiner Stelle hatte sie die zwei Minuten Verspätung wieder wett gemacht.

„Läuft doch alles nach Plan,“ lächelt sie in sich hinein. Und als etwa eine Viertelstunde später allmählich die Kollegen eintrudeln, sitzt Maya tip top vorbereitet und startklar in der Lounge-Ecke, nippt genüsslich an ihrem Morgenkaffee und beobachtet das Treiben am heillos überlasteten Kopierer.

***

Hast du dir den Stoff denn überhaupt nicht angeschaut, Julius?“, fragt Maya kopfschüttelnd und legt ihren Füllfederhalter zur Seite. Das Wissen dieses Jungen hat nicht einmal für ein einziges Häkchen auf dem Abfrageprotokoll gereicht.

„Nee.“

„Aber warum denn nicht? Wie groß soll der Zaunpfahl denn noch sein, mit dem ich dir zuwinke – hast du mich gestern nicht verstanden?“

„Doch.“

„Na – und? Da setzt man sich doch wenigstens dieses eine

Mal zu Hause hin und lernt, oder etwa nicht?“

Julius murmelt vor sich hin.

„Julius, ich kann dich nicht verstehen, wenn du so brabbelst. Sprich bitte laut und deutlich.“

„Ich hab gesagt: Das ist doch totaler Blödsinn“, sagt Julius nun – laut und deutlich.

„Was ist Blödsinn?“

„Na, dieses Bulimielernen für gute Noten. Überhaupt der ganze Mist, den wir hier in uns reinpauken sollen.“

Maya schaut ihn entgeistert an. Ihr fehlen die Worte.

„Was bringt es mir denn für meine Zukunft, mich mit Napoleon zu beschäftigen? Soll ich mit Napoleon aufs Schlachtfeld ziehen oder was? In dem Fall wäre es natürlich schon sinnvoll, seine Strategie zu kennen und zu wissen, welches Jahr wir gerade haben. Aber das ist doch alles längst vorbei. Und was da in den Geschichtsbüchern steht, das ist doch immer nur die halbe Wahrheit – geschrieben von den jeweiligen Siegermächten. Sowas lerne ich nicht auswendig.“

Julius’ Augen blitzen. So lebendig hat Maya ihn schon lange nicht mehr gesehen. Er ist ja richtig außer sich.

„Warum sprechen wir nicht mal über die Kriege, die aktuell stattfinden und die nicht mal mehr beim Namen genannt werden? Unsere Lehrpläne gehen doch völlig an unserer Lebenswirklichkeit vorbei, sind total veraltet. Unsere Generation will und muss sich mit ganz anderen Themen beschäftigen, Frau Kussmann.“

Großartig. Maya steht noch keine Viertelstunde vor der Klasse und schon legt sich der verhasste heiße Ring um ihre Nase, die Blutgefäße erweitern sich, die ansonsten makellose Haut nimmt sich dezent zurück und ihre Wangen

… ihre Wangen strahlen in leuchtendem Karmesinrot. Als hielte jemand von innen eine Taschenlampe dagegen. Warum um Himmels willen muss sie immer rot werden, wenn ihr Familienname fällt? Krampfhaft versucht sie, sich auf Julius' Wortschwall zu konzentrieren. Seine Stimme bricht, überschlägt sich. Und wenn Maya könnte, würde sie mit ihm tauschen, denn bei ihm wird der pubertäre Spuk in ein paar Monaten vorüber sein. Sie jedoch ist seit jeher und fürs Leben gezeichnet. „Konzentriere dich jetzt endlich. Du wirst ihm gleich antworten müssen!“, fährt sie sich im Geiste an.

„… Vollgas auf den großen Crash zu. Und wir sollen hier wie vor 100 Jahren Hefteinträge auswendig lernen? Wir sollen uns von einer Notenskala beurteilen lassen, deren einziges Ziel es ist, alle gleichzuschalten und Druck auszuüben. Nur die richtige Antwort zählt? Wie wäre es denn mal mit *auf*-richtig? Korrekt, fehlerfrei und gefügig arbeiten Computer und zwar viel perfekter, als es ein Mensch je könnte. Wenn wir nicht zu minderen Maschinen degradiert werden wollen, dann sollten wir anfangen, unseren Fokus auf das zu lenken, was uns von Computern unterscheidet: Menschlichkeit nämlich, Empathie, Kreativität. Und wenn wir uns endlich auf gesunde Werte besinnen und damit meine ich ein nachhaltiges Miteinander im ganz großen Kontext, nicht nur Mensch-Mensch, sondern auch Mensch-Natur, dann wird die Welt mit etwas Glück wieder zu einem Ort, an dem man gerne lebt. Ohne Angst. Aber dafür müssen wir erstmal weg von den alten, eingefahrenen Denkstrukturen, von richtig und falsch, nützlich und wertlos, denn die haben uns doch letztendlich in die aktuelle Situation gebracht. Wir müssen miteinander Neues denken. Sehen sie das denn nicht, Frau Kussmann?“

Sching. Und schon wieder glühen die Wangen. Maya hat von Psychotherapie bis sündteurem Make Up, von Globuli bis Meditation wirklich alles versucht, das Rotwerden in den Griff zu bekommen. Doch das Einzige, was sie erreicht hat, ist, dass es nicht mehr so lange anhält. Zwei bis drei Sekunden, dann ist es vorbei. Aber diese zwei bis drei Sekunden können genügen, den Respekt des Gegenübers zu verlieren. Das Einfachste wäre es natürlich ihren Namen zu ändern, aber diesen Schlag gegen die Familienehre würden ihr die Eltern Kussmann niemals verzeihen. Und heiraten, ja, das ist gerade mal wieder in sehr weite Ferne gerückt.

In der Klasse herrscht noch immer betretenes Schweigen. Es war das erste Mal seit dem Tod seiner Eltern, dass Julius von sich aus sprach. Seit Monaten hatte man von ihm nur das Allernötigste gehört. Wenn überhaupt. Er hatte sich von allem abgekoppelt. Nichts und niemand schien ihn zu interessieren. Und dann auf einmal dieser harsche Ausbruch, diese scharfe Meinung zum Puls der Zeit?

„Wenn ich jetzt darauf eingehe“, überlegt Maya, „komme ich mit dem Stoff nicht mehr durch.“ Sie muss die Diskussion abbrechen, bevor sie ihr entgleitet. Am Besten mit Verständnis. Verständnis wirkt immer.

„Ich verstehe, was du sagen willst, Julius“, sagt sie also und setzt sich in Lehrerpose aufs Pult. „Und du hast in manchen Punkten sicherlich nicht ganz Unrecht.“

Überrascht blickt Julius auf.

„Schau, jede Generation macht in deinem Alter dasselbe durch – jede Generation rebelliert gegen das Alte und will neue Wege gehen. Das ist ganz normal. Und das muss auch so sein, sonst könnten wir uns ja nicht entwickeln. Weder als Individuum, noch als Gesellschaft, noch als Menschheit. Dreh doch mal die Zeit zurück – kannst du dir vorstellen, wie nervtötend es für Napoleon seinerzeit gewesen sein muss, als junger, ehrgeiziger Korse im absolutistischen Frankreich zu leben? Ganz egal, wie sehr er sich anstrengte – damals waren alle Privilegien und die Chance auf beruflichen Erfolg ausnahmslos dem Hochadel vorbehalten."

Seufzend lehnt sich Julius in seinem Stuhl zurück, verschränkt die Arme und lässt das Unausweichliche über sich ergehen – er hätte es sich ja denken können:

„Im Vergleich dazu habt ihr doch nun wirklich keinen Grund zu rebellieren: Ihr habt alle Möglichkeiten, eure Träume und Visionen zu verwirklichen – sobald", Maya macht eine kurze theatralische Pause, „ihr euren Abschluss in der Tasche habt. Vorausgesetzt natürlich, ihr legt euch ein bisschen ins Zeug. Ich kann euch deshalb allen nur empfehlen, im Unterricht mitzumachen. Napoleons Vorgehen als solches mag für euer praktisches Leben vielleicht nicht relevant sein, aber diese Dinge sind nun einmal passiert. Sie sind Teil auch eurer Geschichte. Ihr könntet durch die Beschäftigung damit etwas über das Wesen des Menschen lernen oder über den Umgang des Menschen mit Macht oder über die Dynamik gesellschaftlicher und politischer Prozesse, oder, oder, oder."

Still und heimlich rollt der Stein von Mayas Herzen. Das war wieder einmal ein elegantes Manöver. Es ist ihr gelungen, den drohenden Aufstand im Keim zu ersticken und im selben Atemzug den Fokus ihrer Schüler wieder auf den Unterricht zu lenken. Das soll ihr mal einer nachmachen. Jetzt gilt es aber umso mehr, die Klasse bei der Stange zu halten. Sie muss umplanen. Dafür wird der gesamte Zeitpuffer für diese Woche draufgehen, aber es könnte dieses Mal tatsächlich interessant werden.

“Okay. Passt mal auf.“ sagt sie, „ich mache euch einen Vorschlag: Julius meinte, ihr wollt miteinander Neues denken? In Ordnung. Dann lest ihr jetzt zuerst den Text ‚Freiheit – Gleichheit – Brüderlichkeit‘ auf Seite 174, jeder für sich. Anschließend geht ihr in die Geschichtsgruppen zusammen und verfasst ein fiktives Interview mit dem jungen Napoleon – der war 1789 nämlich nicht wesentlich älter als ihr jetzt. Überlegt euch drei Fragen, die ihr ihm stellen würdet, wenn er heute hier wäre. Und überlegt euch auch, was er antworten würde. In Stichpunkten. Alles klar?“

„Äh, Frau Kussmann, woher soll ich denn wissen, was der antwortet? Ich hab doch ’ne 5 in Französisch,“ säuselt es aus der dritten Reihe und die Klasse lacht. Dabei ist unklar, ob das Lachen sich auf Fredis Kommentar bezieht oder auf Mayas Namensröte. Wahrscheinlich auf beides.

„Irgendeiner aus deiner Gruppe wird schon für dich übersetzen können, Fredi. Da mache ich mir keine allzu großen Sorgen“, kontert sie, „und jetzt konzentriert euch auf den Text. Fünf Minuten Lesezeit – ab jetzt.“

DER FREMDE

Der Fremde sitzt am urigen Eichenholztisch seines Wochenendhauses. Er hat die blau-karierten Leinenvorhänge zugezogen und den Teller mitsamt Brotkrumen und dem restlichen Stück Käse beiseite geschoben. Im fahlen Licht der Jägerlampe betrachtet er seine Trophäe von allen Seiten.

„Für einen richtig schönen Braten muss man über Leichen gehen", hatte der Großvater seinerzeit immer gesagt. Hätte der eingefleischte Weidmann allerdings geahnt, dass sein Enkel diesen Ausspruch so skrupellos missbrauchen würde, hätte er zweifelsfrei geschwiegen. Aber der Gute liegt längst unter der Erde und wird niemals erfahren, dass von dem unbeschwerten Gemüt seines Enkels nach so vielen Jahren nicht mehr als ein paar verblasste Sommersprossen geblieben sind. Und er wird niemals erfahren, wie hart, wie kalt der Verstand seines lieben Jungen geworden ist. Was aber hatte er denn für eine Wahl? Dieser spezielle Fall erforderte nun einmal alle Mittel. Das hätte selbst der Großvater eingesehen. Im Übrigen wird der Kopf des Einsiedlers nicht der erste gewesen sein, der in dieser Sache hatte rollen müssen. Dieser Talisman hat mit Sicherheit schon zahlreiche Leben auf dem Gewissen. Denn

wenn er Recht hat, wenn seine Vermutung stimmt, dann ist dieses unscheinbare Schmuckstück nicht nur ein besonders hübscher Klumpen geschnitzten Holzes – dann ist das Amulett vielmehr der leibhaftige Beweis für die Existenz der Bücher! Und nicht nur der Beweis. Es ist die erste ganz konkrete Spur, die ihn zu den Büchern führen wird!

Ob noch jemand außer ihm die Maske mit der Inschrift gefunden hatte? Und wichtiger noch: Ob derjenige auch die wahre Bedeutung der Inschrift erkannt hatte? Zumindest war offenbar noch niemand bis ans Ziel gelangt, andernfalls hätte die Welt ja etwas von der spektakulären Entdeckung der Goldenen Bücher erfahren. Doch nichts dergleichen. Lediglich die Parawissenschaften ziehen deren Existenz überhaupt in Erwägung und vermuten sie in einem finsteren Versteck, wo sie seit Jahrtausenden ihrer Entdeckung harren. Die seriöse Archäologie hingegen wird nicht müde, selbst die offensichtlichsten Hinweise darauf in den Bereich der Legenden zu verbannen. Und das, obwohl unzählige antike Schriften einhellig davon berichten. Aber wer nicht sehen will, der braucht auch nicht zu sehen. Und wer nicht sehen will, dem gebührt auch kein Ruhm. Stattdessen wird er es sein, der Teilchen für Teilchen dieses Puzzles aufspüren und zusammenfügen wird. Und sein Erfolg wird ihm Recht geben. Sein Glaube wird ihn zum reichsten Mann der Welt machen. Zum heimlichen Herrscher über die Welt.

Er lacht. Wie das klingt. Natürlich geht es ihm nicht darum, die Welt zu beherrschen. Das überlässt er Hollywood und seinen Superhelden. Unermesslicher Reichtum würde ihm schon genügen. Und der ist ihm gewiss, sobald er diese Goldene Bibliothek aufgespürt hat und ein Buch nach dem anderen auf dem Schwarzmarkt verhökert. Das wird eine Sensation! Ausgerechnet er, der von der Universität Verstoßene, würde den Gelehrten diesen Braten zum Fraß vorwerfen und ihre ganzen Konstrukte, ihr gesamtes armseliges Weltbild zum Einsturz bringen. —

3. Die Lebensfreude

Bellavista

Antonios charmantes Lächeln legt sich an diesem Abend wie Balsam auf Mayas geplagte Seele – egal wie oft sie sich sagt, dass es genau diese Freundlichkeit gewesen sein musste, die ihm kürzlich das Prädikat ‚Bester Ober der Stadt' eingebracht hat. Er spielt seine Freude über ihr Erscheinen wie immer so galant, dass Maya ihm einfach glauben möchte. In keinem anderen Restaurant fühlt sie sich so herzlich willkommen und in Sekundenbruchteilen so fern des Alltags wie im Bellavista. Sie folgt ihm zu ihrem Stammplatz auf der Dachterrasse. Vornehm und langsam sind seine Bewegungen. Wie ein durchs Wasser watender Flamingo bahnt er sich seinen Weg durch die Sitzgruppen, im ewigschwarzen Nadelstreifenanzug mit perfekter Bügelfalte.

„Bitteschön, die Dame", sagt er und rückt Maya den Rattansessel zurecht. „Begleitung komme gleich, eh?"

Ja, so ist es. Annas Zuspätkommen ist zum festen Bestandteil der Donnerstagabendroutine geworden. Käme sie mit einem Mal pünktlich, gerieten die liebgewonnenen

Abläufe völlig durcheinander: Anna würde sich setzen und den Flyer zum Wein der Woche mit einem einzigen Wisch zur Seite schieben. Dabei ist doch gerade der Wein der Woche der Grund, weswegen Maya den Donnerstag als Bellavista-Tag gewählt hat: Donnerstags präsentiert Antonio den Hobby-Sommeliers der Stadt einen ganz besonderen Tropfen aus seiner italienischen Heimat. Dazu gestaltet er stets ein hübsches Informationsblättchen zu Rebsorte, Winzer, Weingut und Anbauregion. Maya sammelt diese Flyer in einem eigens dafür angelegten Ordner mit der Aufschrift ‚Weinkunde'. Anna hingegen hat leider überhaupt keinen Sinn für Wein. Zwar gibt sich Maya alle Mühe, die Freundin für die Feinheiten des stilvollen Lebens zu sensibilisieren, doch scheint dies ein noch weiterer und steinigerer Weg zu sein als Julius eine gute Note in Geschichte abzuringen. Für Anna ist fast jeder Wein – Maya zuckt schon bei dem Gedanken an das Wort zusammen – „lecker". Lecker! Was für ein Sakrileg. Aber wahrscheinlich liegt es nur daran, dass für Anna ganz andere Dinge wichtig sind, bodenständigere. Freundschaften zum Beispiel. Was im Grunde genommen auch sehr gut ist, denn würde Anna nicht immer wieder die Initiative ergreifen und gemeinsame Aktivitäten vorschlagen, hätte sich die Freundschaft niemals zu dem entwickelt, was sie heute ist. Und genau deshalb ist Anna auch die einzige, die den wahren Grund für Mayas Trennung von Mark kennt. Nicht einmal ihren Eltern hatte sie von seiner Susanne erzählt. Niemals hätte sie vor ihren Eltern zugegeben, dass sie als Partnerin so kläglich versagt hatte. Ausgerechnet die Beziehung mit Mark hat sie in den Sand gesetzt, mittelmäßig wie sie trotz aller Bemühungen ist. Also hat sie ihnen erzählt, dass er nun doch keine Kinder wolle und sie sich deshalb konsequenterweise – wenn auch natürlich schweren Herzens – von ihm hatte trennen müssen.

„Oh, Mensch, tut mir leid, dass ich schon wieder zu spät bin! Ich hoffe, du wartest noch nicht so lange."

Anna nimmt ihre Freundin herzlich in den Arm, lässt den Rucksack auf den Boden und sich selbst in den Sessel fallen.

„Ich sag dir eins: Schaff dir bloß keine Kinder an!", lacht sie und zupft die fesche Kurzhaarfrisur zurecht. „Im Ernst, die machen dich fertig!" Anna schaut sich mit gespielter Panik im Restaurant um, duckt sich und flüstert: „Die saugen auch noch das letzte Tröpfchen Energie aus dir raus." Sie verbirgt ihre Brüste unter den Händen ohne sich um die Blicke der anderen Gäste zu kümmern. „Die sehen von dir echt nur deine Brüste."

Maya lacht. Sie weiß nur zu gut, dass Anna ihre Zwillinge und den Großen, der gerade zwei Jahre alt geworden ist, um keinen Preis der Welt hergeben oder gar rückgängig machen würde. Aber zugegeben: Ihre Augenringe sprechen Bände. Und als wären sie nicht schon dunkel und tief genug, bestellt sie jetzt auch noch Pasta! Mit getrockneten Tomaten, Oliven, und Speck! An Sahnesoße! Maya schüttelt den Kopf über Annas Unvernunft: Da schwellen doch über Nacht die Lider an! Abends sollte Anna nun wirklich etwas Leichtes zu sich nehmen.

„Einemal Pasta Giulietta mite Traubesaft", wiederholt Antonio und Anna strahlt. „Und einemal Insalata Bellavista mite Amarone", Maya nickt. „Oh, Amarone iste wundervolle Wein. Iste kräftige, süße Wein. Mache Herze warm", schwärmt Antonio.

Maya möchte wetten, dass er zu Hause akzentfreies Deutsch spricht, aber wenn er abends in seine Rolle als feuriger, südländischer Restaurantbesitzer schlüpft, passt er sich auch sprachlich ausgezeichnet an. Er schafft ein perfektes Bild, eine perfekte Stimmung für seine Gäste.

„Mille grazie, komme gleich." Antonio verbeugt sich zweimal und stakst – mit dem Zettel wedelnd – in Richtung Küche davon.

„Ehrlich Maya, ich freu mich immer so auf unseren Abend. Zwei Stunden unter Erwachsenen, zwei Stunden, in denen meine Brüste mir ganz allein gehören." Sie lacht. „Komm, mach schnell. Erzähl mir was vom Leben. Was war los diese Woche? Wie läuft's in der Schule? Hast du jemanden kennengelernt? Erzähl!"

Maya fühlt sich überfordert. Anna weiß doch, dass bei ihr so ziemlich jede Woche gleich verläuft – zumindest seit der Trennung von Mark. Da passiert nicht mehr viel Aufregendes. Aber sie weiß auch, dass für Anna alles interessant ist, was nicht mit Babys zu tun hat, also erzählt sie von der Schule.

„... es ist ein reiner Kampf und ich glaube manchmal dass ich die Einzige bin, die für deren Glück kämpft. Wie sollen sie sich denn sonst in der Zukunft beweisen und erfolgreiche Menschen werden, wenn sie nicht mal den Schulabschluss schaffen? Ach, Anna, es ist so frustrierend: Da rackert man sich ab, macht sich so viele Gedanken, bereitet stundenlang tausend Sachen vor, macht den Hampelmann – und schaut, wenn überhaupt, dann nur in müde Gesichter."

Anna lacht herzlich. „Es tut mir so leid, Maya, aber ich schwöre: Mein müdes Gesicht hat nichts zu bedeuten! Ich höre jedes Wort, das du sagst und ich vergesse es auch ganz bestimmt nicht. Versprochen!"

„Dich habe ich damit doch auch gar nicht gemeint. Dass

du mir zuhörst weiß ich. Keine Sorge," entgegnet Maya verständnisvoll.

„Aber ganz ehrlich, weißt du, was ich glaube?" Anna wartet keine Antwort ab. „Ich glaube, du machst dir viel zu viel Stress. Sei mir nicht böse, wenn ich das jetzt mal so deutlich sage, aber mit deinem Perfektionismus setzt du nicht nur dich selbst, sondern auch alle anderen unter Druck."

Maya hört auf zu kauen und schaut ihre Freundin entgeistert an. Woher kommt das denn? Unbeeindruckt spricht Anna weiter.

„Ich bin mir sicher, dass du immer noch eine ganz außergewöhnliche Lehrerin wärst, wenn du mal einen Gang zurück schalten würdest. Du denkst, dass das Glück deiner Schüler davon abhängt, dass sie beim Wort ‚Aufklärung' an – an wen noch mal denken? Descartes und Locke, genau, danke, also an die beiden zum Beispiel denken. Aber die bekommen doch in dem Alter eher Kicherattacken, wenn du mit ‚Aufklärung' ankommst. Die sind doch hormonell entweder auf Nullbock gepolt oder sehen rosa Wölkchen. Schlimmstenfalls beides gleichzeitig. Erinnere dich doch mal: Hast du damals nicht auch für irgendeinen Typen geschwärmt und nur von Pause zu Pause gelebt, in der Hoffnung, ihn wenigstens kurz zu sehen, vielleicht sogar einen Blick von ihm zu erhaschen, um dann tagelang davon zu träumen?"

„Na ja", gibt Maya zu, „aber trotzdem hab ich doch auch Klausuren geschrieben und mich um gute Noten bemüht, oder? Schule ist Schule und Freizeit ist Freizeit. Das lernen die jungen Leute heute doch gar nicht mehr. Wie sollen die denn jemals etwas auf die Reihe bringen?" Warum sieht Anna denn die Problematik nicht? Es ist doch mehr als offensichtlich! Dieser Verfall jeglicher Disziplin und Bereitschaft der jungen Leute, sich als Teil der Gesellschaft zu sehen. Realisiert Anna denn nicht, dass all das bald auch ihre eigenen Kinder betreffen wird?

„Jetzt mach mal locker, Schatz,“ Anna lässt sich nicht auf Mayas Dramatik ein. „In dem Alter sprudeln die Gefühle über, das ist doch ganz normal. Und so ein bisschen Sprudeln würde dir auch mal wieder gut tun. Schau mal, du bekommst schon Bitterfalten um den Mund. Deine Schüler sind doch keine Maschinen, die du erst mit Wissen aufpumpen musst, bevor sie raus ins Leben können. Lass die mal machen, die finden sich in der neuen Welt viel besser zurecht als wir. Auch dein Julius. Komm, lass uns lieber nochmal anstoßen, sonst wird mir glatt noch meine Sahnesoße sauer.“ Anna streckt ihrer Freundin das Glas entgegen. „Auf die Jugend und dic Zukunft und darauf, dass jeder seinen Weg findet, ja? Prost, Liebes.“

Maya ist überhaupt nicht Annas Meinung, schluckt die Entrüstung aber hinunter, um den Abend nicht zu verderben und lenkt ihre Aufmerksamkeit auf den Wein:

„Meine Güte, Antonio hat wirklich ein Händchen. Dieser Amarone – wirklich außerordentlich komplex im Geschmack. Ein Traum!“

„Ja, ist er lecker? Der hat auch schon so eine schöne Farbe.“

Oh, es ist zum Aus-der-Haut-fahren! Anna muss endlich aufhören, dieses Wort in den Mund zu nehmen!

„Anna, ‚lecker‘ sagt man bei Wein nicht. ‚Lecker‘ ist ein Schnitzel mit Pommes, aber doch kein exquisiter Wein.“

„Ach du immer,“ Anna lacht und kümmert sich nicht

weiter um Mayas Gesichtsausdruck. Stattdessen reißt sie selbst die Augen auf und lässt ihr Messer klirrend auf den Teller fallen, dass die Leute vom Nachbartisch herüber starren.

„Ich bin ja so ein Dussel!“ kreischt sie. Die Leute am Nachbartisch grinsen.

„*Du* machst die Kreuzfahrt! Na klar! Wer denn sonst?? Dass ich darauf nicht schon viel früher gekommen bin!“

Maya versteht kein Wort. Die Leute am Nachbartisch offensichtlich auch nicht.

„Wovon sprichst du?“

„Ich hab doch diese Kreuzfahrt gewonnen! Vor lauter Windeln im Kopf hab ich das schon fast vergessen. Das war total verrückt, pass auf: Das war vor ein paar Wochen. Nachts, da konnte ich nach dem Stillen nicht mehr einschlafen und hab dann so ein Kreuzworträtsel online eingereicht, also das Lösungswort, und letzten Samstag kam doch tatsächlich der Brief, dass ich eine Kreuzfahrt gewonnen hätte.“

Maya zieht die linke Augenbraue hoch.

„Ja, ich weiß schon“, fährt Anna fort, „ich habe natürlich auch erst gedacht, dass das wieder so ein Schabernack ist. Eine dieser Kaffeefahrten, wo du am Ende fürs Rahmenprogramm mehr bezahlst, als das ganze Ding eigentlich wert ist. Aber das ist wasserdicht. Also, klar, das Schiff sowieso, aber ich meine auch das Angebot. Das Reisebüro bei uns unten kennt den Anbieter und sagt, die machen das immer mal wieder mit Restplätzen, Marketing und so, das passt schon.“

„Aha – und?“, fragt Maya noch einmal.

„Na, ist doch klar! Ich kann auf keinen Fall vier Wochen durch den Südpazifik schippern. Und ich kenne auch niemanden, der sich hopplahopp so lange Urlaub nehmen und einfach mal verschwinden könnte. Außer dir! Du hast Sommerferien – du kannst! Und du hast es sowas von nötig, mal raus zu kommen und dich zu entspannen."

„Also hör mal, mir geht's bestens. Ich hab das schon alles im Griff," entrüstet sich Maya erneut.

„Das Einzige, was du selbst zahlen müsstest, sind die Flüge. Nach Auckland —"

„Aha, siehst du, es gibt doch einen Haken. Hab ich es doch gewusst!", triumphiert Maya und schickt sich an, das Ruder wieder zu übernehmen. Aber Anna überfährt den Einwand:

„— und zurück dann von San Francisco. In Auckland steigst du aufs Schiff, schaust dir die Südsee an, trinkst Cocktails mit bunten Schirmchen drauf und lässt dir drei Wochen lang frischen Wind um die Nase wehen. Mach dich mal frei von all dem Mist hier, Maya. Ich schicke dir die Infos, sobald ich zu Hause bin, ja? Dann kannst du gleich nach Flügen suchen – oder willst du mir allen Ernstes weismachen, dass du eine geschenkte Reise in die Südsee ablehnst, hm? Na siehst du. Ach, großartig! Auf dich, du Glückliche, und auf eine phantastische Reise ans schönste Ende der Welt!"

4: Das Wesen

Neue Bekanntschaften

Für sie ist eine Innenkabine gebucht, gnädige Frau", stellt der Steward tonlos fest. „Bitte hier geradeaus zum Aufzug, dann runter zum Maindeck. Und hier", er setzt einen unförmigen roten Kringel auf den Deckplan, „ist ihre Kabine, C312." Vorschriftsmäßig nimmt er Blickkontakt mit Maya auf, lächelt, steckt den Plan in eine dicke Mappe, drückt sie ihr in die Hand und mit den Worten „Ich wünsche ihnen einen angenehmen Aufenthalt. Schönen guten Tag, herzlich willkommen an Bord der MS Fortune, wie ist ihr Name?" wendet er sich dem nächsten Reisenden zu. Der Herr hinter Maya rückt auf. Ein immenser Bierbauch im Rücken spricht für sich – sie springt zur Seite, klemmt umständlich die Mappe unter den Arm und zerrt ihr Gepäck hinter sich her. Immer wieder verheddern sich die kleinen Rollen des Koffers im Hochflor. „Was für ein Knallkopf verlegt denn an einem solchen Ort Teppichboden?", grummelt sie in sich hinein, ohne zu bemerken, dass eine Gruppe junger Leute sie vom Aufzug her beobachtet.

„Na, da haben sie sich ja einen ganz schönen Klotz ans

Bein gebunden!," witzelt der eine anstelle einer Begrüßung. Das hat ihr gerade noch gefehlt. Hoffentlich lässt der Aufzug nicht allzu lange auf sich warten.

„Also meiner Erfahrung nach," geht der Jungspund mit ausgebildeter Sprecherstimme darauf ein, „gibt es außer der Grundausstattung – also sprich ein paar persönlichen Dingen und einem Paar Wechselklamotten – so gut wie nichts, was man nicht viel praktischer im Reiseland nachkaufen oder ausleihen könnte – wenn man es denn tatsächlich braucht."

„Na bei den zu erwartenden Temperaturen braucht man ja klamottenmäßig ich sag mal außer Badezeug nicht besonders viel", lacht seine Begleiterin, die wahrlich keinen Millimeter Stoff zu viel auf der Haut trägt.

Schon wieder drückt sich der Bierbauch von eben an Maya vorbei und marschiert aufrecht den Flur hinunter. Ihm folgt die Gattin mit trippelnden Schritten.

„Aber wirklich!", bekräftigt der Jungspund indessen. „Also wir sind ja jetzt schon eine ganze Weile auf Weltreise und haben nach zwei Monaten direkt den Großteil des Gepäcks verschenkt, weil wir so vieles einfach wirklich gar nicht gebraucht haben. Man ist um so vieles freier und schneller, wenn man sich nur um sein Handgepäck zu sorgen hat."

Der dritte Volljährige im Bunde lauscht aufmerksam und gesteht dann schüchtern, dass sein Rucksack schon in der Kabine sei – das Reisen mit Handgepäck sei ihm leider nicht möglich. „Allein wegen der ganzen technischen Ausstattung: Kamera, Objektive, Laptop, Stative, Drohne, et cetera pp."

Maya verfolgt die Diskussion wie durch eine Nebelwand. Sie sieht zu, wie sich die jungen Leute auf das selbst erfundene Thema stürzen wie ein Schwarm hungriger Fische: Sie schnappen danach, kauen darauf herum, spucken unverdauliche Brocken wieder aus, die dann vom nächsten geschnappt werden und wahrscheinlich würde es endlos so weitergehen – wenn sich nicht dankenswerterweise hinter ihnen das metallische Maul des Aufzugs auftun würde. Es saugt die zappelnden Wesen in seinen Schlund und Maya winkt hektisch ab: „Nein, nein, danke, kein Problem, ich warte auf den nächsten."

***

Das Schwarz der Nacht hat Aucklands Lichter längst verschluckt, da betritt Maya in einem eleganten Neckholderkleid das Restaurant Le Capitan. Ein paar Tische sind bereits besetzt, es wird gelacht, Besteck klimpert gedämpft – der dunkelrote Teppich schluckt alles, was an Geräuschkulisse zu laut oder zu grell klingen würde. Die Kulisse ist perfekt. Das altmodische Mahagoni-Mobiliar weckt Mayas Sehnsucht nach kultivierten Tanzabenden und inspirierenden Konversationen im Kreis gebildeter Mitreisender. Ein Steward empfängt sie freundlich und führt sie zu einem Tisch in einer hübschen Nische mit Blick auf den Steinway Flügel. Herrlich.

„Wird ein Pianist das Essen musikalisch begleiten?", fragt Maya.

„Ja, gnädige Frau," näselt der Steward mit leichter Verneigung. „Was darf ich ihnen zu trinken bringen? Jawohl. Das Buffet ist gleich hier drüben. Ich wünsche ihnen einen angenehmen Abend und guten Appetit."

Maya hängt ihr Jäckchen an den Stuhl und macht sich gut gelaunt auf zum Buffet. Als sie wenig später mit einem bunten Salatteller zurück kommt, meint sie zuerst, sich im Tisch geirrt zu haben. Aber nein, da – ihr Jäckchen. Und ihr Aperitif steht auch bereit. Aber wie kommen diese Leute dazu, sich an ihren Tisch zu setzen?

„Ach, du bist das! Hey! Der Steward meinte, wir würden uns bestimmt gut mit der Dame verstehen, die hier sitzt. Wir wussten erst nicht, wen er meint, aber ja, eigentlich ist es ja völlig klar!“, der Jungspund lacht laut und weil Maya nicht reagiert, erklärt er: „Hast du dich mal umgeschaut? Wir sind ja echt die Einzigen U50 hier an Bord!“

„Du lieber Himmel!“ entfährt es Maya. Das muss ein Irrtum sein! Wo ist der Steward? Etwas tatscht auf ihren Unterarm. Es ist die Hand der stoffsparenden Begleiterin: „Du saaagst es“, bestätigt sie lässig, „genau das hab ich mir auch gedacht als ich realisiert habe wo wir hier rein geraten sind“. Sie lässt Maya los. „Ich dachte echt bei dem Preis wären ganz sicher noch viele andere DNs an Bord mit denen wir uns austauschen und zusammentun könnten aber dass das eine Kaffeefahrt ist also das hätten die auf ihrer Webpage echt mal erwähnen können ist ja kein ganz unwesentliches Detail immerhin sitzt man drei Wochen aufeinander na aber es ist ja gut dass immerhin noch eine ach nein heute beim Aufzug“ – sie wendet sich dem Jungspund zu und legt ihre Hand nun auf seinen Arm – „da war doch noch der kleine Nerd der Typ mit Brille weißt du noch der könnte sogar noch jünger sein als wir ach lustig schaut mal wenn man vom Teufel spricht jetzt können wir ihn gleich selber fragen wie alt er ist.“

Sie holt Luft. Und Maya sieht fassungslos zu, wie der

Steward nun auch noch den kleinen Nerd zu ihrem Tisch herüber führt.

„Nun dürfte ihre Runde vollständig sein", sagt er und zieht sich mit einer angedeuteten Verbeugung zurück. „Ich wünsche den Herrschaften einen angenehmen Abend!"

Oh wie gerne würde Maya ihn packen und schütteln! Wie kann er nur ernsthaft glauben, sie würde sich mit diesen Clowns amüsieren? Hat der Kerl denn überhaupt keine Menschenkenntnis? Allein an der äußeren Erscheinung der vier müsste man doch auf einen Blick erkennen können, dass sie in vollkommen unterschiedlichen Welten leben!

„Also ich bin die Gäbb und das ist mein Freund der Scho wir kommen ursprünglich aus Köln sind aber schon seit zwei Jahren auf Weltreise haben Asien Australien und Neuseeland jetzt durch und machen als nächstes den amerikanischen Kontinent und ihr so?"

Da Maya noch immer in Schockstarre verharrt, stellt sich der kleine Nerd vor. Sebastian. Er habe nach dem Abi work&travel in Neuseeland gemacht und ein Computerprogramm entwickelt, das er jetzt in den USA eventuell an den Mann bringen wolle. Er hätte da einen Interessenten in San Francisco, ergänzt er und macht bescheiden den Rücken rund.

„Heyyy das klingt echt klasse Seb musst uns nachher unbedingt noch genau erzählen was deine Software kann ich find das ja total spannend was die Leute so machen programmieren kann ich leider nur ein bisschen halt was man so an Grundwissen für nen Blog braucht hier mal was fett machen oder Bilder und Links einfügen oder so aber ganze Programme konstruieren echt Hut ab das find ich toll und wer bist jetzt du erzähl mal".

Die Blicke richten sich auf Maya. Ihr innerer Knigge ist in Alarmbereitschaft: Reiß dich zusammen. Lass dir nichts anmerken. Bleib höflich und zeige Interesse, dann wird der Abend möglicherweise sogar ganz nett. Und wenn nicht, dann kannst du dich morgen immer noch an einen anderen Tisch setzen.

„Ich heiße Maya“, sagt sie mit kontrollierter Stimme und setzt dazu ein gekonnt freundliches Lächeln auf. Dass sie ihren Familiennamen verschweigt, fällt in dieser Runde natürlich keinem auf.

„Und was machst du so“, hakt Gab nach, „also beruflich oder was dir sonst so wichtig ist“.

„Ich bin Lehrerin an einem Gymnasium. Für Deutsch und Geschichte.“

„Ah, klar, und jetzt hast du Sommerferien und willst so weit weg wie nur irgendwie möglich.“ Jo lacht. „Das kann ich verstehen! Das Leben selber bietet so viel mehr als alle Schulbücher und staubigen Klassenzimmer zusammen.“

„Also ich mag meinen Beruf,“ entgegnet Maya und schaut ihm fest in die Augen. „Ich begleite junge Menschen auf ihrem Weg ins Erwachsenenleben und unterstütze sie dabei, sich das Wissen und die Fähigkeiten anzueignen, die sie im späteren Leben brauchen werden. Selbst wenn Schüler das oft noch ganz anders sehen – es ist so.“

„Also ich hab in den letzten zwei Jahren mehr fürs Leben gelernt, als es mir die Schule in den ganzen zwölf Jahren beigebracht hat. Und damit meine ich nicht nur Sprachkenntnisse und geographisches Wissen.“ Jos Stimme wird geheimnisvoll: „Wir waren in Kathmandu und Südchina in Klöstern und haben meditieren gelernt – ich sag’s euch: Das hebt das Leben auf ein ganz anderes

Level. Sowas sollten Schüler meiner Meinung nach lernen und zwar gleich von Anfang an! Und du, Seb, bist ja ein leuchtendes Beispiel dafür, dass man auch ohne Schule was erreichen kann, wenn man sich mit den Dingen beschäftigt, die einen begeistern. Wenn man frei ist. Oder? Wo hast du denn Programmieren gelernt? Doch wahrscheinlich nicht in der Schule?“

„Na ja, doch, schon, also, zumindest ein bisschen“, gibt Seb zu und rutscht auf seinem Stuhl hin und her. „Also, wir hatten da in der Neunten diesen Wahlkurs am Nachmittag. Ab da hab ich in meiner Freizeit halt viel rumgespielt und ausprobiert. Aber die Idee für die Software, na ja, das meinst du glaube ich, die hätte ich in Deutschland wahrscheinlich nicht gehabt. Da hat mich der Belgier, bei dem ich in Neuseeland auf der Farm gearbeitet hab, der hat mich drauf gebracht.“

„Ja, genau!“, übernimmt Jo wieder die Moderation, „Diese krassen, produktiven Momente, die fallen einem nur zu, wenn der Geist frei ist. Dann passieren Dinge, die im geregelten Alltag in Deutschland nie passieren würden. Ein belgischer Farmer in Neuseeland, wie skurril ist das denn bitte?“

„Genau man muss dem Leben eine Chance geben zu zeigen wie phänomenal es sein kann das Leben ist nämlich großartig aber man muss sich definitiv“ – Gabs Hand legt sich auf Jos Arm – „frei machen von all den Beklemmungen und Einschränkungen“. Wie gut, dass sie noch eine zweite Hand hat, die sie auf Mayas Unterarm legen kann. „Sorry Maya sicher bist du ’ne Ausnahme und machst deinen Job mega gut aber ich meine halt die ganzen Beschränkungen und Glaubenssätze aus der Schulzeit das darf man nicht das macht man nicht das gehört sich nicht du musst besser als die andern sein sonst biste nix und wirst eh mal nix und so ein Quatsch das alles muss man emotional erstmal hinter sich lassen und dann muss man noch den Arsch in der Hose haben sämtliche Komfortzonen zu verlassen und sich trauen was Neues zu machen —"

„So hat es zumindest bei uns funktioniert", fällt Jo ihr ins Wort. Wenigstens er bemerkt es, wenn Gab anderen Leuten auf den Schlips tritt. „Weg vom Mainstream! Das ist das Wichtigste überhaupt: Du musst anders sein! Dich was trauen! Die alten, ausgelutschten Wege verlassen und echt krasse Sachen machen! Alles andere ist viel zu banal und interessiert keinen Hanswurst. Deswegen sind Gab und ich ja auch hier, auf diesem Schiff und nicht auf irgendeiner Aida oder so: Wegen der außergewöhnlichen Reiseroute – abseits der gängigen Südsee-Touri-Routen. Wir wollen unseren Followern nicht das hundertste Video von Bora Bora zeigen, sondern, na ja, ihr kennt ja den Slogan unseres Schiffes: Wo die Südsee noch Südsee ist."

„Verstehe ich das richtig, dass ihr eure Reise filmt und diese Videos dann im Internet einstellt? Ist es euch nicht unangenehm, euch und euer ganzes Leben so zur Schau zu stellen?" fragt Maya aufrichtig verständnislos.

„Nee so kann man das nicht sagen", Gab überlegt kurz, „wir zeigen ja nicht unser echtes Leben also ich meine wir verstehen uns eher als Schauspieler in unserer eigenen Serie wir filmen Szenen die zu unserem Thema passen schneiden die hübsch zusammen arrangieren alles so dass es passt und dann erst geht das raus das ist im Grunde eine Show basierend auf dem echten Leben von Menschen die sich was trauen so was mögen die Leute das kommt an und dafür bekommt man Geld es will doch keiner sehen wenn wir Reisefrust schieben, uns in die Wolle kriegen oder Durchfall haben".

Als wäre genau das sein Stichwort, beginnt der Pianist, auf dem verstimmten Klavier zu klimpern.

„Ja, das trifft es ganz gut", lacht Jo. „Es ist eine lukrative Kombi aus Selbstdarstellung und Show, was wir da machen."

„Hey", ruft Gab freudig und Maya zieht ihren Arm diesmal schnell genug weg, „du machst ja im Grunde genau dasselbe nur halt nicht online sondern live vor deiner Klasse da zeigst du doch auch nur den perfekten Teil von dir den Teil der ihnen vorspielt dass sie wenn sie brav lernen ihr Leben genauso toll im Griff haben können wie du oder nicht".

Mayas Gesichtszüge entgleisen. Was bildet sich dieses Mädchen eigentlich ein?

„Jetzt hör mal zu – Gäbb. Mein Leben ist ganz sicher keine Show, die ich vor meinen Schülern abziehe, um damit reich zu werden. Du kannst nicht so einfach von dir auf andere schließen. Wenn du Schauspielerin sein möchtest und glücklich damit bist, ist das okay. Aber mein Ansinnen ist von Grund auf ehrlich und ich gebe vermutlich mehr als du je bereit wärst zu geben. Denn in den Momenten, in denen du auf den Aus-Knopf deiner Kamera drückst, geht die Szene bei mir einfach weiter. Ich bin bereit, mich auch den schwierigen Momenten des Lebens zu stellen. Und genau das ist eine der wesentlichen Fähigkeiten, die ich auch meinen Schülern mitgeben möchte. Denn darauf kommt es im Leben an: Dranbleiben, auch wenn es unbequem wird."

Alle schweigen. Maya hat zwar leise gesprochen, aber

durchaus zischender als beabsichtigt. Warum hat sie sich nur reizen lassen, so viel von sich preiszugeben? Rasch bringt sie Körperhaltung und Gesichtsausdruck in Ordnung und entschuldigt sich bei Gab. Die erwidert die Entschuldigung und übergibt den Redestab an Sebastian, der zuerst stotternd, dann immer sicherer von seinem Computerprojekt erzählt. Rein äußerlich sind die Wogen am U50-Tisch geglättet und nur einem sehr genauen Betrachter würde es auffallen, dass Gab ihr munteres Händchen für den Rest des Abends ausdrücklich bei sich behält.

***

Die kommenden Tage taucht Maya in der Bord-Bibliothek unter. Hier hat sie ihre Ruhe vor aufgedrehten Quasselstrippen und kann Ton und Thema ihres Zeitvertreibs bewusst wählen. Dies zumindest war ihre Hoffnung, als sie die Kajüte mit dem riesigen Bullauge und den luftig bestückten Bücherregalen zum ersten Mal betrat. Zwischen all den Groschenromanen und billigen Krimis, durchweg Hinterlassenschaften früherer Passagiere, entpuppt sich die Suche nach Werken von literarischem Wert oder mit auch nur rudimentärem geistigen Anspruch als echte Herausforderung. Immerhin schaffen es am Ende ein paar vereinzelte Exemplare auf das Tischchen neben der Chaiselongue: Jane Austens ‚Pride and Prejudice‘, vor allem, damit Annas Stimme in ihrem Kopf endlich aufhört zu schnurren „Schalt mal ab, Schatz.“ Eine bessere Abschalt-Lektüre ist hier wirklich nicht zu finden. „Okay, ja, ich lese es. Aber danach lässt du mich in Ruhe!“, flüstert

Maya in den stillen Raum, schlägt das Buch auf und begibt sich auf die Reise ins kleinadelige England des frühen 19. Jahrhunderts, in eine Welt voller gesellschaftlicher Zwänge und romantischer Hoffnungen, mit Krisen und jenem Happy End, das für eine Urlaubslektüre so unbestreitbar wichtig ist. „Es zu lesen“, resümiert Maya beim Weglegen, „war zumindest kein Fehler.“ Ganz im Gegensatz zu diesem deutschsprachigen Sachbuch, das da noch auf dem Tischchen wartet: ‚Die faszinierende Welt der Fraktale und der Code des Lebens‘. Maya schüttelt sich bereits nach zweimaligem Blättern und lässt ihren Fehlgriff postwendend wieder im Regal verschwinden. Da hätte sie sich ja beinahe selbst einen Mathematik-Schinken aufgebrummt!

Und auch Robert Louis Stevensons ‚Treasure Island‘ wandert zurück. Ihr steht der Sinn überhaupt nicht mehr danach. Ursprünglich hatte sie gehofft, es vielleicht ihren Schülern empfehlen zu können, wenn diese wieder einmal behaupten, lesen sei langweilig. Aber bereits nach den ersten Zeilen ist ihr klar, dass ihre Schüler dem Alter, in dem man sich für Schatzinseln begeistern lässt, bereits entwachsen sind. Und sie selbst auch.

Wie gut, dass in ihrem Handtäschchen noch ‚Der alte Mann und das Meer‘ darauf wartet, endlich gelesen zu werden. Aber das ist definitiv ein Werk für draußen – nach fast drei Tagen in ihrer Bibliothekshöhle sehnt sich Maya nun wirklich nach Frischluft. Sie nimmt also auf der Außenterrasse der Brasserie ein leichtes Mittagessen zu sich, flaniert übers Deck, rückt sich einen Liegestuhl am Pool zurecht und beginnt in einem Zustand völliger Zufriedenheit, Hemingway zu lesen. Der Wind weht sachte und bald döst sie in den Nachmittag hinein. Bis Gab in einem sonnengelben, trägerfreien Bikini auf sie zusteuert. Schon von Weitem winkt sie der Schlafenden entgegen und die kurzen roten Haare hüpfen.

„Mensch Maya da bist du ja wie gehts dir wo warst du denn wir haben dich die Tage beim Abendessen vermisst“

„Mhhh, hallo Gab“, antwortet Maya schlaftrunken. „Ja, ich wollte ein bisschen allein sein und habe mich zurückgezogen. Ich brauche gerade etwas Ruhe.“ Mehr braucht das Mädchen nicht zu erfahren.

„Aaah ja das versteh ich das hab ich auch manchmal dann lass ich dich mal und wünsche dir gute Besserung damit du morgen den Landgang mitmachen kannst das ist so eine einmalige Gelegenheit Scho und ich sind schon ganz aufgeregt weil unser letztes Special-Event für die Follower ist schon wieder echt ne Weile her da müssen wir jetzt mal wieder richtig mit Content rocken also die Akkus sind geladen“ – wie ein Revolverheld lehnt Gab ihren Oberkörper zurück, legt die Fingerpistolen an die knochige Hüfte und nickt Maya lässig zu: „Also dann wir sehen uns.“

„Oh nein, das glaube ich nicht“, denkt Maya und schließt schnell die Augen. Gab hat den Charme eines durchbrausenden ICEs am Bahnhofsgleis: Man macht instinktiv einen Schritt zurück, hält sich innerlich die Ohren zu, atmet erleichtert auf, wenn man ihn von hinten sieht, und dann ist es auf einmal ganz still. Und in diese Stille mischen sich ganz allmählich wieder die eintönigen Motorengeräusche des Kreuzfahrtschiffs, das Stimmenwirrwarr der Pool- und Badegäste, das Planschen und gelegentliche Kreischen von spielenden Kindern.

DIE GESCHICHTE VON DEN NEUN GOLDENEN BÜCHERN

Wasser bewahrt auf einer Feuerstelle lange Zeit den äußeren Schein des Harmlosen. Und ein jeder, der nicht selbst die Hand hinein hält, könnte sich davon täuschen lassen. Die Entwicklung indes schreitet fort, still und unaufhaltsam bis zu jenem Wendepunkt, an dem sie die Realität zum Bekenntnis zwingt. Dann nämlich, wenn es zu brodeln beginnt, wenn es wabert und jedes einzelne, schmerzgeladene Teilchen seinen ganz eigenen Weg zur vollen Macht beschreitet, wenn sich die zerstörerische Kraft des Ganzen Raum und Aufmerksamkeit verschafft, dann lässt sie sich nicht mehr verleugnen.

Wie lange hatte der König den eitlen Auseinandersetzungen seiner stolzen Untertanen tatenlos zugesehen? Dem immer ehrgeizigeren Streben seines Volkes nach mehr, nach immer größerem Wachstum und immer schnellerer Entwicklung? Wusste er denn nicht, dass sich auf diese Art der menschliche Geist immer weiter vom Herzschlag der Welt entfernt? Und nun, da die Spaltung vollzogen war, da sich skrupellos der eine über den anderen erhob, da endlich erkannte der

König, dass er zu lange gewartet hatte. Die zerstörerische Gesinnung war zur heimtückischen Bestie herangewachsen und riss nun Stück für Stück die Herrschaft an sich.

Bevor sich der König für immer zur Ruhe legte, rief er die neun weisesten Männer und Frauen mit den neun reinsten Herzen zu sich. Er erteilte ihnen den Auftrag, zum Wohle des Ganzen das alte Wissen des Universums niederzuschreiben, es an einem geheimen Ort zu verwahren und vor unwürdigem Zugriff zu schützen. Und die Neun Weisen taten, wie ihnen geheißen ward: Sie verewigten das universelle Wissen auf neun Tafeln aus purem Gold und verbargen diese an einem geheimen Ort. Sie selbst siedelten sich in dessen Nähe an, um von nun an über das Juwel zu wachen.

Dann löschte der König die kranken Strukturen seines Reiches mit einem einzigen, erbarmungslosen Hieb aus und schickte die kläglichen Überreste der Menschheit zurück in den Schoß der Großen Mutter. Von dort aus sollten sie ihr Bewusstsein erneut entwickeln, um in diesem Durchgang der Weltgeschichte eine würdigere Seinsstufe zu erreichen. Erst dann sollte sich ihnen der Zugang zu den Golden Büchern wieder offenbaren.

Und während sich die Menschheit bis heute im Kreise dreht, leben die Nachfahren der Neun Weisen, das Stille Volk, noch immer unbeachtet in vollkommener Abgeschiedenheit, und bis zum heutigen Tag gelingt es ihnen, die Menschheit über ihre wahren Fähigkeiten und ihren wahren Auftrag hinweg zu täuschen.

Durch die Ritzen der alten Holztür drückt der Morgennebel. Und drinnen, im fahlen Licht der Jägerlampe, lässt der Fremde genüsslich seine Finger knacken. —

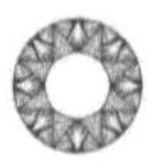

5: *Die Veränderung*

Ein Ausflug

Nach dem Frühstück drängen die Passagiere in einem heillosen Durcheinander von Bord. Gabs alarmroter Haarschopf blitzt von der Gangway herüber und Maya bückt sich reflexartig, um sich langsam und sorgfältig ihre Sneaker auf und zu zu binden. Zuerst den rechten, dann den linken. Und als sie sich wieder aufrichtet, ist die Luft rein: Gab, Jo und Sebastian marschieren schon hinauf zur Straße. Um auch noch das letzte Risiko auszuschließen, ihnen zu begegnen, gibt sich Maya den Anschein, zunächst unbedingt den hiesigen Strandabschnitt inspizieren zu wollen.

"You want see secret snorkel spot, lady?", wird sie schon nach wenigen Metern von einem Einheimischen angesprochen. „Very beautiful, like you, and secret. Nobody know. Only fish know, and corals and turtles. And my boat too. All cheap prize. This your equipment. Come lady, group is waiting for you. You come?"

Er zeigt auf ein hübsches hellgrünes Boot, das weiter vorne am Strand liegt. Etwa 15 Touristen sitzen bereits unter der Überdachung aus weißem Segeltuch. Maya überlegt kurz. Die Tour soll zwei Stunden dauern, bis Mittag wäre sie wieder hier, hätte also noch genug Zeit, die Insel zu erkunden und wäre auf jeden Fall rechtzeitig wieder an Bord der MS Fortune. Also warum nicht einfach mal spontan sein und dem Leben die Chance geben, phantastisch zu sein? Gab wird platzen vor Neid, wenn Maya ihr beim Dinner serviert, dass ausgerechnet sie eine Secret Tour zu einem Supersecret Snorkel Spot mitgemacht hat. Das wäre was! Sie, die langweilige, spießige Lehrerin mit dem banalen Leben hätte einen außergewöhnlicheren Tag gehabt als die hippe Gäbb.

„Yes, why not!“ sagt Maya fröhlich und ist ehrlich überrascht, wie leicht es ist einen spontanen Entschluss zu fassen. Ruckzuck nimmt ihr der Einheimische die 20 Dollar ab, schiebt sie mit sanftem Druck aufs Boot und kaum hat Maya die Planken betreten, geht es auch schon los – sie fällt hart auf den hintersten Sitz.

Schockiert stellt sie fest, dass der vermeintliche Kapitän nicht älter ist als ihre Schüler zu Hause, 15, maximal 16! Soll sie vom Boot springen und zurück schwimmen? Dann käme sie am Strand an wie ein begossener Pudel, mit nassem Kleid und nassen Haaren … Geld und Handy sind zwar sicher in der doppelt wasserdichten Bauchtasche verstaut, trotzdem wäre es mehr als peinlich. Alle würden denken, sie wäre aus Dummheit irgendwo ins Wasser gefallen. Nein, unmöglich. Außerdem – was soll schon passieren? Das Wetter ist hervorragend, kein Wölkchen am Himmel und das Meer ist vollkommen ruhig. Außerdem kennt dieser Junge, der Kapitän, die Umgebung sicher wie seine Westentasche. Er wird das Boot so gut im Griff haben wie sie ihren Peugeot zu Hause. Ja, dieser Gedanke beruhigt Maya, denn verglichen mit dem allmorgendlichen Berufsverkehr ist es keine besondere Kunst, mit einem Kahn durch diese Badewanne hier zu schippern. Von den anderen Fahrgästen scheint sich auch wahrlich keiner Sorgen zu machen. Im Gegenteil. Und so beschließt auch Maya, sich zu beruhigen. Denn ob sie es will oder nicht, Jos Worte hallen noch immer in ihr nach:

Die alten Wege verlassen und mal was Besonderes machen! Alles andere interessiert doch keinen Hanswurst … wenn man etwas Besonderes erleben will, dann muss man sich auch mal was trauen … sich frei machen von den Beklemmungen und Einschränkungen, die uns von unseren Eltern auferlegt wurden.

Maya lehnt ihren Kopf an den Holzbalken. Der laue Fahrtwind ist angenehm im Gesicht. Seitlich schäumt die Gischt am Boot vorbei, kleine Wassertropfen springen auf und Maya hält ihre Hand hinaus, um sie zu spüren. Das Meer erstreckt sich in hellblauen, türkisen und azurblauen Schattierungen bis an den Horizont und unter dem wolkenlosen Himmel flattert das Segeltuch. Das Boot rauscht vorbei an unzähligen Inselchen, Atollen und Sandbänken, an denen die Gedanken hängen bleiben und sich verlieren. Der Geruch von warmem Meerwasser und das kühle Prickeln an der Handfläche tun ihr Übriges: Maya fühlt sich auf eine ihr unbekannte Art frei und gelöst. Sie saugt die Momente in sich auf, atmet die frische Luft tief ein und lässt die Sonne ihre Knie und Oberschenkel wärmen.

Da geht ein „Ahhhhhh!“ durch die Gruppe und wie auf Kommando strecken sich die Kameras nach rechts, andere nach links, schlagen aneinander, doch niemand entschuldigt sich – viel zu aufregend ist das, was hier passiert: Ein Schwarm Delfine hat sich zum Boot gesellt und begleitet die Fahrt auf beiden Seiten. Die Tiere halten die Geschwindigkeit locker mit und vollführen muntere Sprünge für die klackernden Kameras. Fast könnte man die Hand nach ihnen ausstrecken. Maya ist außerstande Fotos zu machen. In ihren Augen bilden sich Freudentränen. So etwas Formvollendetes hat sie noch nie erlebt! Natürlich hat sie bereits echte Delfine in Aquarien gesehen. Aber das hier ist etwas ganz Anderes. Wie sich die Sonne auf den glatten, silbergrauen Körpern spiegelt! Wie sanft und leicht sie durchs Wasser gleiten! Wie schnell sie sind und wie viel Freude von ihnen ausgeht! Maya kann sich nicht satt sehen und wünscht sich, dass die Tiere das Boot noch lange begleiten. Und sie tun ihr den Gefallen. Ohne Zeit und Raum setzt sich das lustige Spiel fort, bis sie sich irgendwann mit besonders hohen Sprüngen verabschieden und in eine andere Richtung weiter ziehen.

Und dann fällt der Anker. Das Boot liegt inmitten von Atollen. Was der Kapitän sagt, kann Maya unmöglich hören, da direkt hinter ihr der Motor im Leerlauf tuckert und noch dazu der Australier vor ihr einen Hustenanfall hat. Der sollte wirklich nicht hier sein und schnorcheln, sondern besser mal zum Schiffsarzt gehen und sich ein Antibiotikum verschreiben lassen. Maya steigt aus ihrem schwarzen Strandkleid, legt es ganz klein zusammen und verstaut es fast unsichtbar zwischen Sitzkissen und Bootswand, damit kein Scherzkeks auf dumme Gedanken kommt. Ihre Schuhe klemmt sie hinter den Sitz. Sie wäscht Brille und Schnorchel sorgsam im Meer aus, bevor sie ins warme, glasklare Wasser gleitet. Endlich stellt der Kapitän den Motor ab und bald ist nur noch hier und da das Platschen einiger dilettantisch benutzter Schwimmflossen zu hören. Die Touristen lassen sich von der Schönheit der Unterwasserwelt verzaubern und der Kapitän streckt sich auf dem Boot aus, legt ein Tuch übers Gesicht und hält ein Nickerchen.

Der Meeresboden ist sandig weiß und ein Schwarm hellgrün-weißer, fast transparenter Fische zieht unter Maya vorbei. Das Licht der Sonne erzeugt malerische Farbreflexe. Dort drüben wiegen sich Korallen und Meerespflanzen sanft hin und her. Maya lässt sich langsam über die Fächerkorallen treiben und beobachtet Fische aller Größen und Farben, die genauso unbeschwert wirken wie die Delfine. Munter jagen sie zwischen orange-roten Holmen und grünen Wedeln hindurch, hinüber zu dem orange-lila-blau leuchtenden Blumenteppich. Der lange, gefleckte Kopf einer Muräne äugt dazwischen hervor und zieht sich schnell wieder zurück. Langsam, ganz langsam bewegen sich weiß-braun gestreifte Perlboote und Nautilusse unter ihr fort, und die dezente Eleganz der Seesterne am Boden setzt goldige Akzente. Maya sieht bunte Riesenmuscheln, Stachelrochen und folgt einer großen Schildkröte, die mit behäbiger Sicherheit am Riff entlang schwimmt, sich nur ein einziges Mal nach ihr umsieht und ansonsten überhaupt keine Notiz von ihr nimmt.

Erst als eine an der Wasseroberfläche treibende Plastikflasche an Mayas Kopf stößt, realisiert sie, dass sie die anderen Schnorchler schon längere Zeit nicht mehr gesehen hat. Der Schreck fährt ihr in die Glieder. Ihr Herz setzt aus als sie auftaucht und um sich blickt.

Wo sind alle? Wo ist das Boot??

Sie sieht sich panisch um. Wie weit war sie geschwommen? War sie hier ins Wasser gegangen oder auf der anderen Seite des Atolls? Verdammt! Sie hat nicht aufgepasst! Sie hat keine Ahnung mehr, wo das Boot sein müsste. Anfangs war sie rechts entlang geschwommen, doch dann – die Schildkröte hatte sie links herum geführt. Das Boot muss auf der anderen Seite sein. Aus Mayas Unterbewusstsein platzen die schlimmsten Flüche hervor. Wie konnte ausgerechnet ihr so etwas passieren? Wie hatte sie es zulassen können, sich dermaßen zu vergessen??

In wilder Angst schwimmt sie um die kleine Insel herum – nichts. Vielleicht auf der gegenüberliegenden Seite? Auch nichts.

Weit und breit keine Spur des Bootes.

"Helloooo!!! Anyone out there??? Hellooooo!!! Where! Are! Youuu???"

Maya schreit so laut sie kann.

"Pleeeeease!!! Where are youuuuu???"

Doch so laut sie auch schreit – es kommt keine Antwort.

Das Boot ist weg.

Ihr wird schwindelig. Sie muss raus aus dem Wasser, bevor sie ohnmächtig wird. Mit heiß-kaltem Kopf schwimmt sie hinüber zum Atoll und bleibt am Strand sitzen, reglos wie ein aufgelaufener Wal. Ihr ganzer Körper zittert, der Herzschlag dröhnt in den Ohren. Sie weiß nicht, was sie tun, ja nicht einmal, was sie denken soll. Ihr Kopf ist genauso leer und weiß wie der Sand um sie herum. Und das Meer … glitzert ruhig und gleichmäßig in der Sonne, als wäre überhaupt nichts geschehen – dabei bricht genau in diesem Moment Mayas fein geordnete Welt zusammen.

6: Das Verständnis

Am Strand

Der Bauchbeutel! Die Rettung! Ein Hoch auf den Erfinder des Handys! Mit tauben Fingern öffnet Maya den wasserdichten Verschluss des Täschchens, in dem sie neben einem Bündel Dollarnoten und einer Kopie ihres Reisepasses auch ihr Handy sicher verwahrt hat. Vor der Abreise hatte sie sämtliche Telefonnummern für einen potenziellen Notfall im Adressbuch gespeichert. Darunter die Niederlassungen der Deutschen Botschaft in Neuseeland und in San Francisco, die Nummer der Reederei und diverse andere Nummern, die ihr sinnvoll erschienen waren. Es ist 10:28 Uhr. Der Akku ist voll geladen. Mobilnetz … nicht verfügbar.

Maya läuft am Strand auf und ab, hält das Telefon so hoch sie kann, in der Hoffnung irgendeinen Signalfunken zu erhaschen, wählt eine Nummer nach der anderen und erhält die immer gleiche Meldung: Mobilnetz nicht verfügbar.

Zum zweiten Mal heute schießen ihr die Tränen in die Augen. Doch diesmal ist es die pure Verzweiflung. Was soll sie jetzt nur tun?

Dass von den Leuten auf dem Boot jemand ihr Fehlen bemerkt, ist zu bezweifeln. Schließlich hat niemand sie wirklich wahrgenommen. Und ihr Kleid ist ja idiotischerweise bestmöglich versteckt. Wovor hatte sie denn Angst gehabt? Wer hätte es denn bitteschön stehlen sollen? Mayas Gedanken kreisen und sie beschuldigt sich minutenlang der reinen Dummheit. Das hätte einfach nicht passieren dürfen!

Das Schiff wird seine Route um 20:00 Uhr fortsetzen. Und da auf diesem Chaotendampfer die Landgänger ja nicht einmal namentlich erfasst wurden, könnte es Tage dauern, bis irgendjemandem auffiele, dass sie nicht an Bord ist.

„Oh Gab, bitte! Such mich! Schlag Alarm und halte das Schiff auf!!! Bitte!!!"

Doch bereits beim Aussprechen dieses Hoffnungsschimmers ist Maya klar, dass Gab sie definitiv nicht suchen wird. Wenn Maya heute Abend wieder nicht zum Dinner erscheint, würden alle davon ausgehen, dass sie ihre Ruhe haben wolle und in der Kabine oder anderswo zu Abend isst – wie die letzten Tage auch.

Aber sie kann doch nicht einfach hier sitzen bleiben und hoffen, dass sie irgendwann zufällig gefunden wird? Und was, wenn die Crew in ein paar Tagen ihr Fehlen bemerkt und sie als spurlos verschwunden erklärt? Wenn alle glauben, sie sei über Bord gegangen und ertrunken? Maya wird schwarz vor Augen. Die Sonne brennt. Sie muss in den Schatten. Ein Sonnenstich könnte das Ende bedeuten. Sie taumelt zu den Palmen hinüber und setzt sich in den Schatten.

Wie weit ist dieses vermaledeite Schnorchelboot denn eigentlich mit ihnen hinaus gefahren? Wie weit ist sie von der MS Fortune und dieser sowieso schon abseits jeglicher Schiffspassagen gelegenen Insider-Insel entfernt? Maya rechnet zurück: Um viertel nach 9 etwa ist sie dem Einheimischen auf den Leim gegangen. Wie lange hat das Schnorcheln selbst gedauert? Unter Wasser verschwimmt die Zeit. „Sagen wir einfach mal 10 Minuten“, murmelt Maya. „Jetzt ist halb 11. Aber das hieße ja, dass ich etwa eine Stunde Motorbootstrecke vom Schiff entfernt bin! Oh Gott! Bitte, lass ein Wunder geschehen!“

Der Stamm der Palme drückt hart gegen ihren Rücken. Wer soll sie denn hier jemals finden? Wasser, so weit das Auge reicht – und kein einziger Tropfen Trinkwasser. Sie wird kläglich verdursten! Oh, wie hinterhältig diese Gegend ist. Maya denkt an Odysseus und die Sirenen. Er hatte gewusst, welche Gefahr ihm drohte. Er hatte sich festketten lassen und seine Matrosen instruiert, ihn um nichts in der Welt loszubinden, bis sie an der Insel der Sirenen vorüber wären. Sie aber war den Verlockungen der Südsee geradewegs in die offenen Arme gelaufen. Wie soll sie sich denn nur ganz allein aus dieser Situation befreien? Hoffnungslose Leere steigt in Maya auf und sie schließt die Augen, ehe sie sich erneut mit Wasser füllen können.

Auf der schräg gegenüberliegenden Insel liegen mächtige kreisrunde Felsen am Strand. Und dahinter – Maya blinzelt – steigt ganz deutlich dünner Rauch auf. Sie springt auf. Menschen! Wo Menschen sind, sind Boote!

„Ich bin gerettet! Oh mein Gott, danke, danke, danke!!!“

Und da auch dieses Mal alles Rufen vergeblich bleibt, springt sie kurzerhand ins Wasser und schwimmt. Es ist maximal ein Kilometer, vielleicht auch zwei. Aber es ist auf jeden Fall machbar. Beinahe euphorisch zieht sie die

Arme durch das wunderschöne Grün der Südsee. Je näher sie allerdings dem Strand kommt, desto stärker wird die Strömung, die sie zurück ins Meer zu ziehen versucht. Maya muss immer mehr Kraft in ihre Bewegungen legen, sie presst sich vorwärts, kämpft gegen das Abdriften an, strampelt in wilder Panik, gerät zwischen Korallen, reißt sich an den scharfen Kanten eine tiefe Fleischwunde ins Bein, strampelt weiter und schafft es schließlich aus dem Sog heraus, von wo es zwar immer noch ein gutes Stück bis zum Strand ist, doch immerhin hat sie jetzt sandigen Boden unter den Füßen. Kurz bleibt sie stehen.

„Teufel noch eins!“

Sie zittert von Kopf bis Fuß – und das Meer hat längst wieder seine Unschuldsmaske aufgesetzt.

„Oh, auf dich und deinen Paradies-Charme falle ich bestimmt nicht mehr herein!“, schimpft Maya. Das Wasser färbt sich blutrot. Muss es also doch zugeben, dass sich hier gerade ein Drama abspielt, ja? Der Schmerz sticht ihr ins Bewusstsein. Die Wunde am Bein. Blut. Verdammt. Blut lockt Haie an! „Raus hier!“

Noch einmal nimmt sich Maya zusammen und schwimmt gegen das störrische Meer an, gegen die Angst, gegen das Schicksal, bis der Boden nur noch knietief unter ihr ist. Hastig stürzt sie ans Ufer.

***

Als Maya die Alte erblickt, die hinter dem Granitfelsen in der Bucht steht und das Feuer unter einem rußschwarzen Topf anfachelt, werden ihre Knie weich.

„Hallo! Bitte, können sie mir helfen? Can you help me?“, ruft sie mit angeschlagener Stimme.

Es dauert, bis das funkelnde Augenpaar sie durchleuchtet hat. Dann hebt sich in Zeitlupe ein magerer, karamellhäutiger Arm und zeigt auf Mayas Bein.

„Ja, ich hab mich an einer Koralle verletzt, wegen der Strömung. Aber das ist jetzt nicht so wichtig.“ Maya stützt sich am Felsen ab. „Bitte, ich brauche ein Boot, das mich zurück zu meinem Schiff bringt. Kann mich bitte jemand fahren?“

Und da die Alte sie nur stumm ansieht, fügt sie hinzu:

„Es müsste sofort sein, damit das Schiff nicht ohne mich ablegt. Bitte, können sie mir helfen?“

Die Einheimische winkt Maya in den Schatten einer wackeligen Dachkonstruktion – eine geflochtene, auf vier krumme Stecken aufgespießte Palmenmatte. Maya taumelt hinüber und sinkt in den Sand. Sorgenvoll beobachtet sie, wie das verhutzelte Weibchen mit einem gefalteten Bananenblatt Wasser aus einem ausgehöhlten Baumstumpf schöpft und es über ihr Bein gießt. Ob das Wasser abgekocht ist? Und wenn ja – wie keimfrei kann es noch sein, nachdem es wer weiß wie lange bei dieser Hitze in einem Baumstumpf vor sich hin gemodert hat? Bestimmt ist es frisch abgekocht. Ja. Bestimmt.

Maya versucht noch einmal, der Fremden ihre Situation verständlich zu machen. Zuerst auf Englisch, dann auf Italienisch und Französisch. Vergeblich. Die Frau versteht sie nicht. Stattdessen redet sie in ihrer eigenen Sprache auf Maya ein. Dabei klingt ihre Stimme merkwürdig hell und klar, wie die eines jungen Mädchens. Wäre ihre Haut nicht mit Falten übersät und wären die hüftlangen Haare nicht vollkommen ergraut, würde Maya sie auf 20 schätzen. Und noch während sie ihre Eindrücke sortiert, schieben die filigranen Finger des Weibchens die Wunde zusammen. Mit der anderen Hand presst sie ein Bündel frischer Kräuter zu einem Knäuel, schüttelt es wieder aus, legt es auf den rot pochenden Streifen und wickelt ein langes Blatt so um die Wade, dass sich weder Kräuter noch Bein bewegen können. Und dann verschwindet sie im Wald.

Bestimmt holt sie einen Bootsmann, der sie zurück fahren kann. Oh bitte! So viele Stoßgebete wie heute hat Maya zuletzt mit zwölf Jahren zum Himmel geschickt. Damals glaubte sie fest an Gott. Und der – dessen war sie sich ganz sicher gewesen – sorgte auch für alles: für gute Noten, fehlerfreie Diktate und dass sie im Mathe-Unterricht nicht an die Tafel musste. Der Gott ihrer Kindheit wachte auch über die Gesundheit ihrer Eltern und Großeltern und veränderte manchmal sogar das Wetter. Maya hatte sich immer sicher und geborgen gefühlt. Zumindest solange sie sonntags im Gottesdienst war. Schwierig wurde es immer nur in den Ferien. Denn ihr Vater war der Meinung, dass man in den Ferien nicht zur Kirche zu gehen brauchte und so geriet Maya bei Gott regelmäßig in Misskredit. Für jeden versäumten Gottesdienst löste sie 100 Extra-Rechenaufgaben – das war die härteste Buße, die sie zu denken imstande war. Mayas Gottesfürchtigkeit hatte den Eltern viel Erziehungsarbeit abgenommen. Und es wurde ihr erst leichter ums Herz, als mit der Zeit Wissenschaft und Empirie jegliche Mystik aus ihrem Leben vertrieben. Mit einem Mal war sie selbst verantwortlich für das, was in ihrem Leben geschah. Sie allein war verantwortlich für ihre Noten und sie hatte verstanden, dass die Gesundheit ihrer Großeltern nicht davon abhing, wie sie, Maya, ihre Sonntagvormittage gestaltete. Jetzt ging es nur noch darum, allen zu beweisen, dass sie ihr Leben hervorragend selbst meisterte. Dieses Gefühl der Eigenverantwortung erlaubte es ihr schließlich auch, sich von den strengen Eltern zu lösen. Nach dem Studium bezog Maya ihre erste eigene Wohnung und alles lief ganz wunderbar. Bis heute.

„Heute sitze ich mit verletztem Bein auf einer Insel mitten im Pazifik und habe keine bessere Idee, als in meine Kindheitsmuster zurück zu fallen. Also wenn es Gott tatsächlich gibt, darf er mich gerne von hier wegzaubern! Na los, mach schon – überrasch mich … bitte!“

Es passiert natürlich nichts und Maya schüttelt sich die nutzlosen Überlegungen aus dem Kopf. Etwa 20 Meter hinter ihrem Schattenplatz geht der Strandabschnitt in dichten Dschungel über. Den Trampelpfad erkennt Maya nur, weil sich genau in diesem Moment die Silhouette der Alten aus dem Dickicht schält. Sie zieht ein Bündel langer Äste hinter sich her an den Strand, lässt es auf Höhe der Hütte liegen und geht zurück in den Wald.

Was macht sie da? Und wann kommt derjenige, der Maya zum Schiff bringt? Wird überhaupt jemand kommen? Unter dem Kräuterwickel pocht die Wunde. Diese Frau hat offensichtlich andere Prioritäten – wie kann sie in einer solchen Situation seelenruhig Feuerholz sammeln?

„Ich brauche ein Boot!“, ruft Maya in die Stille hinein. Oh verdammt! Sie vertrödelt hier so viel wertvolle Zeit!

Als die Alte das nächste Bündel ablegt, winkt Maya sie mit gezwungener Freundlichkeit zu sich heran.

„Hallo? Bitte, ich muss ihnen etwas erklären.“

Wie drahtig und stark sie ist.

„Ich brauche wirklich dringend ein Boot. Schauen sie," einem Geistesblitz folgend zeichnet Maya neben sich in den Sand ein großes Schiff, die MS Fortune. Darauf ein Strichmännchen. „Das bin ich. Schauen sie, ich bin mit einem kleinen Boot" – sie zeichnet ein kleines Boot – „hier auf diese Insel gekommen. Und dann war es auf einmal weg." Mit einer einzigen Handbewegung wischt sie es weg. Ja, genau so einfach und spurlos. Weg. „Und jetzt bin ich hier bei ihnen auf dieser Insel." Sie zeichnet zwei Strichmännchen auf eine Insel mit Palme. „Aber ich muss sofort zurück! Verstehen sie? Das große Schiff hier, mein Schiff, das fährt ohne mich ab, wenn ich nicht bis heute Abend wieder dort bin." Maya tippt sich bedeutungsschwer aufs Handgelenk und fragt sich im gleichen Moment, ob diese Insulanerin überhaupt jemals eine Armbanduhr gesehen hat.

Und die Alte nickt. Hat sie etwa verstanden?

„Tala," sagt sie und zeigt auf eines der beiden Strichmännchen auf der Insel. Und dann noch einmal. Diesmal legt sie ihre rechte Hand auf die linke Brust und tippt sich dann mit der linken Hand auf den rechten Ellbogen. „Tala."

Stellt sie sich vor? Ist Tala ihr Name? Wie soll man da ruhig bleiben? Maya würde sie am liebsten anschreien, dass ihr herzlich egal ist, wie sie heißt – sie braucht ein Boot. Und. Zwar. Jetzt. Sofort! Stattdessen wiederholt sie die Geste, linke Hand auf rechte Brust und klopft beim ersten Mal mit der rechten Hand aufs Strichmännchen, beim zweiten Mal auf ihren Ellbogen: „Maya. Maya."

Wenn jetzt die Höflichkeiten erledigt sind, kann sie ja wieder zum Thema kommen. „Tala, ich brauche ein Boot.

Gibt es hier irgendwo ein Boot?“

Maya vergrößert die schematische Insel ein wenig und zeichnet ein Boot, das am Strand liegt.

„Gibt es hier ein Boot, Tala?“ Es ist zum Verzweifeln. Irgendwann muss diese Eingeborene doch verstehen, egal welche Sprache sie spricht!

Tala wischt das Boot vom Strand weg und deutet auf die beiden Strichmännchen.

„Tala. Maya.“

Mayas Augen treten aus den Höhlen.

„Wir sind hier ganz allein? Nur … wir beide? Aber … sie können doch hier nicht mutterseelenallein leben!?“

Tala ergänzt die Inselzeichnung mit einer einzigen, langen, Linie. Dabei fließt ihre geschlossene Handfläche wie die eines Magiers über das entstehende Bild und nur die Spitze ihres Zeigefingers berührt den Sand. Maya beobachtet, wie aus ihrer eigenen naiven Kritzelei ein kleines Kunstwerk entsteht: Ausgehend von dem kerzengeraden Strichmännchen-Arm verlängert Tala die Linie mit ornamentalen Schwüngen, bis Maya die Formen eines Waldes oder zumindest abstrahierter Natur zu erkennen meint. Die Linie fließt weiter in tanzende, sich umschlingende Körper, geht über in ein spitzes Gebirge und fließt über Wellen- und Fischformen zu dem Punkt zurück, an dem Maya zu ihrer Inselskizze angesetzt hatte. Ein schwungvoller Halbkreis umschließt die Insel nun von oben und wird in die Spitze des Berges geleitet, wodurch das gesamte Bild sich selbst in die Unendlichkeit weiter zeichnet.

Hübsch sieht es aus. Aber viel wichtiger: Es gibt also doch noch andere Menschen hier auf der Insel! Von denen muss irgendjemand ein Boot haben! Und dann ist da ja dieser Berg. Dort oben könnte sie sogar Handyempfang haben.

„Tala, ich muss dort hin. Erst zu den Leuten und dann rauf auf den Berg. Oder andersrum, egal.“

Tala lächelt sie freundlich an, reicht ihr eine Kokosschale gefüllt mit lauwarmem, abgestandenem Wasser, das schon leicht säuerlich schmeckt. Nippen genügt. Jetzt bloß keine Mageninfektion riskieren.

Mit einem anständigen „vielen Dank, sie haben mir wirklich sehr geholfen. Das Bein tut schon nicht mehr weh, ich denke, ich schaffe es jetzt bis zum Dorf,“ stellt Maya den Becher neben sich in den Sand und versucht aufzustehen. Der Schmerz fährt ihr bis in die Stirn. Mit einem Aufschrei setzt sie sich wieder hin. Oh verdammt!

Verdammt! Verdammt!! Verdammt!!!

Sie wird hier nicht mehr wegkommen. Aus eigener Kraft kann sie nicht – zumindest nicht heute – und das Boot … das steht in den Sternen.

Tala deutet auf den Becher mit der Flüssigkeit und geht zurück zu ihrem Brennholz. Als wäre das weiße Häufchen Elend überhaupt nicht hier, sortiert sie die Äste nach Form und Größe. Maya lässt sie nicht aus den Augen. Solange ihr die Alte den Rücken zukehrt, gräbt sie neben sich eine Vertiefung in den Sand, schüttet die widerwärtige Flüssigkeit hinein und verwischt die Spuren. Dann ermahnt sie sich, sich wie ein erwachsener Mensch zu verhalten. Doch wie? Ihre Möglichkeiten sind auf Null reduziert. Sie ist zum Herumsitzen und Warten verurteilt.

Das Lieblingswort ihrer Yoga-Trainerin im Fitnessstudio war immer „atmen“. Der Atem sei die Grundlage für alles im Leben und bewusstes Atmen würde in jeder Situation helfen. In Mayas Verständnis hilft in jeder Situation nichts so effektiv wie kluges und zielorientiertes Handeln, aber mangels Alternativen wird sie es dieses Mal eben versuchen, dieses bewusste Atmen. Sie schließt also die Augen und zieht die schwere Südseeluft ein paar Mal durch die Nase, hält sie bis drei im Bauch und schickt sie durch den Mund wieder hinaus. Im Hintergrund rauscht das Meer. Die Wellen kommen und gehen. Und leise hört sie das rhythmische Bumm-Bumm ihres Herzens. Bumm-Bumm. Das-Schiff. Legt-ohne. Dich-ab. Das-Schiff. Legt-ohne. Dich-ab. Unablässig bohren sich die Schläge in Mayas Bewusstsein. Leise und unsichtbar. Aber immerhin – ihr Herz schlägt. Sie ist am Leben. Und ist das nicht die Grundvoraussetzung für alles Weitere? Jetzt müsste es ihr nur noch gelingen, einen kühlen Kopf zu bewahren.

„Okay, du Südseehitze“, heischt Maya die Welt um sich herum an, „ab sofort sitzt auf meinen Schultern wieder ein frisch gekühlter Eisblock. Und er wird mich von hier weg bringen, bevor du ihn komplett abgeschmolzen hast. Du wirst sehen!“

Maya drückt den Rücken durch und zieht die Schultern nach unten, wo sie hin gehören.

„Also. Ein kühler Kopf analysiert die Sachlage und sucht nach Lösungen“, murmelt sie und zieht einen Spiegelstrich nach dem anderen neben sich in den Sand:

– Ich bin auf dieser Insel mitten im Südpazifik gestrandet. Mein Handy hat im Moment keinen Empfang und kein Mensch weiß, dass ich hier bin. Mit Ausnahme von Tala.

– Tala. Mit ihr hat sich meine Situation – im Gegensatz zu noch vor einer Stunde – wesentlich verbessert. Ich bin nicht mehr allein. Verhungern und verdursten muss ich also nicht und meinem Bein scheint der Kräuterverband wider Erwarten auch gut zu tun. Ich darf es nur nicht belasten.

– Bis ich wieder laufen kann, wird es möglicherweise noch ein paar Tage dauern. So lange muss ich hier bleiben.

– Positiv: Von hier aus habe ich die Stelle im Blick, wo dieser Kapitän Touristen zum Schnorcheln aussetzt. Vielleicht kommt er ja bald zurück? Wobei, er hat wahrscheinlich heute ein halbes Jahreseinkommen verdient … stop, keine Vermutungen! Also, wenn er kommt, ist alles gut. Wenn er nicht kommt – und das ist realistischer, weil seine Insel ausschließlich von der MS Fortune angefahren wird. Im Monatstakt. Der nächste Starttermin müsste dann um den 27. August herum liegen, sprich die nächste Schnorcheltour kommt, wenn überhaupt, erst am 31. August hier an. So lange kann ich nicht warten. Ich muss sehen, dass ich schnellstmöglich wieder laufen kann, um die Sache selbst in die Hand zu nehmen. Ich werde auf diesen Berg steigen müssen. Dort oben könnte mein Handy funktionieren. Wenn es funktioniert, kann ich mich orten lassen und Hilfe holen. Wenn nicht, muss ich ins Dorf und kann nur hoffen, dass ich dort keinen Kannibalen – Stop! Fakten! Fokus!,“ ermahnt sie sich erneut, weist den schauerlichen Gedanken ab und denkt weiter: „Ich gehe also ins Dorf und versuche, jemanden mit Boot oder zumindest mit Funkverbindung zur nächstgrößeren Insel zu finden. Und von dort aus lasse ich mich zum nächsten Ankerplatz der MS Fortune bringen.“

Hartnäckig drängelt sich der Gedanke wieder nach vorn. „Doch! Es stimmt! Es gibt Kannibalen in der Südsee! Ich habe es gelesen.“ Penetrant wie ein nervtötender Schüler.

„In Ordnung“, antwortet sie mit professioneller Kühle. „Nehmen wir mal an es gibt tatsächlich Kannibalen auf dieser Insel und sie nehmen mich gefangen, dann werde ich auf jeden Fall versuchen, mich durch eine möglichst kluge List zu befreien. Wenn das gelingt, bin ich bald wieder hier am Strand bei Tala und werde warten, bis der Kapitän zurück kommt. Dann komme ich zwar zu spät zum neuen Schuljahr, aber immerhin lebend. Und wenn mir die Flucht nicht gelingt, dann lande ich eben im Kochtopf."

„Besser Barbecue!", freut sich der Gedanke. „In Kräuter gewickelt bist du ja schon."

„Ja. Wahrscheinlich. Aber in dem Fall haben sich meine Sorgen sowieso erledigt."

Und so absurd dieses Hin und Her auch sein mag, es hilft Maya tatsächlich, etwas Abstand zu gewinnen. Ihre Situation ist – von einem Kannibalenszenario einmal abgesehen – tatsächlich nicht lebensbedrohlich.

Bevor sie ihr Handy ausschaltet, um Akku zu sparen, prägt sie sich die Seekarte mit der Reiseroute ein. Ihr aktueller Aufenthaltsort muss irgendwo in der Nähe der Cookinseln liegen. Vermutlich östlich davon, zwischen Cookinseln und Moorea. Sie würde der MS Fortune nachfahren, sobald sie ein Boot ausfindig gemacht hätte. 280 Dollar sind noch im Bauchbeutel. „Viel zu viel für so einen Tagesausflug, aber man weiß ja nie", hatte sie beim Einpacken noch gedacht. Wenn das mal kein Paradebeispiel für eine Man-weiß-ja-nie-Situation ist. Mit etwas Glück könnte das Geld sogar für einen Flug mit einer dieser wackeligen Propellermaschinen reichen.

Unterdessen hat Tala am Strand aus den herangeschafften Ästen und allerhand Grünzeug ein stattliches Zelt gebaut. Ein Naturzelt. Sie wendet sich ihrem Gast zu und zeigt zuerst auf ihre Hütte, dann auf das Zelt.

„Tala – Maya."

Maya starrt sie an. Dann das Zelt. Und dann wieder Tala. Hat diese Eingeborene tatsächlich eine Unterkunft für sie gebaut? Eine kleine Krankenstation mit Blick aufs Meer?

„Danke, Tala. Das ist – ganz wunderbar," bedankt sie sich und weiß nicht, ob sie lachen oder weinen soll.

Tala wischt sich die Hände an ihrem primitiven Bastrock ab und verteilt die gegarten Wurzelstücke aus dem Topf zu gleichen Teilen auf zwei Bananenblättern. Aus einem ausgehöhlten Baumstamm, der neben ihrer Hütte zur Hälfte in den Sand eingegraben und mit einem Holzdeckel verschlossen ist, gibt sie je ein Bündel getrockneter Algen und eine Handvoll Baby-Bananen dazu. Unter normalen Umständen hätte Maya dieses fragwürdige Mahl aus einem ungewaschenen Bananenblatt niemals gegessen. Noch dazu mit bloßen Händen. Heute aber ist sie von normalen Umständen so weit entfernt und dermaßen hungrig, dass sie die trockene Masse kommentarlos hinunter zwingt. Und weil sie weiß, dass ihr Körper dringend Wasser benötigt, kippt sie auch die trübe Flüssigkeit in sich hinein. Der gefüllte Magen, die Aufregung und die Wunde am Bein tun ihr übriges – Maya schläft ein und erwacht erst, als der Tag sich seinem Ende zuneigt. Tala legt gerade eine zusammengerollte Matte vor das Gästezelt, geht eine Runde im Meer schwimmen und zieht sich dann ohne ein weiteres Wort in ihre Hütte zurück. Maya humpelt zu ihrer Behausung hinüber. Bei jedem Schritt zuckt sie vor Schmerz zusammen. Sie rollt die Schlafmatte umständlich im Zelt aus und bleibt dann unschlüssig vor dem Eingang stehen. Neben Talas Hütte ragen Palmen in die Höhe. Darunter, halb im Sand vergraben, mehrere Speisekammern aus ausgehöltem Baumstamm. Dahinter beginnt das Dickicht. Eine Toilette scheint es nicht zu geben.

Aus Talas Hütte ist kein Laut zu hören. Und so gräbt Maya hinter ihrem Zelt ein wirklich tiefes Loch in den Sand, erleichtert sich und verscharrt das Übel so spurlos wie sie es auch gern aus ihrer Erinnerung verdrängen würde. Es ist das erste Mal, dass sie vor Scham rot anläuft, ohne dass eine zweite Person an der Situation beteiligt ist.

Verstohlen kriecht sie in ihr neues Zuhause. Das Zelt ist gerade groß genug, dass sie – vorsichtig wegen ihres Beines – auf allen Vieren hinein kommt und sogar aufrecht darin sitzen kann. Es dauert eine Weile, bis sie eine auch nur annähernd bequeme Position zum Liegen findet, denn sie hat vor dem Ausrollen der Matte natürlich nicht daran gedacht, den Sand einzuebnen. Es ist mühsam, die vielen Beulen und Vertiefungen des Untergrundes im Nachhinein zu glätten, doch mit jeder glatt gestrichenen Delle beruhigen sich auch Mayas Nerven ein wenig mehr. Durch die Reibung setzt die Matte einen angenehmen Geruch frei. Maya legt sich in unendlicher Erschöpfung auf den Rücken und streckt das gesunde Bein zur Öffnung hin aus. Noch eine Weile wandert ihr Blick an dem ineinander verflochtenen Blattwerk der Wände entlang, zeichnet den Weg der Äste nach, die eins geworden sind mit den sie umschlingenden Farnen. Dann verlieren sich die Konturen in der Dämmerung und Maya sinkt in einen tiefen, sehr tiefen Schlaf. Ihre erste Nacht am Strand vergeht traumlos.

***

„Du meine Güte! Wie spät ist es?“ Die Sonne steht hoch am Himmel als Maya aufschreckt. Sie schiebt sich – das noch immer pochende Bein voraus – aus dem Zelt und humpelt zur Feuerstelle. Zu gern würde sie wieder ein Loch graben, aber das kommt nicht in Frage, so lange sie nicht weiß, wo Tala steckt. Und tatsächlich taucht die alte Frau schon bald am anderen Ende des Strandes auf – sie wäre mitten in die Sitzung hinein geraten. Beim Näherkommen hält Tala den Blickkontakt länger, als Maya es gewohnt ist. Mit einem höflichen „Guten Morgen“, versucht sie, Normalität herzustellen. Aber Tala antwortet nicht. Stattdessen setzt sie ein Netz voller Früchte, Wurzeln und Kräuter auf dem Sand ab. Sie befreit eine Kokosnuss von den äußeren Fasern und dreht sie mit kontinuierlichen Schlägen auf einem spitzen Stein so lange um die Mittelachse, bis die Hülle knackt. Geschickt fängt sie die Flüssigkeit mit zwei Bechern auf und Schluck für Schluck fallen Maya die Schuppen von den Augen: Das war kein brackiges Wasser, was sie gestern im Sand hat verschwinden lassen. Es war das frische, sonnenwarme Wasser einer Kokosnuss! Aber woher hätte sie das denn wissen sollen? Sie hatte ja noch nie zuvor Kokoswasser getrunken. Genau genommen war sie sogar immer davon ausgegangen, dass sich in einer Kokosnuss Kokosmilch befindet. Wie gut, dass keiner ihrer Schüler sie je auf Kokosnüsse angesprochen hat. Das wäre höchst peinlich geworden.

Tala schneidet die exotischen Früchte mit einer scharfen Steinklinge in Portionen und bringt ihrem Zögling die Namen in der Landessprache bei. Die fremden Laute kitzeln auf der Zunge und sind überraschend einprägsam. Es ist beinahe so, als würde Tala sie lediglich an Vokabeln erinnern, die sie früher schon einmal gelernt hätte – was natürlich nicht der Fall ist. Maya war ja zu keinem Zeitpunkt ihres bisherigen Lebens mit südpazifischen Inseldialekten konfrontiert. Und dennoch kommt sie sich auch in den kommenden Tagen oft vor wie eine schlecht vorbereitete Austauschschülerin im Gastland. Stammelnd und stotternd bemüht sie sich, ihre ungenügenden Sprachkenntnisse aufzuarbeiten. Humpelnd und hoffend sucht sie nach der richtigen Gangart über das unbekannte Terrain. Und die geduldige Gastmutter geht in allen Aspekten des täglichen Lernens mit gutem Beispiel voran. So lernt Maya mit der Steinklinge umzugehen und das Kokosfleisch mit einer Muschel so aus der Nuss herauszuschälen, dass es sich anschließend wie eine Girlande aufhängen und trocknen lässt. Sie lernt Fische auszunehmen, Netze aus Lianen und Matten aus Palmblättern zu knüpfen und hat bei alledem stets ein Auge aufs Meer gerichet.

Die Wasseroberfläche ist spiegelglatt bis zum Horizont, der Himmel wolkenlos. Und abgesehen vom gelegentlichen Rauschen der Palmwipfel und dem zaghaften Schwappen der Wellen herrscht vollkommene Stille am Strand. Wenn doch nur endlich ein Boot käme!

Und als könnte Tala die Angst in ihr aufwallen sehen, taucht sie jedes Mal im richtigen Moment neben ihr auf und beklebt ein weiteres Stückchen des Alltags mit imaginären Vokabelzettelchen.

„Im Dorf wird keiner auch nur ein einziges Wort Englisch sprechen“, dessen ist sich Maya mittlerweile sicher. Ob überhaupt schon einmal ein Weißer hier auf der Insel war? Sie realisiert, dass sie möglicherweise großes Glück hatte, denn Tala hätte bei ihrem Anblick auch einfach verschreckt davonlaufen können. „Na“, entgegnet sie sich selbst, „ich bin ja schließlich nicht in kriegerischer Montur hier aufmarschiert, sondern im Bikini, nass wie ein begossener Pudel, mit Schnorchelbrille in der Hand, Panik im Gesicht und Blut an der Wade. Meine Erscheinung hätte wahrscheinlich auch noch das verborgenste Helfersyndrom getriggert.“ Sie schaut an sich herunter. Eigentlich ist sie mit ihrem Körper, dem Ergebnis disziplinierten Trainings und bewusster Ernährung, sehr zufrieden. Sie ist hochgewachsen und gerade in Bademode wirken die langen Arme und Beine besonders mondän. Neben Talas Feingliedrigkeit indes kommt sich Maya vor wie ein plumper Holzklotz.

Immer wieder ertappt sie sich dabei, wie sie ihre Gastmutter fasziniert beobachtet und sich vergeblich bemüht, deren Alter zu schätzen. Sie müsste mindestens drei Schubladen öffnen, wollte sie die Insulanerin irgendeiner Kategorie zuordnen, denn Tala vereint in sich sowohl die Unbefangenheit einer 4-jährigen, die Anmut einer 20-jährigen und die weise Aura einer 80-jährigen. Ihr langes, geschmeidiges Haar schimmert silbern in der Sonne und bildet einen erhabenen Kontrast zur karamellfarbenen Lederhaut. Talas Haar ist auch das einzige, was gelegentlich ihren Oberkörper bedeckt. Ansonsten trägt sie nur noch einen knielangen Rock aus dünnen, bastartigen Pflanzenfasern. Und obwohl keine Titelseite der Welt dieser Frau mit den viel zu großen Zähnen und den weit auseinander stehenden Augen Beachtung schenken würde, würde Maya sie als schön bezeichnen. Es ist eine eher heimliche Schönheit. Eine, die man erst auf den zweiten Blick sieht. Vielleicht liegt es aber auch am romantischen Stereotyp: Im Hintergrund die Bilderbuchlandschaft der Südsee und davor die alte

Ureinwohnerin, die ein einfaches, harmonisches Leben im Einklang mit der Natur führt. Und die keine Ahnung hat von all den Dingen, die Maya so sehr vermisst: zum Beispiel das geordnete Leben in der Gesellschaft, ihre Stellung als Lehrerin, die weiß gekachelte Dusche, sauberes Geschirr, den fein sortierten Kleiderschrank, ihre Wildrosencreme, das duftende Shampoo, Nagellackentferner und nicht zuletzt natürlich die Abende mit Anna bei Antonio. Und einen schönen bunten Salat mit gegrillter Hühnerbrust.

Ab dem späteren Nachmittag, wenn es am Strand nichts mehr zu tun gibt und auch das Mittagsschläfchen erledigt ist, sitzt Tala stundenlang da und schaut aufs Meer. Wie hält sie es nur aus, so lange still zu sitzen und nichts zu tun? Nicht einmal auf irgendetwas zu warten! Für Maya sind diese Stunden beinahe unerträglich. Wenn sich ringsum alles auf diesen gleichmäßigen und viel zu langsamen Rhythmus einstellt. Wie eine Küchenuhr, die nur alle drei Sekunden tickt, schwappt das Meer an den Strand. Selbst Talas Atem hat sich dieser Langsamkeit angepasst. Sie atmet ein und aus im Rhythmus des Ozeans, sieht zu, wie die kleinen Wellen gemächlich und zielsicher auf den Strand zusteuern, wie sie noch einmal Gestalt annehmen, noch einmal aufschäumen, bevor sie im weißen Sand vergehen. Nur eine feine dunkle Linie erzählt dann noch sekundenlang von dem langen Weg der kleinen Wellen über den Ozean. Sie erzählt von wilden Stürmen, gleißendem Mittagslicht und klaren Vollmondnächten. Und Maya wünscht sich so sehr, es bald wieder dort hinaus zu schaffen. Hinaus ins Leben.

***

Irritiert und fasziniert zugleich starrt sie am Morgen des fünften Tages die Erscheinung an: Das bernsteinfarbene Amazonengewand reicht der Frau bis zu den Knien. Ihre Figur ist makellos, wenn auch ein wenig zu muskulös für Mayas ästhetisches Empfinden. Und selbstverständlich hätte sich Maya auch niemals Arme und Beine tätowieren lassen. Diese Frau hingegen scheint sich mehr Gedanken darüber gemacht zu haben, welche Stellen an ihrem Körper keine Tattoos zieren sollten: Gesicht und Ellbogen sind die letzten Zeugen des karamellfarbenen Teints. Das hüftlange schwarze Haar ist seitlich über der hohen Stirn gescheitelt und bildet einen strengen Rahmen um die scharf geschnittenen Gesichtszüge. Große Ohrringe aus weißem Schildpatt lenken von den Röntgenaugen der Besitzerin ab.

„Sie also wird mich ins Dorf bringen“, macht sich Maya klar. Bis vor 10 Minuten hatte sie noch geglaubt, dass die versprochene Begleitperson aus dem Dorf niemals eintreffen würde, weswegen sie felsenfest entschlossen war, heute – allen potenziellen Gefahren zum Trotz – alleine aufzubrechen. Und vielleicht wäre das auch besser gewesen, denn diese Frau hat etwas Bedrohliches an sich, etwas Unheimliches. Aus sicherer Distanz beobachtet Maya, wie sich Tala und die Fremde voreinander verbeugen. Dann legt jede einen Ellbogen in die ausgestreckte Hand der anderen. Nichts weiter geschieht. Es fällt kein einziges Wort. Schließlich verbeugen sie sich erneut voreinander und kommen auf Maya zu. Sie deutet eine Verbeugung an und ist erleichtert, dass der Rest des merkwürdigen Begrüßungsszeremoniells für sie entfällt. Ein kurzer Blick in die tiefschwarzen Augen dieser Frau genügt vollkommen.

„Ich freue mich sie kennenzulernen“, begegnet Maya

dem Schrecken mit Höflichkeit. Sie weiß natürlich, dass die Fremde ihre Worte nicht versteht, aber unverständlich zu sprechen erscheint ihr immer noch besser, als gar nichts zu sagen. Außerdem geht sie davon aus, dass sich die Bedeutung ihrer Worte aus dem Kontext erschließt. Und tatsächlich: Die Amazone lächelt. Dieses eine Lächeln lässt das Menschliche aufblitzen wie ein Sonnenstrahl, der sich im Vorbeifliegen in einem geschliffenen Kristall spiegelt. Die drei Frauen setzen sich ans Feuer. Bevor die Besucherin das mit Wurzelgemüse und Zitronengras gefüllte Stück Bambusrohr von Tala annimmt, kreuzt sie kurz die Arme vor der Brust. Beim Essen herrscht Schweigen. Maya ist verunsichert. Sollte etwa sie sich erkundigen, ob die Besucherin einen guten Weg hierher hatte? Warum fragt Tala nicht nach Neuigkeiten aus dem Dorf? Warum stellt sie Maya nicht vor? Es gäbe doch wirklich genug zu sagen. Und warum zeigt diese Einheimische nicht das geringste Interesse an Maya? Man muss ihr natürlich zugute halten, dass es angesichts der Abgeschiedenheit ihrer Insel wohl kaum einen Verhaltenscodex zum Umgang mit gestrandeten Reisenden gibt. Und genau genommen ist die ganze Situation mehr als undankbar: Wenn sich Maya das alles einmal anders herum vorstellt – angenommen diese Amazone säße bei Maya zu Hause, am Esszimmertisch, und Anna käme vorbei ohne genau zu wissen, was die Fremde im Schilde führt, dann würden sich die Freundinnen auch nicht so ungezwungen unterhalten wie sonst. Im Gegenteil, da würde selbst Anna schweigen, denn sie müsste ja noch dazu von einer mächtigen Sprachbarriere ausgehen. Und wer will schon so unhöflich sein und in der eigenen Sprache sprechen, während ein Ausländer mit am Tisch sitzt und kein Wort versteht? Also ergreift Maya die Initiative. In der Inselsprache sagt sie: „Tala, ma'alo pai." – Tala, das ist sehr gut. Sie begleitet diesen Satz wie immer mit eindeutigen Gesten. Die beiden Frauen schauen auf, lächeln und essen weiter. Nice try.

Erst nach dem Essen unternimmt sie einen zweiten Versuch: Sie stellt sich vor und erfährt nun endlich auch den Namen dieser Kriegerin: Imee. Endlich geht es voran. Maya gibt sich alle Mühe, ihre verzwickte Situation zu erklären und dass sie unbedingt ein Boot – oder noch besser ein Flugzeug – braucht. Ihre Strichmännchen im Sand finden allerdings keine Beachtung. Stattdessen scheint Imee zu versuchen, Mayas Worte mit den Augen zu fassen. Also liefert sie ihr so viel Inselvokabular wie nur möglich – als Zeichen des Respekts und Beleg ihres Willens, alles zu tun, was zur Lösung des Problems beiträgt. Jetzt müsste Imee nur noch antworten. Aber sie macht keine Anstalten. Sie wechselt einen langen, ernsten Blick mit Tala. Und schweigt. Maya sitzt ratlos daneben. Was denn nun? Könnte mal bitte jemand mit ihr sprechen?

Dann erhebt sich Imee, verbeugt sich vor Tala und geht Richtung Wald. Soll und darf Maya nun mit ihr gehen? Tala nickt, verneigt sich vor ihrer Schülerin und gibt ihr ein paar unverständliche Worte mit auf den Weg. Hastig bedankt sich Maya und läuft Imee nach. Die nimmt keinerlei Rücksicht. Es fällt Maya alles andere als leicht, als Stadtmensch mit verletztem Bein und noch dazu barfuß, in diesem Gelände Schritt zu halten. Sie zieht sich eine Schramme um die andere zu, während Imee sich so elegant und geschmeidig um Buschwerk und aus dem Nichts herab hängende Lianen windet, dass es beinahe einem Tanz gleicht.

Der Gedanke an den überhasteten Abschied von Tala liegt Maya wie ein Stein im Magen. Jedes Hotel hätte sie anstandslos bezahlt. Aber Tala, die ihr das Leben gerettet, ihr Bein verarztet, sie vier volle Tage verpflegt und unterrichtet hat, wird mit einem fahrigen Gruß abgespeist. Und das, obwohl sie bündelweise Dollarscheine bei sich trägt! Maya schämt sich bis aufs Blut und nimmt sich fest vor, ihre Schuld zu einem späteren Zeitpunkt zu begleichen.

NÄCHTLICHE STUDIEN

Am Eichenholztisch seines Ferienhauses tüftelt der Fremde noch immer über seinen Fotografien. Er nimmt die Lupe zu Hilfe, legt sie wieder ab, um sie gleich darauf über eine andere Stelle zu halten. Auf jeder Fotografie ist ein anderer Part der Inschrift besser erkennbar, weshalb er in dieser Nacht zuerst eine vollständige Abschrift des Textes anfertigt. Er weiß nur zu gut, dass es auf jedes noch so kleine Detail ankommt. Denn die Schwünge und Haken der Schriftzeichen verändern, wo sie fehlen oder auf falscher Höhe angesetzt werden, den Sinn eines Wortes. Er ist dermaßen vertieft in seine Arbeit, dass er das gleichmäßige Ticken der Standuhr überhaupt nicht wahrnimmt. Erst weit nach Mitternacht schüttelt er die verkrampfte Hand und geht zum Bücherregal. Mit sicherem Griff zieht er zwei dicke Bände heraus: das Sumerische Glossar und das Akkadische Handwörterbuch. Denn das ist das Außergewöhnlichste dieser an sich schon sonderbaren Inschrift: Einige Passagen sind keinesfalls tibetischer Herkunft. Es handelt sich zwar um eine Keilschrift, doch da diese im Lauf der Geschichte und der Regionen unzählige Veränderungen erfahren hatte,

werden ihn die genaue Bestimmung und Entzifferung einige Zeit kosten.
Und so schwelgt die rustikale Sitzecke im fahlen Licht der Jägerlampe weit über das Morgengrauen hinaus in wehmütigen Erinnerungen an die alten Zeiten, als es noch die lieben Großeltern waren, die hier beisammen saßen und schmökerten. Genau wie damals verbreitet auch in dieser Nacht der Kachelofen seine wohlige Wärme und der Duft verdunstenden Kräutertees hängt in der Luft. Verschwunden ist indes die geruhsame Ordnung. An ihrer Statt haben Nachschlagewerke, Wörterbücher, archäologische Sammelbände, para- und grenzwissenschaftliche Zeitschriften die Regentschaft übernommen. Beschriftete Kartons mit eigens fotografierten Inschriften türmen sich waghalsig bis unter die Holzdecke und am Boden krümmen sich Aktenordner im unablässigen Bemühen, die Notizen und Studien all der Jahre beisammen zu halten. In der dunkelsten Ecke des Raumes zeugen zerfledderte Schulhefte von monatelangen Schreibübungen in Sanskrit und Alt-Tibetisch. Und die einzige freie Wand der Hütte ist mit historischen und modernen Landkarten beklebt, rätselhaft neben- und übereinander angeordnet, gespickt mit Pinnadeln. Von den komplexen Arbeitsprozessen und verworfenen Ideen zeugen hunderte Stichnarben. —

7: Die Hoffnung

Ein Dorf im Krater

Auf der Lichtung bleibt Maya kurz stehen und lässt ihren Blick über das tropische Tal gleiten. Es ist kreisrund wie ein Krater und blüht in allen Farben. Zwischen Palmen, Bäumen, buntem Gebüsch und hohem Gras sind bei genauem Hinsehen kleine Bambushütten auf kurzen Stelzen zu erkennen. Jede mit überdachter Veranda. Hier und da huschen karamellfarbene Kleckse durchs Bild. Die Luft ist süßlich-schwer und über allem liegt eine Ruhe, die man mit den Händen greifen kann. Mayas Fäuste verkrampfen sich beim Versuch, den Glauben an ein gutes Ende festzuhalten, bevor er sich der Realität beugen muss: Mit ziemlicher Sicherheit hatte dort unten noch niemand jemals eine Veranlassung, mit der Außenwelt in Kontakt zu treten. Dort unten wird ihre Hoffnung auf eine Funkverbindung zum Festland auf Grund laufen. Und mit ihr die Hoffnung auf ein Boot. Wer braucht dort unten schon ein Boot?

Auf der gegenüberliegenden Seite erhebt sich der Berg aus Talas Sandzeichnung. Und Maya versteht, warum

Tala ihn „Nani Atahua – Großer Stein“ genannt hat. Noch besser würde lediglich der Name „Monströse Steilklippe“ zutreffen. Immerhin ist das Ding hoch genug, um ihren allerletzten Hoffnungsschimmer zu nähren: Von dort oben könnte ihr Handy eventuell Empfang haben. „Ich muss da hinauf“, lautet also das Mantra, das sie auf dem Weg ins Dorf in den Rhythmus ihrer Schritte legt. „Ich muss da hinauf.“ Sie darf der aufkeimenden Panik jetzt keinen Raum lassen.

Im Vorbeigehen nickt sie den Dorfbewohnern zu, die matt in ihren Hängematten liegen oder an primitiven Webstühlen ihr Tagwerk erfüllen. Auf einem großen Platz wird Essen zubereitet, die einen töpfern, andere bearbeiten Bambus mit steinzeitlichen Klingen wie sie auch Tala benutzte. Im Schatten dicker Bäume, stillen junge Frauen ihre Babys. Die Einheimischen nehmen Maya zwar zur Kenntnis – ihren freundlichen Gruß erwidert jedoch niemand. Niemand verzieht auch nur eine Miene. Ausdruckslose Gesichter, so weit das Auge reicht. Mayas Lächeln wird Schritt für Schritt schmaler. So muss er sich einstmals angefühlt haben, der Weg zum Schafott. Dann, scheinbar aus dem Nichts, kommt eine Gruppe Kinder angerannt. Sie umringen die Fremde, kichern und tuscheln aufgeregt durcheinander. Ein etwa 10jähriger Junge nähert sich bis auf Armlänge und stupst Mayas Hand mit seinem ausgestreckten Finger an. So unschuldig lugen die riesigen Mandelaugen des Kleinen hinter der Wuschelmähne hervor, so lausbübisch zieht er seine Grimasse, dass Maya lachen muss. Die anderen Kinder lachen mit und machen sich mit wildem Ah- und Oh- Geschrei aus dem Staub. Der Kleine hat seine Mutprobe bestanden.

Unbeirrt von diesem Schauspiel setzt Imee den Weg fort bis zu den hintersten Hütten des Dorfes. Dort, wo das Licht der Sonne auf den Schatten des Waldes trifft, überlässt sie Maya der Obhut einer dicken Frau. Die setzt sich knarzend auf die Holztreppe der Veranda und betrachtet ihren Gast aufmerksam. Nein. Man fahre nicht aufs Meer. Keine Boote.

„Und der Große Stein? Nani Atahua?“, fragt Maya weiter. Ihre Augen haben sich inzwischen an das Halbdunkel gewöhnt, so dass sie den Mann erkennt, der mit dem Rücken ans Haus gelehnt sitzt und zu ihr herüber lugt.

Die Geste für „ich“ ist das Antippen des eigenen Ellbogens, das hat sie bei Tala gelernt. „Großer Stein – ich – Telefon.“ Sie zeigt ihr Handy und hält es sich ans Ohr.

Die Frau legt den Kopf schief. Vermutlich wäre ihr nicht einmal das Uralt-Konzept des Fernsprechers ein Begriff. Also versucht Maya, ihr mit einfachsten Worten zu erklären, wozu dieses kleine Ding imstande ist. Als sie fertig ist, tippt sich die Frau an den Ellbogen, sagt „Phina“, steht auf und geht in die Hütte. Dieses kommentarlose Verhalten ist auf der Insel wohl üblich. Die weißen Augäpfel des Mannes starren unverwandt zu Maya herüber. Um das unangenehme Schweigen zu beenden, stellt sie sich kurzerhand noch einmal vor.

„Rocas“, antwortet er mit kratziger Stimme.

„Freut mich“, sagt Maya und überlegt krampfhaft, wie sie sich nun weiter verhalten soll. Da streckt Phina ihren Kopf aus der Hütte. Ist das eine Einladung? Zögerlich steigt Maya die Stufen hinauf. Rocas hält sie nicht auf. Sie schleicht an zwei schlafenden Kleinkindern vorbei und betritt den einzigen Raum des Hauses. Es gibt weder Fenster noch Türen. Ein bisschen Licht fällt durch den offenen Eingang auf eine dicke Schlafmatte am Boden. Phina deutet auf das zweite „Möbelstück“ des Hauses, das sich im Dämmerlicht verbirgt: eine Hängematte. Mayas Bett. Gleich neben dem Nachtlager der Familie. Sie wagt es nicht, um etwas mehr Privatsphäre zu bitten. Stattdessen redet sie sich gut zu: „Ich bin ja nicht lange hier. Eine, maximal zwei Nächte, dann bin ich weg und komme ganz sicher nie wieder auch nur in die Nähe der Südsee.“

Als wenig später beide Kinder wach sind, geht die Familie mit Maya im Schlepptau zum Hauptplatz. Das Essen ist fertig. Jeder nimmt sich, was er möchte. Gegessen wird wie bei Tala: mit den Händen aus großen Blättern. Endlich herrscht etwas lebhaftere Stimmung, wenngleich sich niemand explizit um Maya kümmert. Man hat die Anwesenheit der Fremden offenbar akzeptiert und im Glauben, dass sie sowieso nichts versteht, nimmt das muntere Treiben seinen Lauf. Wenn Phina lacht, bebt ihr ganzer massiger Körper und sie zeigt auch die hinterste Zahnlücke ohne Scham. Ihr Lachen ist so ansteckend, dass Maya immer wieder schmunzelt, ohne genau zu wissen, worüber. Sie hofft nur, dass man sich nicht ausgerechnet über sie amüsiert. Mit ihrem schwarzen Bikini, der weißen Haut und den ungekämmten Haaren kommt sie sich unter den Dorfbewohnern so fehlplatziert vor wie ein Schneehase in der Wüste. Oder eher wie ein Gespenst im Festsaal: Denn so oft sie auch versucht, mit jemandem zu sprechen – man scheint sie nicht zu hören. Oder nicht hören zu wollen? Jedenfalls erhält sie keine Antwort. Nicht einmal ein Lächeln. „Das sind vielleicht Umgangsformen hier,“ murmelt sie und verspeist missmutig ihre Portion.

Dann nimmt sie sich zusammen, stellt sich auf einen

Sitzklotz und wartet, bis sich alle Blicke auf sie gerichtet haben. Ihre Ansprache mag in den Ohren der Einheimischen etwa so klingen:

„Ich bin Maya. Ich komme mit kleinem Boot. Großes Boot ist weit. Ich brauche Boot. Ich habe Telefon. Es mag Nani Atahua. Ich brauche Nani Atahua."

Keine Reaktion. „Bitte!", wiederholt sie verzweifelt auf Englisch. „Kann mir nicht einer von euch helfen, irgendwie auf diesen Berg zu kommen? Ich muss es doch wenigstens versuchen – wenn mein Handy dort oben ein Signal empfängt, bin ich genauso schnell wieder weg wie ich gekommen bin und lasse euch in Ruhe. Ich will doch überhaupt nicht hier sein und euch stören!"

Keine Reaktion. Ein Klassenstreik der feinsten Sorte. Aber Maya hat jetzt wirklich nicht den Nerv, sich mit solchen Kindereien zu befassen. Ihr ist zum Schreien, zum Weinen und selbst ein Blinder hätte am Zittern ihrer Stimme erkannt, wie schwer es ihr fällt, ihre Emotionen im Griff zu behalten. Diese Leute allerdings zeigen noch immer keine Regung. Mutlos steigt Maya von ihrem Klotz und setzt sich wieder hin. Nach und nach kehren die Dörfler zu ihren Gesprächen zurück und die Erinnerungen an Mayas unbeholfenen Auftritt steigen wie Seifenblasen hinauf in den blauen Himmel. Erst als die letzte zerplatzt ist, steht Phina auf und verneigt sich in die Runde. Rocas folgt ihr. Er hat das Baby auf seinen Rücken gebunden. Der Zweijährige trippelt neben den Eltern her. Maya folgt unaufgefordert. Auch sie verneigt sich – immerhin hat sie zu essen bekommen. Alles Weitere wird sie eben allein schaffen müssen.

***

An jedem anderen Ort dieser Welt wäre so ein kurzer Ausflug zum Felsenberg nicht der Rede wert gewesen. Maya war sogar davon ausgegangen, dass es den ignoranten Dorfbewohnern nicht einmal auffallen würde, wenn sie sich abseilen und für ein paar Stündchen allein beschäftigen würde. „Und wenn alles gut geht," – so hatte sie gehofft – „dann bleibt mir die Rückkehr ins Dorf erspart. Und die Übernachtung in dieser stickigen Bude." Also schlich sie sich während des Mittagsschlafes der Familie davon, folgte dem schmalen Pfad hinter der Hütte durchs Gestrüpp und stapft nun durchs hohe Gras, den Blick geradeaus auf die Steilklippe gerichtet. Um sie herum summen die Halme. Sie murmeln im Wind, so dass es klingt wie hundert Indianer, die aus ihren Verstecken heraus versuchen, Maya vom Weg abzubringen. Ist sie wirklich allein? Was, wenn ein wildes Tier … Da! Blitzschnell fährt Maya herum, bereit, ihrem Schicksal in die gelben Augen zu blicken.

„Was will der denn?"

Tätowiert von Kopf bis Fuß, die langen Haare aufgebunden und dieser Blick … Maya ist unfähig, sich zu bewegen. Rocas kommt in großen Schritten auf sie zu.

Was sagt er?

„Ich kann sie nicht verstehen!", ruft sie ihm zu.

Er zeigt gebieterisch Richtung Dorf. Da gibt es nicht viel zu interpretieren. Maya ist klar, dass sie mit ihm nicht zu diskutieren braucht. Wenn er wollte, würde er sie mit dem kleinen Finger überwältigen und nach Hause schaffen wie ein erlegtes Rehkitz. Also gibt sie klein bei und geht mit ihm zurück. Auf halbem Weg bleibt er stehen, schlägt die vordere Seite seines Bastrocks zur Seite, pinkelt ins Gras und setzt seinen Weg fort als wäre nichts gewesen. Maya dreht sich angewidert weg.

„Der hat ja Nerven! Pinkelt dem Gast direkt vor die Füße! Hätte er nicht noch ein paar Minuten warten können, bis wir im Dorf sind? Ich reiße mich doch auch zusammen."

Mit gehörigem Sicherheitsabstand zu Rocas kommt Maya bei der Hütte an. Drei Kinder laufen ihr jubelnd entgegen und drängeln sie auf die Veranda. Auch der kleine Mutige ist dabei, Bagwis. Das etwa 7-jährige Mädchen heißt Nalani. Sie streicht Maya immer wieder durch die blonden Strähnen und stellt bedauernd fest: „Nicht viel". Mayas Haar ist für hiesige Verhältnisse tatsächlich ungewöhnlich dünn und kurz. Sogar die Männer auf der Insel haben volles, hüftlanges Haar. Viele Frauen schmücken das ihre mit Blüten und binden es im Nacken kunstvoll zusammen. Männer tragen das Deckhaar als hohen Dutt, der von einem geschnitzen Holzstäbchen an Ort und Stelle gehalten wird. Und wenn die Haare bei irgendwelchen Arbeiten stören, stecken sie kurzzeitig die gesamte Mähne hoch.

So gut es Mayas Sprachkenntnisse zulassen, unterhält sie sich mit den Kindern und verbummelt die Zeit mit Hüpf- und Fingerspielen. Bis irgendwann an diesem Nachmittag ihre Blase endgültig zu platzen droht. Sie kann unmöglich noch länger warten – worauf auch? Etwa darauf, dass irgendjemand eine Toilette für sie baut?

„Ich bin gleich wieder da", sagt sie zu den Kindern und huscht in die Richtung, wo sie vorhin so unangenehm mit Rocas zusammengetroffen war. Sie duckt sich ins Gras und will gerade ansetzen, den ruhigen Moment auch fürs große Geschäft zu nutzen, da steht dieser aufdringliche Kerl schon wieder vor ihr.

„Das kann doch jetzt nicht wahr sein!“

Maya schaut ihn entgeistert an.

„Rocas, ich komme gleich zurück. Bitte lass mich allein.“

Doch Rocas reagiert nicht. Er bleibt vor ihr stehen und lässt sie nicht aus den Augen.

Demonstrativ bleibt sie sitzen.

Demonstrativ bleibt er stehen.

„Na fein.“ Maya resigniert. Was soll sie auch tun? Sie tupft sich mit den extra gesammelten Blättern trocken, zieht flugs das Höschen hinauf und lässt sich zurück zur Hütte begleiten.

Zum Sonnenuntergang kauen die Mitglieder ihrer Gastfamilie so lange auf den abgerissenen Zweigen eines Busches herum, bis davon nur noch Faserknäuel übrig sind. Sie werden ausgespuckt und landen neben der Veranda auf dem sandigen Boden. Auch für Maya liegt ein Zweig bereit, den ihr aber niemand explizit anbietet. Sie hätte vermutlich sowieso abgelehnt. Eine Tasse Tee wäre ihr lieber. Ob sie noch etwas von dem Wasser haben kann, fragt sie und Phina lächelt. Maya trinkt.

***

Kurz vor Morgengrauen windet sich Maya geräuschlos aus der Hängematte. Auf Samtpfoten schleicht sie aus der Hütte und verschwindet im Halbdunkel der Nacht. Dieses Mal schafft sie es tatsächlich unbeobachtet zu ihrer Toilettenstelle und folgt dann dem hügeligen Pfad hinauf bis zum oberen Rand des Kraters. Die Sonne räkelt sich noch ein letztes Mal hinter dem Nani Atahua, bevor sie seine

Silhouette in ein unwirkliches Licht hüllt. Maya geht auf die phantastische Erscheinung zu. Und je näher sie kommt, desto tiefer sinkt ihr Mut. Der obere Teil dieses Felsens ist so steil, dass es übermenschlicher Kräfte bedürfte, ihn zu erklimmen.

Und dann nimmt sie in genau diesem oberen Drittel der Wand eine Bewegung wahr.

„Das kann nicht sein! Das ist doch gar nicht möglich!“

Mayas Unterkiefer klappt herunter und sie beobachtet, wie diese Person spinnengleich, in unfassbarer Leichtigkeit die Felswand herunter klettert. Die letzten Meter stößt er sich ab und springt leichtfüßig auf den Boden.

Dann dreht er sich um.

„Oh du lieber Himmel!“ Mayas Herz steht still. Die Zeit steht still.

Seine harten Gesichtszüge und die mächtigen Augenbrauen sind angsteinflößend. Dieser Mann ist – wie beinahe alle Inselbewohner – von Kopf bis Fuß tätowiert und die Haare sind hochgesteckt. Worin er sich aber ganz klar von den anderen unterscheidet, das ist sein Körperbau. Seine Muskeln sind deutlich definierter als die aller Inselbewohner zusammen. Jede Faser seines Körpers scheint um ihre Bedeutung für das Ganze zu wissen und gemeinsam strahlen sie in charismatischer Vollkommenheit.

Er sagt etwas in der Sprache der Eingeborenen. Klar, ruhig und erdig klingen seine Worte und es ist Maya, als höre sie ihn direkt an ihrem Ohr.

„Ich – Nani Atahua – brauchen“, stottert sie und ihr Autopilot zieht das Handy aus dem Bauchbeutel.

Er steht aufrecht wie ein Baum.

„Oh, ähm, mein Name ist Maya.“ Maya verbeugt sich.

Der Baum erwidert die Geste.

„Ich – Nani Atahua – brauchen“, wiederholt Maya und untermalt ihre Worte mit Bewegungen wie beim Klettern. Pantomimisch spielt sie ihm die Szene vor, wie sie – oben angekommen – ihr Handy einschaltet, es in alle Richtungen hält, Signal empfängt, telefoniert und dann in einem Boot wegrudert.

Der Baum geht einen Schritt zur Seite und macht den Weg frei.

„Ähm, könnten sie vielleicht für mich schauen, ob mein Handy dort oben funktioniert?“

Natürlich versteht er weder Deutsch noch Englisch und ihr rudimentäres Eingeborenen-Kuddelmuddel ist offensichtlich auch keine große Hilfe, denn er verbeugt sich und setzt zum Gehen an.

„Es … also … die Sache ist die“, hält Maya ihn auf. „Ich komme da nicht rauf. Das schaffe ich nicht. Bitte, könnten sie nicht – hier, ich habe auch Geld. 20 Dollar für sie, wenn sie bei ihrem nächsten Aufstieg mein Handy mitnehmen.“

Der Baum nimmt den Schein, den sie ihm entgegen streckt, sieht ihn sich von beiden Seiten an und gibt ihn kommentarlos zurück.

„Der ist echt“, versichert Maya und beißt sich auf die Zunge. Ihr Hirn ist ja total vernebelt – wie kommt sie darauf, dass er die Echtheit anzweifelt? Viel wahrscheinlicher ist doch, dass dieser Eingeborene noch nie farbig bedrucktes Papier gesehen hat. Und dann: Was soll er bitteschön mit 20 Dollar anfangen? Im Insel-Supermarkt Holzkohle und Schweinesteaks für seinen Gasgrill kaufen?

„Schauen sie, ich weiß im Moment nicht, wie ich mich ihnen erkenntlich zeigen kann, aber es soll ja auch keine großen Umstände für sie bedeuten. Das Handy ist klein und sie müssten wirklich nur nach den Balken schauen – hier. Alles andere geht dann automatisch."

Der Baum versteht zwar den Schwall fremder Laute nicht, aber immerhin macht er den Anschein, zumindest das Problem verstanden zu haben. Er winkt Maya näher zu sich heran. Dann führt er vor, wie die Finger im Felsen Halt finden – und wie nicht. Er zeigt, welche Stellen des Felsens gut greifbar sind – und welche nicht. Das Spiel der Muskeln unter seiner Haut. Dann steigt er die ersten drei Meter hinauf, wieder herunter, macht den Weg für Maya frei und setzt sich weiter drüben auf den Boden. Seine Haut schimmert glatt und samtig.

Ist das alles? Er wird ihr also nicht helfen?

Sein Blick spricht Bände. Ohne Widerrede greift Maya in die Kuhlen des überraschend weichen Vulkangesteins. Zweimal. Dreimal. Ihre Finger und Füße finden bequem Halt. Sie zieht sich nach oben. Noch einmal und noch einmal. Und dann friert sie fest. Sie klebt mit ihrem gesamten Bewusstsein an der Wand, ihr Körper verkrampft. Unter ihr klafft der Abgrund. Geistesgegenwärtig bohren Mayas Augen Sicherungsanker in den Felsen. Tief in den Felsen. Durch ihre Adern fließt reine Angst.

„Ich kann mich nicht mehr bewegen! Bitte – ich komme nicht weiter – auch nicht zurück. Wenn ich loslasse, falle ich!"

Keine Antwort.

„Oh Gott, ist das peinlich!", denkt sie. Sie stellt sich ja an wie eine Zwölfjährige. Mit Höhenangst. Im Bikini. Wahrscheinlich studiert der Typ gerade ihren Hintern und hat nicht das geringste Interesse daran, ihr aus dieser Position heraus zu helfen. Vorsichtig löst sie die Anker, so dass sie wenigstens ihren Kopf ein Stückchen drehen und zu dem Eingeborenen hinunter schielen kann. Das ist ja wohl nicht zu fassen! Der Kerl sitzt von ihr abgewandt auf dem Boden. Und schnitzt. Er schaut ihr nicht einmal zu! Er könnte sie doch wenigstens absichern, oder ihr zumindest versuchen, verbale Hilfestellungen zu geben. Was, wenn sie abrutscht und stürzt? Nun gut, sie muss zugeben, dass sie dann nicht wirklich tief fallen würde. Genau genommen könnte sie sich jetzt einfach abstoßen und käme mit einem leidlichen Sprung auf dem Boden zu stehen. Nein. Sie darf sich nicht so bloßstellen! Maya verlagert ihr Gewicht, befreit die obere Hand, sucht neuen Halt ein klitzekleines Stückchen weiter unten, krallt sich fest, löst den Fuß, tastet die Wand nach unten hin ab, findet Halt, verlagert ihr Gewicht erneut, wiederholt das gleiche auf der anderen Seite und hat es kurz darauf geschafft.

All diese Aufregung – für gerade mal drei Meter. Ihr Herz schrumpft. Der Plan mit der Bergbesteigung ist hiermit begraben. Eher wartet sie die vier Wochen bis zur Rückkehr des Kapitäns. Doch was, wenn sie vergeblich auf ihn wartet? Wenn er überhaupt nicht mehr in diese Gegend kommt? In vier Wochen kann so viel passieren. Er könnte sich ein Bein brechen, sein Boot könnte kaputt gehen, er könnte sich in eine amerikanische Touristin verlieben und mit ihr durchbrennen … und sie, Maya, würde ihr Leben lang an Talas Strand sitzen und hoffen, dass eines Tages jemand kommen und sie holen würde …

Der Eingeborene dreht sich zu ihr um und deutet mit der Klinge auf den Felsen.

Ja. Wenn sie hier weg will, muss sie hinauf. Und wenn sie

hinauf will, muss sie dran bleiben und wirklich sehr, sehr hart trainieren.

Es ist beileibe die schwierigste und gefährlichste Aufgabe, die Maya bisher in ihrem Leben zu bewältigen hatte. Aber eine Abkürzung gibt es nicht. Sie kann diesen Menschen, der da so unbeteiligt am Boden sitzt, schließlich nicht zwingen, ihr zu helfen. Wenn sie Glück hat, hat er ihr Anliegen einfach nicht verstanden und steigt in ein paar Tagen doch noch für sie hinauf. Falls aber nicht – und damit muss sie bei diesem leicht ignoranten Schlag Menschen leider rechnen –, muss sie sich selbst in die Lage versetzen, die Deutsche Botschaft anrufen zu können.

Nach dem dritten Kletterversuch zittern ihre Hände und Beine derart, dass sie es nicht wagt, noch einmal „hinauf“ zu steigen. Sie gesellt sich zu dem Eingeborenen und überlegt. Wie lange wird es wohl dauern, bis sie – die Entwicklung eines angemessenen Sicherungssystems eingeschlossen – den kompletten Aufstieg wird bewältigen können? Mit äußerstem Optimismus betrachtet: zwei bis drei Wochen. In etwa. Ach, was würde sie jetzt dafür geben, die Fitnessgeräte aus ihrem Studio nutzen und ihren Trainer um Rat bitten zu können. Stattdessen sitzt sie neben einem störrischen, wortkargen, unverschämt gut aussehenden Eingeborenen in der Südsee.

„Ich brauche ihre Hilfe“, sagt sie schließlich und diesmal hält sie seinem Blick stand. „Bitte kommen sie morgen wieder hierher. Ich verspreche, ich werde alles daran setzen, das Klettern so schnell wie möglich zu lernen. Es ist lebenswichtig für mich, dort hinauf zu kommen.“

Hat er sie verstanden?

Ein Weilchen später schaut die Familie interessiert von

ihrem Beerenfrühstück auf. Natürlich – die weiße Frau schleicht sich gleich in der ersten Nacht heimlich davon und kommt in Begleitung eines Mannes aus dem Gebüsch. Maya läuft wieder einmal rot an und bemüht sich hastig und ungelenk, den prekären Eindruck zu korrigieren. Phina hört ihr in aller Ruhe zu, verrät Iskos Namen, lächelt und sagt „morgen“.

„Ähm, ja, genau, morgen“, bestätigt Maya irritiert, „morgen machen wir weiter. Mit dem Training.“

Am frühen Nachmittag dieses Tages kommt Imee zur Hütte. Maya ahnt sofort, was die Amazone im Schilde führt. Schließlich war es gestern überdeutlich und an jeder einzelnen Geste abzulesen, dass sie den ungebetenen Gast nicht ausstehen kann. Und tatsächlich: Sie will Maya zurück zu Tala bringen.

„Es tut mir leid, Imee.“ Maya tritt ihr entgegen. Sie muss jetzt für sich einstehen. „Das geht noch nicht. Ich habe hier noch eine Aufgabe zu erledigen. Ich muss noch eine Weile bleiben.“

Das war leicht gesagt. Aber wie soll sie die Zeit hier nur überstehen? Maya schaudert. Dieses merkwürdige Verständnis von Gastfreundschaft ist ernsthaft unangenehm. Abgesehen von Phina, Rocas und den Kindern spricht nach wie vor niemand mit ihr. Man stellt ihr keine Fragen und gibt sich keinerlei Mühe, sie ins Gespräch einzubinden, sofern denn überhaupt Gespräche stattfinden. Wo einem auf der einen Seite so wenig Interesse entgegen gebracht wird, ist es einigermaßen paradox, dass dennoch alle so sehr darauf bedacht sind, Maya keinen Augenblick sich selbst zu überlassen. Wenn sie schon unter Beobachtung steht, könnte man ihr doch auch Freizeitaktivitäten oder zumindest Essen und Getränke anbieten. Doch weit gefehlt: Sie muss sich schon selbst beschäftigen und wenn sie nicht verhungern will, muss sie sich nehmen, was sie braucht: Das Wasser aus dem Krug. Die Früchte aus dem Korb. Und natürlich muss sie mittags ihr Essen selbst aufs Bananenblatt schöpfen. All das ist ein Spagat der Höflichkeiten. Sie will nicht dreist erscheinen, muss aber schließlich auch zusehen, dass sie genügend Kalorien und Proteine zu sich nimmt, um mit ihrem Training in der gegebenen Zeit überhaupt die gewünschten Effekte erzielen zu können.

„Isko", sagt Phina später, als die Sonne schon tief steht. Sie nickt Maya zu und wiederholt: „Isko." Denn der erscheint auf einmal wie aus dem Nichts vor der Veranda. Was will er? Was wird Phina jetzt nur denken? Und dann ist keine Zeit mehr für Überlegungen. Maya muss sich beeilen, denn Isko marschiert strammen Schrittes voraus, aus dem Dorf hinaus, durchs flüsternde Gras bis zu einem Bachlauf, über den anstelle einer Brücke nur ein langer Baumstamm führt. Ohne zu warten oder gar seine Hilfe anzubieten geht er hinüber. Ihre Hände schwitzen. Der Stamm wackelt. Die harte Rinde drückt sich in ihre Fußsohlen. Sie lässt sich die Aufregung nicht anmerken. Mit den seitlich ausgestreckten Armen gleicht sie elegant das gefährliche Zittern der Beine aus. Wenigstens hier möchte sie eine gute Figur machen, nachdem sie sich heute Morgen beim Klettern schon so blamiert hat. Isko beobachtet sie von der anderen Uferseite aus, scheint jede auch noch so kleine Bewegung zu erfassen und auszuwerten. Das Wasser ist nicht wirklich tief, aber das Bachbett steinig und ein Ausrutscher wäre mit Sicherheit schmerzhaft. Konzentration auf das Standbein und Konzentration auf den nächsten Schritt. Standbein.

Nächster Schritt.

Drüben angekommen fällt ein Stein von Mayas Herzen direkt hinunter ins plätschernde Nass. „Geschafft! Und es war tatsächlich gewandter als heute früh!“, lobt sie sich insgeheim. Denn sonst tut es ja niemand. Isko verzieht keine Miene. Er macht direkt kehrt – auf dem gleichen Weg zurück ins Dorf.

„Bitte?“ Maya hat keine Zeit, entrüstet zu sein. Sie muss hinterher. Schnell. Zurück über den Stamm, sonst verliert sie ihn. Er sieht sich nicht nach ihr um. Er weiß ja nun, dass sie im Zweifel balancieren kann und geht wohl davon aus, dass es außerdem in ihrem eigenen Interesse liegt, noch vor Einbruch der Nacht zurück im Dorf zu sein. Und damit hat er vollkommen recht.

Vor Phinas Hütte verneigt sich Isko und verschwindet. Maya fröstelt. Gleich morgen früh will sie Phina um einen Rock bitten, wie ihn hier die meisten Frauen tragen. Denn bei Tala am Strand hatte ihr Bikini noch eine gewisse Existenzgrundlage. Hier im Dorf wirkt er reichlich deplatziert.

Als Maya an diesem Abend die Augen schließt, sieht sie noch lange Iskos Gesicht vor sich. Die perfekt symmetrischen Tätowierungen lassen ihn wie einen Krieger wirken. Und dann diese Augen. Im Dämmerlicht vorhin waren sie noch schwärzer und durchdringender als sonst. Und gleichzeitig strahlt er eine Wärme aus, die Maya so stark anzieht, dass sie sich trotz aller Ehrfurcht immer wieder ermahnen muss, nicht zu nah an ihn heran zu gehen.

DER GEIST DER INSCHRIFT

Die Wahrheit beginnt jenseits unseres Tellerrandes und es ist ihr völlig gleichgültig, wie sehr sie vom Wirklichkeitsverständnis des Betrachters abweicht. Dessen ist er sich sicher. Und deswegen hat er weder Zeit noch Lust, in der immer gleichen Suppe gängiger Lehrmeinungen zu rühren. Für ihn liegt es auf der Hand, dass sich die Lebens- und Geisteswelten früher Hochkulturen nicht mit dem heutigen Verständnis von Wirklichkeit begreifen lassen. Denn solange man historische Erscheinungen mit den wissenschaftlichen Scheuklappen unserer Zeit betrachtet, wird man immer nur Dualitäten sehen: Herrscher und Beherrschte, Eroberung und Unterwerfung und einen zähen Brei aus mehr oder weniger primitiven Kulten, Accessoires und Werkzeugen.

Die erste Übersetzung der Inschrift liegt nun endlich vor ihm. Um aber den tatsächlichen Sinn hinter den Worten zu finden, das eigentlich Gemeinte, muss er tief in die Welt der Verfasser eintauchen, sich auf sie einlassen. Nur dann besteht eine Chance, den wahren Geist der Inschrift heraus zu kitzeln.

Und genau das ist es, was ihn hier, im fahlen Licht der Jägerlampe, von allen anderen Forschern da draußen unterscheidet: Sein Fokus liegt auf dem, was zwischen den Zeilen steht. Auch und ganz besonders dann, wenn es in nie geahnte Sphären führt – wie in diesem Fall. —

8: Die Achtsamkeit

Neuer Alltag

Rocas ist auf der Hut. Selbst im Schlaf sind seine Antennen auf Empfang und als Maya heute Früh heimlich aus der Hütte huscht, folgt er ihr in einigem Abstand bis zum Felsen. Für jemanden wie ihn, der sein ganzes Leben ohne Kontakt zur Außenwelt, nur mit seinen Stammesgenossen auf diesem engen Raum gelebt hat, muss es mächtig aufregend sein, eine exotische Frau observieren zu müssen – oder sollte man eher sagen: zu dürfen? Maya gibt sich Mühe, Verständnis für ihn aufzubringen und sich darüber hinaus nicht weiter stören zu lassen. Sie muss sich auf ihr Training konzentrieren. Sorgsam wärmt sie sich auf und beginnt dann mit der Wiederholung der Übung von gestern. Wann kommt Isko? Er wird sie doch nicht etwa versetzen, wo sie ihn so inständig gebeten hat, ihr das Klettern beizubringen? Der Morgennebel verzieht sich und an die ohnehin schon bleischweren Muskeln heftet sich die Enttäuschung. Sie bleibt wie lästiges Klettkraut überall da kleben, wo Maya versucht, sie abzustreifen.

An diesem Morgen realisiert sie, dass es beim Klettern

nicht nur ums Erlernen von Griffen, um Körperbeherrschung, Koordinations- und Krafttraining geht. Ihre ganz persönliche Herausforderung wird es sein, den Boden unter den Füßen aufzugeben und sich ohne Absicherung in luftige Höhen zu wagen. Nun ist es natürlich erst der zweite Tag am Nani Atahua und von luftigen Höhen ist Maya noch weit entfernt. Genau genommen sogar von Höhen. Über drei Meter kommt sie nicht hinaus. Viel zu groß ist ihre Angst, sich ernsthaft zu verletzen. Es wäre geradezu fahrlässig, es alleine weiter zu versuchen. Sie braucht Isko.

Vielleicht hat er sie ja nur nicht verstanden? Wahrscheinlich schläft er noch und ahnt nicht einmal, dass sie ihn hier erwartet?

„Ich muss unbedingt noch mehr von dieser Sprache lernen. Das geht so einfach nicht!" Mit diesem Gedanken beendet Maya das Felsentraining für heute und gibt ihrem Aufpasser ein Zeichen, dass sie so weit ist.

Sie nutzt den Rückweg in Rocas' Gesellschaft, um ihm Vokabeln zu entlocken. Überraschend bereitwillig benennt er alles, worauf Maya zeigt oder was sie pantomimisch vorführt. Es scheint ihm sogar Spaß zu machen. Er freut sich mit Maya, wenn es ihr gelingt, die schwierigeren Laute richtig auszusprechen. Lachend kommen die beiden bei der Hütte an, wo Phina in die Übung einsteigt und sie übers Frühstück hinweg fortsetzt. Die Kinder kichern und brabbeln mit. Zwischen dem Zweijährigen und Maya entwickelt sich ein subtiler Wettstreit – ob ihre Ausspracheversuche in Rocas' und Phinas Ohren wie die des Kleinkindes klingen? Ein unangenehmer Vergleich, für den sie aber gar keine Zeit hat, denn der kleine Nimuel kuschelt sich an sie und zupft neugierig an den weißen Härchen auf ihrer Haut. Sein Kopf ist im Verhältnis zum Körper recht groß, vielleicht erwecken aber auch nur die langen, dunklen Locken diesen Eindruck. Sie stehen wie Sender in alle Richtungen ab.

„Hey! Nicht rausreißen", lacht Maya und fängt die kleine Kinderfaust mit der ihren. Nach kurzer Kabbelei schläft der Zwerg in ihrer Umarmung ein. Maya wagt nicht sich zu bewegen. Es tut gut, bei all den Zweifeln etwas bedingungslosen Zuspruch zu erhalten. Auch wenn er nur von einem Kind kommt.

In dieser friedlichen, beinahe schon vertrauten Stimmung fällt es ihr leicht, Phina um einen Rock zu bitten. Die steht auch sofort auf, verschwindet im Dorf und kommt wenig später mit einem Bündel Bastfasern zurück, alles bereits fein geklopft und gefärbt. Maya schluckt. Ausgerechnet gelb? Gelb ist eine Farbe für Leute wie Gäbb, ein modischer Tiefschlag. Aber sie möchte natürlich nicht undankbar sein. Sie hat um einen Rock gebeten und den bekommt sie nun. Hätte sie sich einen grünen oder einen roten Rock gewünscht, hätte sie bestimmt einen grünen oder einen roten bekommen. „Immerhin habe ich jetzt erstmal etwas Schutz um die Hüften. Das ist schon viel wert", redet sie sich ein.

Im Lauf des Vormittages produziert Phina noch zwei weitere Röcke – beide in Nichtgelb –, die sie über das Geländer der Veranda hängt. Sie singt bei der Arbeit. Gelegentlich stimmt Rocas mit ein, das Baby lallt Synkopen dazu und Nimuel erforscht den möglichen Nutzen vor ihm liegender Steine. Maya setzt ihr Trainingsprogramm fort, obwohl sie sich kaum noch bewegen kann. Rocas hat sie von seiner Hängematte aus wie zufällig im Blick. Und spätestens dann, wenn er versehentlich einnickt, wird seine Aufgabe von der Kindertruppe übernommen, die Maya mit einem

Mal wieder umzingelt und mit vollem Körpereinsatz Situps, Liegestützen, Gleichgewichts- und Dehnungsübungen nachmacht. Sie sind mit größtem Eifer bei der Sache und freuen sich offensichtlich sehr über die Abwechslung im eintönigen Inselalltag. Maya korrigiert hier und da falsche Haltungen, festigt ihre schon bestehenden Sprachkenntnisse und erweitert ihr Vokabelrepertoire.

Irgendwann im Lauf des Tages rappelt sich die Familie auf und schlendert gemächlich zum Hauptplatz. Mayas Magen knurrt schon lange. Der Weg zieht sich. Sie lächelt freundlich, sobald sich ein Blickkontakt mit Einheimischen ergibt, verzichtet aber auf weitere Konversationsversuche. Und endlich hält sie in der einen Hand ein aufgeklapptes Bananenblatt mit dem zähen Brei aus gestampften Bohnen und Kräutern, in der anderen eine warme, süße Wurzel, die leicht nach Vanille schmeckt. Maya schmunzelt in sich hinein, als ihr plötzlich dieses eine Wort in den Sinn kommt. Dieses Wort, das in keiner Situation besser passt als hier und jetzt: Lecker!

„Ach, Anna. Wenn du wüsstest“, aber wahrscheinlich wird Anna nie von alledem erfahren. Maya wird sich hüten, irgendjemandem zu erzählen, in was für ein Desaster sie sich hier manövriert hat.

Ob sie sich noch eine Portion nehmen kann? Es ist immerhin die einzige warme Mahlzeit des Tages. Zum Frühstück und für den kleinen Hunger zwischendurch gibt es in der Hütte nur Obst und salatartige Blätter, die in großer Menge in einer Wasserschale auf der Veranda liegen – ohne Dressing. Oder man kaut auf bambusähnlichen Stangen herum. Bei Mayas intensivem Sportprogramm ist dieses magere Angebot jedoch alles andere als ideal.

Für den Muskelaufbau bräuchte sie ja wesentlich mehr Protein. Oh, was würde sie für ein Steak geben! Oder ein gebratenes Hähnchen! Zur Not auch ein Eichhörnchen. Oder irgendeinen Vogel.

Auf dem Rückweg zur Hütte durchsucht Rocas die Unterkünfte sämtlicher Nachbarn, die offenbar alle noch auf dem Hauptplatz sind. Aus den meisten kommt er mit leeren Händen wieder heraus. Nur in einer wird er fündig: Triumphierend hält er Maya eine halbe Bananenstaude entgegen.

„Oh, nein, nein, danke“, stammelt sie wie ertappt und geht einen Schritt zurück. Sie kann sich doch nicht einfach ohne zu fragen an anderer Leute Sachen bedienen! Was wäre das denn für eine Situation, wenn die Bewohner um die Ecke kommen und sie, die Fremde, dasteht mit hochrotem Kopf und einer Mammutportion geklauter Bananen auf dem Arm? Außerdem ist das ein bisschen viel für sie.

Phina lächelt, übergibt Maya das Baby und packt sich die Früchte auf den Kopf. Rocas ist schon auf der nächsten Veranda zugange. Er rollt einen Holzklotz ohne Rinde heran und hievt ihn sich mit einem mächtigen Wumms auf die Schulter. Maya hofft inständig, dass es im Vorfeld Absprachen mit dem Eigentümer gegeben hat. Oder dass das Dorf in einer Art Kommunismus lebt. Alles andere wäre schlicht skandalös. Sie verlangsamt ihren Schritt, denn sie möchte sich wirklich in keine missliche Situation hineinziehen lassen. Nicht, bevor sie nicht die genauen Strukturen des Dorfes versteht. Am Ende steht auf Diebstahl die Todesstrafe …

Kaum zurück bei der Hütte stellt Maya mit einem Blick fest, dass die Röcke vom Geländer fehlen. Phina nickt nur beiläufig und widmet der Sache keine weitere Beachtung.

„Stehlen und bestohlen werden – na ja, beziehungsweise, wenn das alles so offen gehandhabt wird, darf man es wohl als Nehmen und Geben bezeichnen. Und das wäre ja durchaus eine schöne Form des Miteinanders“, schließt auch Maya das Thema für heute ab. Ein ganz anderer Gedanke nämlich erscheint ihr viel bedeutender: Diese Insulaner fristen ihr Dasein mit Alltäglichkeiten und Banalitäten, ohne auch nur den leisesten Schimmer von all den wissenschaftlichen Entdeckungen und Errungenschaften zu haben, die aus der Welt da draußen ein gigantisches Abenteuerland machen. Ist es nicht Mayas humanitäre Pflicht, zumindest für den Hauch eines Lernimpulses zu sorgen, solange sie hier ist? Wenigstens den Inselkindern eine Ahnung davon zu vermitteln, dass es noch eine ganz andere Welt gibt? Eine Welt der Mathematik und der Sprachen, der Schriftsysteme, der Physik und der Computer, eine Welt der Künste, der Literatur, der Musik, des Sports und, und, und.

Dank Rocas' Unterstützung ist ein geeigneter Ort für Mayas Inselschule schnell gefunden: schattig, möglichst ablenkungsfrei und schön sandig, damit die Kinder ihre ersten Schreib- und Rechenübungen mit Stöckchen auf dem Boden machen können. Morgen beim Mittagessen will sie verkünden, dass es im direkten Anschluss „school“ gibt. Aus lernphysiologischer Sicht natürlich nicht die beste Idee, aber was soll man in einer Welt ohne konkrete Zeitmessung schon machen? Der einzige Orientierungspunkt in diesem Einheitsbrei der Tage ist nun einmal das gemeinsame Mittagessen.

***

Aus allen Richtungen strömen Kinder herbei, in Scharen, die Mayas kühnste Erwartungen übertreffen. Ihre Stöckchen werden nicht für alle reichen. Es dauert lange, bis alle in einem großen Kreis auf dem Boden sitzen – und dann noch einmal so lange, bis endlich Ruhe herrscht. Diese Klasse ist definitiv zu groß. Maya wird sie bei nächster Gelegenheit aufteilen müssen.

Zunächst aber erzählt sie so gut es ihre Sprachkenntnisse erlauben von ihrem Zuhause, von grooоßen Hütten aus Stein: „house“, und zeichnet ein solches in den Sand. Sie erzählt von Objekten, in die sich die Menschen setzen und dass sie damit von einem Ort zu einem anderen kommen, ohne zu laufen: „car“. Tags zuvor hatte sie Rocas gebeten, nach ihren Anweisungen ein Auto für sie zu schnitzen und er hatte sich sofort an die Arbeit gemacht. Das Resultat hält Maya nun in die Luft. Es hat zwar weder Reifen noch Dach und ähnelt eher einem Kanu als einem Auto, aber für den Anfang soll es genügen. Die Kinder sollen sich erstmal nur an den Gedanken gewöhnen, dass es unter dieser Sonne auch noch eine andere Welt gibt. Eine Welt, die nach völlig anderen Regeln funktioniert. Maya setzt ein improvisiertes Männchen in das Auto und fährt damit zügig auf dem Sandboden herum. Die Kinder sind hellauf begeistert.

„Meine, äh, ‚Insel‘ heißt Germany“, fährt Maya fort.

Die Kinder kichern.

„Mäni, Mäni, Määäni, Männi“, singen ein paar.

„Psssst“, macht Maya geheimnisvoll und berichtet nun von den Kindern in Mäni, die jeden Tag in die „school“ gehen und ganz leise sind, mit Stiften „write“ und mit den Augen – Maya deutet mit Zeige- und Mittelfinger der rechten Hand zuerst auf ihre Augen und dann auf die

Zeichnungen im Sand – „read“. Selbstverständlich gibt es für *lesen* und *schreiben* keine eigenen Wörter in der Sprache der Einheimischen. Wozu auch? Diese Tätigkeiten waren bisher kein Teil der hiesigen Lebenswirklichkeit. Aber das wird sich ja nun ändern.

„A, B, C, D, E, F, G!“, singt Maya den ersten Teil des englischen Alphabetsongs vor und die Kinder singen nach.

„H-I, J-K, L-M-N-O-P.“ Okay, das wird zu kompliziert. Ab G! verlieren sich die krakeelenden Stimmen in heillosem Durcheinander. Die Aufnahmekapazität dieser kleinen, ungeübten Gehirne ist verständlicherweise begrenzt. Grenzenlos hingegen ist ihre Begeisterung. Die Kinder hopsen laut singend durcheinander und brechen anschließend in wilden Jubel aus. Keiner bemerkt, dass es in Mayas Augen nicht wirklich Grund zum Jubeln gibt, aber sie ist einfühlsam genug, es nicht zu thematisieren.

Als nächsten Schritt hält sie das Blatt einer Bananenstaude in die Höhe, in das sie zuvor ein großes „A“ gestanzt hat. Sie zeichnet den Buchstaben mit ihrem Finger nach und spricht ihn vor. Die Kinder fallen mit „Äääāj“-Geschrei ein. Maya nimmt ihr Stöckchen und schreibt das A in den Sand. Diejenigen Kinder, die ein Stöckchen ergattern können, beginnen sofort, damit in den Sand zu kratzen; die anderen benutzen ihre Finger. Äj. Dann Bih. Dann Cih. Und nochmal: Äj. Bih. Cih. Maya geht herum, korrigiert und lobt. Schnell machen sich die unterschiedlichen Niveaus in der Klasse bemerkbar: Während die einen sich weiter mit den Strichfolgen abmühen, kabbeln andere miteinander, eine Gruppe älterer Jungs verzieht sich in den Wald und wieder andere kritzeln um ihre Bihs und Cihs herum, dass man kaum noch etwas erkennen kann. Maya versucht vergeblich, die Aufmerksamkeit wieder auf sich zu lenken. Die Situation droht zu entgleisen. Es wird immer lauter. Aber das kann sie auch.

„Hallo! Könnt ihr mal wieder zusammen kommen!“ Maya klatscht. Ein paar Kinder klatschen mit. „Hey, hört auf damit! Und ihr auch. Hört auf. Alle Stifte weg. Du, setz dich. Still jetzt! Psssst.“ Maya klatscht erneut. „Alle hinsetzen!“

Verständnislose Blicke auf allen Gesichtern.

„Ja, ja, das glaube ich gern“, sagt Maya genervt und auf Englisch. „Ihr kennt das nicht, dass euch jemand zur Ordnung ruft. Aber glaubt mir, falls ihr jemals Kontakt mit der Welt da draußen haben solltet, ist es wichtig, dass ihr still sein und auch mal ordentlich sitzen bleiben könnt.“

Die Unruhe greift erneut um sich und lässt Maya schließlich keine Wahl. „Okay, kids, school is over. Wer gehen möchte, kann gehen. Wer bleiben möchte, kann bleiben. Bye bye.“

Mit zusammengepressten Lippen schaut sie der Horde nach, die sich in aufgeregtem Schwatzen, Klatschen, Kreischen und Schubsen trollt. Endlich ist Ruhe. Maya atmet auf, korrigiert ihren Gesichtsausdruck und wendet sich mit einem frischen Montagmorgenlächeln jenen Kindern zu, die sich fürs Bleiben entschieden haben. Ihren kleinen, treuen Freunden, die sie schon vom ersten Tag an begleiten. Ihnen wird sie nun allzu gerne und ganz in Ruhe zeigen, was man mit Buchstaben Tolles machen kann. Maya schreibt den Namen eines jeden Schülers in die Erde: Ravelo, Amihan und Nalani, das sind die Mädchen. Ginto und Alon heißen die beiden Jungs.

„Bagwis!“ ruft eine unsichtbare Kinderstimme.

Maya schaut sich um. Es ist niemand zu sehen.

„Baaa-gwis!“ Die Stimme kommt aus der Baumkrone.

Oh du meine Güte! „Komm runter, Bagwis! Komm!“ Was soll sie nur tun, wenn der Kleine vom Baum fällt? „Komm runter, schau, wir schreiben deinen Namen. Hier ist ein Stift für dich. Komm, komm runter!“

Bagwis denkt kurz über das Angebot nach, kann aber offenbar keinen Vorteil für sich erkennen. Er schüttelt den Kopf und bleibt oben sitzen.

„Wenn das mal gut geht!“, hofft Maya. Im Geiste sieht sie den Ast schon mitsamt Kind in die Tiefe krachen. Was für eine Horrorbilanz eines ersten Unterrichtstags: Von gut 50 Schülern am Anfang bleiben ihr am Ende noch ganze sechs. Einer davon mit gebrochenen Armen und Beinen.

Nalani zupft an Mayas Rock und sieht mit großen, traurigen Augen zu ihr herauf. Sie zeigt auf den Schriftzug vor sich, schüttelt langsam den Kopf und sagt:

„Sega ikaelé.“ Nicht schön.

„Das ist in Ordnung, Nalani.“ Maya kniet sich neben die Kleine und spricht ihr geduldig zu. Das Mädchen ist wirklich herzallerliebst. „Du musst es einfach noch ein bisschen üben, dann werden die Striche auch schön gerade und sicher. Schreib es noch einmal. Du machst das ganz toll.“

„Nicht schön.“ Die Kleine bleibt bei ihrer Meinung. Sie legt das Stöckchen neben sich auf den Boden und fügt mit einem Hauch von Hoffnungslosigkeit in der Stimme hinzu „Ist hart und kalt.“

Sie sucht Mayas Blick und zeichnet dann neben ihren Buchstabennamen mit der flachen Hand und leicht abgesenktem Zeigefinger eine Ornamentfolge, die Maya an Talas Sandzeichnung erinnert: Eine einzige Linie, die sich am Ende wie ein in sich geschlossenes Labyrinth mit dem Ausgangspunkt verbindet, wodurch das Bild in die Ewigkeit weiter läuft. Nalani begleitet die fliegenden Fingerbewegungen mit Worten, deren Bedeutung Maya mehr spürt als tatsächlich versteht: „Ein Geschenk in großer Liebe und das erste Lied im Licht des weißen Mondes, der wacht und das Herz auch in der Nacht mit seinem Schein erhellt." Beim letzten Wort, ‚Nalani', verbindet sich die Linie mit dem Ausgangspunkt der Zeichnung, dem Geschenk in großer in Liebe. Das Mädchen legt zufrieden ihre kleine Hand in den Schoß und sieht die große fremde Frau mit den dünnen Haaren aufmerksam an.

Die Poesie in Nalanis Namensbild stellt Mayas Buchstaben als leblose Krücken in den Schatten, als ungelenke Versuche, den Zauber der Welt in eine Kombination aus 26 Strichfolgen zu pferchen.

„Ka!", kreischt es da über ihnen.

Bagwis sitzt inzwischen ganz, ganz oben in der Baumkrone und streckt seinen Kopf so hoch wie nur irgendwie möglich.

„KA!", ruft er noch einmal und gestikuliert wild Richtung Hauptplatz. Dann hangelt er sich in einem Affenzahn abwärts und – „Nein! Bagwis!!! Oh Gott!" – springt mit einem einzigen Satz vom Baum und jagt auf das Erspähte zu. Die anderen ihm nach ohne sich noch einmal umzusehen.

„Was ist los?", stammelt Maya. „Was ist … Ka?" Doch ihre Fragen bleiben ungesehen im leergefegten Klassenraum stehen.

„KAAaaahhh", verschwinden die Kinder hinter der Biegung.

Maya kapituliert. So schnell war selten ein Unterricht zu

Ende. Aber sie besänftigt sich damit, dass ihr Engagement für die Inselschule schließlich freiwillig ist. Weder Eltern noch Direktor oder Kultusministerium sitzen ihr im Nacken und niemand bräuchte jemals zu erfahren, wie wenig ihre Lehrerqualitäten unter Wilden wert sind.

***

Die bildschöne Ravelo wartet im Schatten des Baumes, bis die neue Frau alle Stöckchen eingesammelt hat. Das Mädchen hat denselben intensiven Blick wie Imee. Doch während er bei Imee aus früh erkalteten Gesichtszügen sticht, bettet Ravelo den ihren in anmutige Konturen. Die Natur hat ihre Mundwinkel zu einem immerwährenden Lächeln aufgeschwungen, so dass es pure Freude bereitet, dieses Mädchen anzusehen.

„Na, Ravelo, gehen wir zusammen zurück ins Dorf?“, beginnt Maya den Lehrer-Schüler-Smalltalk.

„Was ist holiday? Und was ist mistake?“, will Ravelo wissen.

Maya schmunzelt. Sie hatte das englische Wort für Fehler im Beisein der Kinder immer wieder gebraucht. Anfangs natürlich bei den Sporteinheiten und heute, um zu erklären, wie es sie auf diese Insel verschlagen hat. Aber erst jetzt realisiert sie, dass ihr gesamtes Konzept in den Augen der Einheimischen keinen Sinn ergibt: Angefangen bei „während meines Urlaubs“. Auf einer Insel, auf der es weder tickende Uhren noch Arbeitsverhältnisse gibt, wird wohl kaum jemand auf die Idee kommen, ein paar Wochen Urlaub zu beantragen. Bei wem auch? Und wohin sollte derjenige reisen, der bereits seinen Alltag im Paradies verbringt? Was könnte er von einem Urlaub erwarten, wenn das endlose Schaukeln in Hängematten unter Palmen für ihn ganz normaler Alltag ist? Und natürlich wird sich derjenige, der ein solches Leben führt, niemals auch nur im Traum fragen, ob er etwa einen „Fehler“ begangen hat …

Für einen verhältnismäßig langen Augenblick beneidet Maya Ravelo um das Glück, hier aufwachsen zu dürfen und nichts vom Rest der Welt zu wissen. Denn wer nichts anderes kennt, dem fehlt auch nichts. Ihr hingegen fehlt alles. Ihre gesamte Existenz.

„Ein Fehler ist ein bisschen wie eine Verletzung“, sagt sie.

Ravelo nickt und deutet auf Mayas Narbe am Bein.

„Ach so, ja, genau. So ähnlich.“ Was soll sie auch sagen? Sie selbst hat ja mit diesem Vergleich angefangen.

„Du hast Schmerzen.“

„Nein, Ravelo, das Bein ist okay“, winkt Maya ab. Das Mädchen braucht nicht zu wissen, dass sie sich mit ihrem Fehler tatsächlich die schmerzhafteste Verletzung ihres Lebens zugefügt hatte. Wenn auch nicht am Bein, sondern an ihrer Existenz. So schlimm, dass Maya sich allzu oft am liebsten in das Loch irgendeines hohlen Baumes verkriechen und einfach nur weinen würde. Stundenlang. Aber sie weiß, dass sie einen solchen Zusammenbruch nicht zulassen darf. Es muss weiter gehen. Sie muss den Weg zurück in ihr Leben finden.

„Ihr alle seid sehr wichtig für mich. Aber ich muss Hilfe von außen rufen. Ich möchte zurück nach Mäni.“

„Mäni ist schön.“

Maya bemüht sich um Diplomatie. „Na ja, es ist … einfach alles ganz anders.“ Elegant verschweigt sie all die

Annehmlichkeiten des zivilisierten Lebens.

Wieder nickt Ravelo. „Die Liebe wächst in einem selbst“, sagt sie verständnisvoll und Maya stimmt ihr zu, ohne genau zu wissen, was das Mädchen meint. Ganz sicher ist sie sich allerdings, dass Ravelo großen Spaß daran hätte, durch die Kosmetikabteilungen der Drogeriemärkte zu schlendern und sich anschließend – mit dem sinnlichen Duft von Mon Guerlain auf dem linken und einem Hauch von Kenzo auf dem rechten Handgelenk – in den großen Spiegeln der Modeboutiquen zu drehen. Was könnte dieses Mädchen aus sich machen, wenn es nur mehr Möglichkeiten hätte.

„Wer sind deine Kinder“, unterbricht Ravelo Mayas wandernde Gedanken.

„Ich habe keine Kinder.“

Ravelo schweigt.

„Nun ja, ich möchte schon Kinder, aber ich brauche noch den richtigen Mann.“

„Oh. Wo ist er?“

„Das weiß ich auch nicht, Ravelo“, Maya muss lachen. Diese Naivität ist wirklich erfrischend. Und da das Mädchen nicht weiter fragt, lässt Maya es gut sein. Sie sind ohnehin gleich am Hauptplatz. Der Trubel und das lustige Jauchzen sind kaum noch zu überhören. Was ist da nur los?

***

Warum sich jemand ursprünglich die Mühe gemacht hatte, ein Viertel des Baumstamms längs zu entfernen und den Rest derart sonderbar auszuhöhlen, ist für Maya nicht nachvollziehbar. Vielleicht war es einmal als eine Art Liegestuhl gedacht? Was auch immer – seine ursprüngliche Bestimmung gehört hiermit der Vergangenheit an. Denn jetzt steht Bagwis kommandierend im Bug, vier weitere Kinder sitzen hinter ihm, klammern sich am Holzrahmen fest und drei der Größeren schieben vom rückwärtigen Ende her kräftig an.

„Kaaaaaa!“ brüllen die Insassen und dann rumpelt es in wilder Fahrt über Stock und Stein, so dass die Locken springen und alle mächtig durchgerüttelt werden.

Maya lacht so sehr, dass sich ihre Gesichtsmuskulatur verkrampft und Tränen in Strömen über ihre Wangen laufen. Was für ein großartiges Schauspiel! Und in die Freude mischt sich die Erleichterung darüber, dass sie als Lehrerin heute doch nicht völlig versagt hat. Sie realisiert, dass die Unruhe in der Klasse nicht auf Desinteresse und mangelnden Respekt zurückzuführen war, sondern auf echte und unschuldige Begeisterung. Auf Tatendrang. Ist das nicht herrlich? Mit so viel Kreativität hätte sie bei diesen Kindern nun wirklich nicht gerechnet.

Maya setzt sich auf eine Bank und beobachtet fasziniert, wie das Projekt „car“ alias „Ka!“ immer ausgefeilter wird. Ein Mädchen hat die Idee, die Piste zu glätten und die anderen helfen. Flugs sind Steine und Äste aus dem Weg geräumt, Löcher aufgefüllt und siehe da: Die nächste Fahrt ruckelt schon deutlich weniger. Und dann schleppen zwei ältere Tüftler lange Bambusstangen heran und geben Anweisung, diese parallel zueinander in den Boden einzugraben. Zum Schluss ziehen sie in der Mitte der Bahn eine Vertiefung, damit der Bauch des Ka!s nicht auf Grund läuft, wenn es vom schwitzenden Personal über die Schienen gejagt wird.

Wie gerne würde Maya noch länger zusehen, aber die Färbung der Nachmittagssonne mahnt zum Training. Als kleines Zugeständnis an den langen und intensiven Tag beschließt sie aber immerhin, heute nur noch eine kurze Einheit Kräftigungsübungen zu machen und dann früh schlafen zu gehen.

Sie wendet sich Ravelo zu, um sich von ihr zu verabschieden – und blickt in zwei kleine, sumpfgrüne Äuglein unter verwilderten Augenbrauen. Den Rest des Gesichts bedeckt ein dicker, schwarzer Vollbart.

„Rocas!?“

Maya hat weder Ravelos Gehen noch sein Kommen bemerkt. Hat sich Ravelo überhaupt verabschiedet?

„Entschuldige, Rocas“, stammelt sie, „ich habe gar nicht bemerkt, dass du dich zu mir gesetzt hast. Wie lange bist du denn schon hier?“

Anstelle einer Antwort ruft Rocas irgendetwas zu den Kindern hinüber, winkt ihnen zu und macht sich mit Maya auf den Weg. Woher war er so plötzlich gekommen? Und woher hatte er gewusst, dass sie gerade jetzt beschlossen hatte, zurück zur Hütte zu gehen?

***

Etwas missmutig beendet Maya etwa eine Stunde später ihre Übungen. Von Isko war wieder den ganzen Tag nichts zu sehen und nichts zu hören gewesen. Sie setzt sich im Halbdunkel auf die Veranda und betrachtet einen der Zweige, welche die Familie abends kaut. Ob sie Inhaltsstoffe enthalten, die den knurrenden Magen während der Nacht besänftigen? Oder ätherische Öle, die die Nerven beruhigen und für einen entspannten Schlaf sorgen? Phina klopft mit dem Finger auf ihren riesigen, blendend weißen Zahnapparat. Oh, Zahnpflege? Das ist natürlich auch nicht schlecht! Maya beißt vorsichtig auf das vordere Ende. Die Fasern geben nach und sind bald weich genug, so dass sie sich endlich, endlich die Zähne putzen kann. Wie sehr sie das saubere Gefühl im Mund vermisst hat! Das Sprechen war ihr bereits unangenehm, da sie ja befürchten musste schrecklichen Mundgeruch zu haben. Der Geschmack dieses Zweiges ist zwar bei Weitem nicht mit richtiger Zahnpasta vergleichbar, aber immerhin sorgt er für eine dezente Frische und die Zahnoberflächen sind wieder glatt.

Wie schnell sich ihr Leben auf der Insel durch so kleine Dinge verändert. Noch vor einer Woche saß sie in Todesangst mutterseelenallein auf einem vergessenen Atoll in der Südsee. Heute hat sie Unterkunft und Verpflegung, ein Baströckchen, eine Zahnbürste und sogar eine Schule. Dass sie darüber hinaus ein Ziel hat, nun ja, eher einen vollkommen utopischen Trainingsplan und die Unterstützung eines vollkommen unzuverlässigen Trainers –

Aus der Hütte ist das tiefe, gleichmäßige Atmen von Rocas zu hören. Vielleicht ist jetzt ein guter Moment, um doch einmal von Frau zu Frau mit Phina zu sprechen? Die sitzt in friedlichster Südsee-Idylle im Schneidersitz auf der Veranda und wiegt das Baby in den Schlaf, als wäre sie einem Gemälde von Gauguin entstiegen.

„Wie kann ich Isko denn sagen, dass ich seine Hilfe brauche?“, überwindet sich Maya endlich. „Ich kann doch nicht immer nur warten und hoffen, dass er kommt. Ich möchte wieder nach Hause.“

Phina sieht ihren Gast lange an, bevor sie mit einem einfachen, kurzen „Paopao“ antwortet.

Paopao, ja: morgen. Genau das hatte sie mit Isko auch vereinbart. „Aber ‚morgen‘ ist ja nun schon zweimal vorüber“, entgegnet Maya.

„Paopao“, wiederholt Phina geduldig.

Na fein. Komme ich heute nicht, komme ich morgen. Das also ist das Gebot der Stunde? Diese Mentalität war Maya schon immer ein Dorn im Auge und in Deutschland hat sie stets alles daran gesetzt, ihren Schülern derartige Anwandlungen schleunigst auszutreiben. Bei halbwegs beeinflussbaren Personen schlugen ihre Sanktionen in der Regel auch an. Nicht aber bei Anna. Und an Isko, so viel ist klar, würde sie sich vollends die Zähne ausbeißen. Den Aufwand könnte sie sich sparen.

„Paopao“, sagt Phina noch einmal, gähnt herzhaft, streckt sich und steht auf.

„Das könnte jetzt auch ‚Gute Nacht‘ heißen“, überlegt Maya trist. Sie hört es unmittelbar neben der Veranda plätschern, dann knarzen die Stufen, der Fußboden gibt sachte nach und bald herrscht Stille.

Wenig später dreht sich Maya in ihrer Hängematte von der Familie weg. Seit acht Tagen ist sie nun auf dieser Insel – und ihrem Ziel noch kein Stück näher. Im Gegenteil. Augenblick für Augenblick entfernt sich die MS Fortune weiter von ihr. Vielleicht ist es am Ende einfacher, den Gedanken an das Schiff ganz aufzugeben und sich stattdessen direkt zurück nach Auckland bringen zu lassen? Von dort aus würde sie dann einen Rückflug nach Deutschland buchen.

„Alles wird gut“, hofft sie leise. „Früher oder später.“

***

Wenn Rocas auf den allmorgendlichen Spaziergängen zum Felsen erst einmal versteht, was Mayas Frage ist, gibt er bereitwillig Auskunft. Angefangen hatte das Frage-Antwort-Spiel mit einfachen Wortschatz- und Aussprache-Übungen. Inzwischen wagt sich Maya auch an etwas komplexere Überlegungen.

Was machen die Leute hier den ganzen Tag? Gibt es so etwas wie einen Arzt? Hat Rocas die Insel schon mal verlassen? Möchte er? Warum wollen so viele Dorfbewohner nicht mit ihr sprechen?

„Achtsamkeit?“ Maya bleibt stehen. Das ergibt doch keinen Sinn. Oder meint er achtsam im Sinne von vorsichtig? „Haben die Leute etwa Angst vor mir, Rocas? Aber … ich tu doch keinem was! Sag ihnen das, Rocas, ich —“. Schnell beißt sie sich auf die Zunge. Sie darf nicht sagen, dass sie nichts auf dieser Welt mehr möchte, als das Dorf und die Insel so schnell wie möglich zu verlassen. Das könnte den Stolz der Einheimischen verletzen und Maya weiß, dass sie ohne deren Unterstützung verloren ist.

„Sag ihnen das bitte. Ich will niemandem etwas Schlechtes.“ Und nach einer Weile fügt sie hinzu: „Und, Rocas, könntest du bitte auch mit Isko sprechen? Ich brauche seine Hilfe beim Nani Atahua und ich bin nicht sicher, ob er das weiß.“

Rocas nickt.

„Danke, damit hilfst du mir wirklich sehr“, sagt Maya mit der obligatorischen Verneigung. Rocas ist im Grunde wirklich ein feiner Kerl. So lästig ihr seine ständige Anwesenheit zu Beginn auch war, so hat sie sich inzwischen beinahe daran gewöhnt. Er ist ein guter Lehrer und außerdem ein lustiger Zeitgenosse. Oft neckt er sie und kichert dann wie ein Wichtel in seinen Bart. Dabei hat er eine so sympathische Art, dass Maya auch dann mit ihm lacht, wenn sie überhaupt nicht versteht, worum es geht. Wenn andere Dorfbewohner den Aufsichtsdienst übernehmen, zieht sich Rocas zurück. Und er taucht immer genau dann wieder auf, wenn diese andere Person sich von Maya verabschiedet. Auf einmal ist er dann da. Ganz so, als läge ein unsichtbarer Plan über Allem.

„Wenn man vom Teufel spricht“, lacht Maya als sie den Krieger am Felsen erkennt. Sie gibt sich große Mühe, ihre flaumigen Knie zu überspielen.

„Isko! Schön, dass du hier bist. Ich wusste nicht, wann du kommst – und ob du kommst.“

Isko dreht sich wortlos zum Nani Atahua, verneigt sich und klettert ein paar Züge hinauf. Er scheint auf Maya zu warten. Unter normalen Umständen würde sie solche Übungen niemals absolvieren, ohne sich aufzuwärmen. Aber sie wagt es nicht, Isko zu bitten, eine Viertelstunde zu warten – er wäre imstande sie einfach stehen zu lassen und nie mehr wieder zu kommen. Sie muss unter allen Umständen zu ihm hinauf. Jetzt sofort.

Maya greift in das schwarze Gestein, findet Halt und zieht sich nach oben.

Nicht nach unten schauen!

Langsam und vorsichtig.

Konzentrier dich!

Dann endlich eine Anweisung des Trainers: Der Körper soll sich mit dem Stein verbinden.

Stimmt. Je dichter sie an der Wand klebt, desto sicherer fühlt sie sich. Wobei ‚sicherer' in diesem Fall natürlich nicht den Komparativ von ‚sicher' meint, sondern irgendetwas zwischen ‚Ich stürze gleich ab' und ‚Vielleicht kann ich mich noch ein wenig halten, bevor ich abstürze.'

Isko steigt erbarmungslos weiter hinauf. Maya folgt ihm – bis es wirklich nicht mehr geht. Da unten liegt schließlich keine dicke Matte, die ihren Aufprall abfedern würde.

„Ich kann das nicht, Isko! Was, wenn ich falle?", ruft sie verzweifelt zu ihm hinauf ohne den Kopf zu bewegen. Sie hofft inständig, dass das Wummern in den Ohren nicht das Einläuten ihrer letzten Stunde bedeutet. Und dass um Himmels willen die Griffstellen nicht aus der Wand brechen.

„Wenn ich es lebend und gesund hier runter schaffe", verspricht sie sich, „dann gehe ich noch heute Nachmittag zurück zu Tala und warte am Strand, bis der Kapitän zurück kommt. Und wenn es Jahre dauert. Ganz egal. Ich werde warten."

Einen halsbrecherischen Abstieg später kauert Maya am Boden. Ihr Körper zittert wie Espenlaub. Isko sitzt neben ihr und seine Präsenz legt sich um sie wie das weiche Fell einer Angorakatze. Er sitzt so nah, dass sie die ledrig-raue Haut und die mächtige Kraft seiner Schultern und Arme beinahe spüren kann. Er riecht erdig warm und sauber.

„Es tut mir leid!", sagt Maya leise. „Das ist zu viel für mich. Was ist denn, wenn ich abstürze? Dann ist doch alles vorbei." Es ist ihr fürchterlich peinlich, vor diesem Krieger dazusitzen wie ein unterentwickeltes Mädchen, dem man am Besten noch die Nase putzen muss.

„Du bist verletzt", sagt Isko ruhig.

Maya widerspricht nicht. Ihr Bein hat mit ihrem Scheitern

an der Wand zwar wahrlich nichts zu tun – sie spürt die Wunde ja kaum noch. Aber es ist doch besser, die Verletzung für ihr Scheitern verantwortlich zu machen als vor Isko den wahren Grund auszusprechen. Ihre Unfähigkeit. Sie reibt sich die Augen, um das Aufsteigen der Wuttränen zu unterdrücken. Nein. Sie wird vor ihm nicht auch noch weinen.

Den Blick geradeaus auf den Nani Atahua gerichtet, sagt Isko nun: „Die Welt entsteht durch Gedanken. Und zu den mächtigsten Gedanken gehören diejenigen, die Angst auslösen." Er wendet sich ihr zu, mustert sie aufmerksam. „Angst macht das Herz des Menschen zu Stein, Maya."

Ihr wird heiß. Sie weiß nicht, was sie antworten soll. Sie ist sich nicht einmal sicher, ob sie ihn richtig verstanden hat, möchte aber auch nicht dumm fragen wie eine Erstklässlerin.

„Unser Weg", spricht er weiter, „führt uns von Aufgabe zu Aufgabe und gibt uns dabei alles, was wir brauchen. Das ist Paopao. Der Nani Atahua ist deine Aufgabe. Er ist dein Freund."

Maya lacht bitter. Der Nani Atahua ihr Freund? Natürlich. „Für dich ist das alles so leicht. Aber ich komme aus einer anderen Welt", rechtfertigt sie sich.

„Alles ist gleich. Du allein entscheidest, welche Wahrheit du lebst: Entscheide dich für die Angst und sie wird mit dir gegen alles kämpfen, was du als Bedrohung denkst. Entscheide dich für das Leben und es wird dich auf seine Schwingen nehmen. Gedanken sind nicht wahr, nur weil du sie hast. Sie sind. Nicht mehr und nicht weniger. Und du entscheidest, wie du damit umgehst. Eingetrocknete Angst und mürbe Gefühle sind der Boden, an den die Routinen und Regeln deiner Welt dich binden. Aber du bist größer als deine Begrenzungen, Maya. Du bist größer als deine Gedanken. In deinem Herzen liegt die wahre Kraft. Vertraue ihm und lass die Gedanken frei.“

Die dunkelblaue Tätowierung in Iskos Gesicht zieht sich auch über seine Unterlippe. Zwei doppelwandige Rechtecke imitieren die Vorderzähne, sobald er den Mund schließt.

„Dein Freund ruft dich“, sagt er.

„Was? Jetzt? Nochmal? Nein!“, jagen die Reflexe durch Mayas Hirn. „Ich bin doch nicht verrückt – ich bin froh, dass ich überhaupt noch lebe! Ich gehe jetzt zu Tala und sonst gar nichts!“ Und noch während die Gedanken in ihrem Kopf Achterbahn fahren, steht ihr Körper langsam auf. Mit Iskos brennendem Blick im Rücken nähert sie sich dem Felsen und zieht sich die ersten wohlvertrauten Meter hinauf. Ihre Finger kennen die stabilsten Stellen. Sie übernehmen die Verantwortung. Die Achterbahn beendet ihre Runde und kommt allmählich zum Stehen. Aus der Vogelperspektive sieht sich Maya höher und höher klettern. Wie ferngesteuert entfernt sie sich mit langsamen, konzentrierten, gleichmäßigen Bewegungen weiter und weiter von ihren Gedanken, die unten am Boden wie kleine, alleingelassene Gnome aus den Gondeln krabbeln. Mit herunter geklappten Kinnladen staunen sie zu ihrer Herrin hinauf und vergessen völlig, ihr die üblichen Warnungen zuzurufen. Völlig irritiert von dem Alleingang ihrer Gebieterin warten sie ab, bis sie nach einer gefühlten Ewigkeit endlich wieder bei ihnen ankommt, um sich sodann mit wildem Fanfarengeschrei zurück in ihr Bewusstein zu trommeln.

„Das … was … war ich jetzt wirklich so weit –?“ Maya sieht nach oben. „Das sind doch mindestens sieben, acht Meter!“ Sie kann es nicht fassen. Was war das? Warum konnte sie das auf einmal? Adrenalin pumpt durch jede Faser ihres Körpers und sie befürchtet, im Überschwang der Gefühle zu platzen. „Ich … Isko … hast du das gesehen?“ Sie ist völlig überdreht, würde Isko am liebsten um den Hals fallen vor Freude. Aber einem Krieger fällt man nicht um den Hals.

„Oben ist wie unten und unten ist wie oben“, sagt er … und lächelt. Isko lächelt! Aus seinen Augen strahlt eine Freude wie Maya sie noch bei keinem anderen Mann gesehen hat. Und die tätowierten Fratzen tanzen einen ihr unbekannten Tanz.

Kurze Zeit später ist die ganze Truppe auf dem Weg zurück ins Dorf: Rocas mit seinem halbfertig geschnitzten Dämonenkopf auf der Schulter, Isko, dessen Haar nun offen über den breiten Rücken fällt und Maya in Begleitung einer Horde wild gewordener Gnome, die den Durchbruch ihrer Anführerin und das Lächeln des Meisters mit Pauken und Trompeten feiern.

***

In der Hütte wartet anstelle eines Frühstücks die Ernüchterung: Heute ist Fastentag. Da kann Mayas Magen noch so sehr rebellieren – sie ist nun einmal Gast und hat sich den hiesigen Gepflogenheiten anzuschließen. Und zusammen mit dem imaginären Duft frisch gebackener Brötchen verflüchtigen sich schlagartig auch ihre letzten Kraftreserven. Zurück bleibt drückende Leere. Maya zieht sich ohne weitere Höflichkeiten zurück. Und in dem gleichen Moment, in dem sie der wohlig-warme Grasfaserduft ihrer

Hängematte umfängt, schläft sie ein.

Draußen nähert sich die Sonne in ihrem gewohnten Tempo dem Zenith und im Schatten der Veranda legt Rocas schließlich das Messer zur Seite. Zufrieden betrachtet er sein Werk von allen Seiten: Der Holzklotz hat sich in eine langgezogene Fratze verwandelt, in der sich scheußliche Schlangen und Dämonen festbeißen. Belustigt über Mayas teils verschlafenes, teils entsetztes Gesicht als sie schließlich sein Werk erblickt, gluckst er hinter seinem Bart. Sogar seine Augen kichern. Dann schultert er das hässliche Ding.

Dort, wo sich normalerweise die Mittagsgäste versammeln, wo die Glut im Erdofen Essenspäckchen erwärmt und ein aromatischer Hauch von Kräutern und Wurzelgemüse in der Luft liegt, riecht es heute süß und schwer nach Magnolien. Dicke Blumengirlanden rahmen den Platz ein und in seiner Mitte ruht feierlich ein grüner Teppich aus Blatt- und Bambusfasern. Von allen Seiten wuchten Männer Skulpturen heran. Beim Abstellen wirbelt der Staub auf. Alles geschieht in Zeitlupe. Wahrscheinlich, damit in der sengenden Hitze niemand allzu sehr ins Schwitzen kommt. In geduldiger Kleinstarbeit bringen Frauen und Mädchen Wasser vom Bach herüber, um es – andächtig – aus den viel zu kleinen Schalen in viel zu große Bottiche zu gießen. Liter für Liter für Liter für Liter für Liter. Wenn dann einer gefüllt ist, nehmen zwei Frauen Blüte für Blüte für Blüte aus Körben und setzen sie auf die Wasseroberfläche, bis vom Wasser selbst nichts mehr zu sehen ist.

„Rocas", sagt Maya schließlich, matt von Hunger und Hitze, „ich möchte zurück zur Hütte und mich ausruhen. Du kannst hier bleiben. Ich sehe, dass ihr sehr beschäftigt seid. Ich bleibe in der Hütte, bis du hier fertig bist."

Rocas überlegt kurz und stimmt dann zu.

Im Ernst? Damit hätte Maya nicht gerechnet. Wenn Rocas sogar seine Bewachertätigkeit aufgibt, muss das alles hier ja wirklich außergewöhnlich wichtig sein. Oder beginnt er etwa, ihr zu vertrauen?

***

Knapp außerhalb des Dorfplatzes zieht das Rascheln einer Baumkrone Mayas Aufmerksamkeit auf sich.

„Bagwis! Was machst du denn schon wieder da oben?" Dass dieser Junge aber auch immer irgendwo herum turnen muss! Hier draußen, wo es weder Arzt noch Krankenhaus gibt.

„Komm-Komm!" ruft er quietschvergnügt und wedelt mit den dünnen Armen.

Maya lacht.

„Danke, Bagwis, aber weißt du, das ist ein bisschen zu hoch und zu gefährlich für mich."

„Der Nani Atahua ist höher", kontert es von oben.

Haben Isko und Rocas etwa mit den Anderen über Mayas Fortschritte beim Klettern gesprochen? Oder woher weiß Bagwis davon?

„Die Bäume sagen es", erklärt Bagwis. Und wie er so unter seiner Wuschelmähne hervor schaut, hat er beinahe selbst Ähnlichkeit mit einem Baum. Einem Kastanienbaum.

„Wissen deine Eltern eigentlich, dass du auf so hohe Bäume kletterst?"

„Jeder weiß: Bagwis liebt die Bäume. Die Bäume lieben Bagwis", reimt er in Inselsprache.

„Na, dann ...“, seufzt Maya. Die werden schon wissen, was sie ihren Kindern erlauben.

Wie ein zu groß geratener Klammeraffe, hangelt sich Bagwis von Ast zu Ast und landet mit einem geschmeidigen Sprung neben Maya. Er nimmt ihre Hand und zieht sie von einem Baum zum anderen. Vor jedem bleibt er kurz stehen, zischelt und zaschelt merkwürdige Laute, wartet, bis Maya nickt und zieht sie dann weiter zum nächsten. Beim Versuch, die Zischlaute nachzusprechen, scheitert Maya kläglich. Ihre Sprechwerkzeuge sind dafür einfach nicht ausgebildet. Bagwis plappert darüber hinweg. Im Augenblick referiert er – mit einem Unterton absoluter Selbstverständlichkeit –, dass es bei Bäumen ja so sei, dass der Wind ihnen die Namen zuflüstere und dass jeder Name nur für eine gewisse Zeit diene. Wenn der Baum nämlich wachse, verändere sich auch sein Name. Maya nickt. Das klingt logisch. Und sie hatte ohnehin nicht vorgehabt, sich die ‚Namen‘ zu merken. Beim weiteren Rundgang erfährt sie, dass jeder Baum seine eigene Geschichte und seinen eigenen Charakter hat. Da gibt es lustige und ernste Bäume, melancholische und fröhliche, entspannte und nervöse, neugierige und zufriedene, ehrliche und verschlossene, laute und stille. Und sie lernt, dass es kein Zufall ist, wo ein Baum steht. Jeder werde nämlich an dem Ort geboren, von wo aus er seine Aufgabe am besten erfüllen kann, belehrt sie ihr junger Dozent. Manchmal kommt ein Baum ganz unerwartet neben einer Hütte aus der Erde. Dann hat das mit der Familie zu tun, die dort lebt. Sie braucht ihn.

„Ach was, ehrlich?“, lässt sich Maya kurzzeitig auf die Traumwelt des Jungen ein. Nein, natürlich hatte sie noch nicht gewusst, dass Bäume Menschen beschützen, dass sie miteinander sprechen, sich über die Neuigkeiten auf der Insel und in der Welt austauschen und darüber, was Wind und Vögel ihnen von anderen Orten berichten.

„Das war wirklich sehr interessant, Bagwis“, bedankt sich Maya einige Zeit später für die Führung.

„Du glaubst mir nicht“, stellt der kleine Mann fest.

„Aber ich glaube dir doch.“ Maya gibt sich alle Mühe, überzeugend zu klingen, hört ihre Erwachsenenstimme jetzt aber selbst. Und wie sollte sie es auch leugnen: Der Ausflug in die fantastische Welt dieses Kindes war auf der einen Seite natürlich sehr nett. Auf der anderen Seite hatte Bagwis ein derart verträumtes Weltbild offenbart, dass es jedem Lehrer flau in der Magengrube werden musste. Der Junge ist immerhin mindestens neun Jahre alt. Doch wie viel Wissensvermittlung ist in einem solchen Fall überhaupt angemessen? Wie viel praktische Relevanz hätten denn fundierte Fakten aus der zivilisierten Welt für diesen Inseljungen? Was würde sich für ihn zum Besseren verändern, wenn er wüsste —

„Gibt es keine Bäume in Mäni?“, unterbricht Bagwis Mayas Überlegungen.

„Doch, natürlich. Es gibt sogar sehr viele. Sie sind … nur ein bisschen anders als deine Bäume hier. Sie können zum Beispiel nicht sprechen.“

„Oh“, ist das einzige, was ihm dazu einfällt. Seine Augenbrauen ziehen sich zusammen.

„Oder vielleicht können die Menschen in Mäni die Bäume nur nicht hören?“, relativiert Maya. Sie sollte den Zauber seiner kleinen Welt wirklich nicht zerstören.

Just flammt das Leuchten in seinen Augen wieder auf. „Komm-komm!“, ruft er, schnappt Mayas Hand und sie folgt ihm hinüber zu einer stattlichen Akazie. „Man kann sie nicht hören, aber man kann sie verstehen. Sie will es dir zeigen." Maya seufzt. Sie ist dem Kleinen etwas Bestätigung schuldig. Und im Vergleich zu ihrer Leistung heute Früh am Nani Atahua wird der Aufstieg auf diesen Baum ein Kinderspiel sein. Also klettert sie zum ersten Mal in ihrem Leben – dem Jungen hinterher – auf einen Baum. Eine Gruppe knallbunter Loris flattert erschreckt auf, als dieses merkwürdig lange Wesen sich ihnen so unerwartet nähert. Maya realisiert es kaum. Erst als sie einen geeigneten Platz zum Sitzen gefunden hat, ein Stückchen unterhalb des Lockenkopfes, hat sie Zeit, sich in Ruhe umzuschauen: Es ist schön hier oben. Ungewohnt, aber schön. Nach und nach kommen die Loris zurück. Sie landen im Baum, legen die Köpfe schief und beobachten die Besucherin aus sicherem Abstand.

„Hallo ihr, keine Sorge, ich tu euch nichts", sagt Maya und beißt sich auf die Zunge. Jetzt ist es dann bald so weit: Der Trupp, der sie von dieser Insel abholt, könnte gleich ein weißes Westchen für sie mitbringen. Es sind gerade mal 10 Tage vergangen und sie, Maya Kussmann, sitzt im Baum und spricht mit Vögeln. In welchem Zustand wird sie wohl nach 20 Tagen sein? „Na, jetzt übertreib mal nicht", ermahnt sie sich selbst. „Du spielst hier nur mit einem Kind. Willst du stattdessen lieber allein in der Hütte sitzen, hungrig sein und Trübsal blasen? Nein? Also dann: Spiel richtig oder lass es bleiben."

Und Maya spielt. Sie versetzt sich in die Rolle eines ziemlich großen Kindes und lehnt wie Bagwis ihre Stirn an die Rinde. Sie schmunzelt in sich hinein als sie die Arme um den Stamm legt und die Augen schließt. Wie gut, dass niemand sie sehen kann. Abgesehen von dem gelegentlichen Gekreische der Papageien ist ringsum alles still. Vom Baum kommt erwartungsgemäß keine Botschaft. Nichts. Kein Säuseln. Kein Flüstern. Einzig diese Vögel. Sie machen sich offenkundig lustig über Maya, diese Deutsche, die um die halbe Welt reist, um in der Südsee Bäume zu umarmen. Genervt dreht sich Maya zu ihnen um und wirft ihnen einen Blick zu, der so manchem das Blut in den Adern gefrieren lassen könnte. Ein kleiner Kardinal-Lori plustert sich auf und schüttelt sich. Und Bagwis? Der bekommt von alldem nichts mit. Er verharrt noch immer in seiner Kontemplation.

„Was, wenn er die Natur viel besser versteht als ich?“, drängt sich ein ganz neuer Gedanke in Mayas Bewusstsein. „Was, wenn seine Welt die Wahre ist und ich auf dem Holzweg bin? Schließlich lebt er jeden Tag hier draußen, bei und mit seinen Bäumen. Für ihn sind Dinge voller Leben, die ich nur als Fakten aus Büchern kenne. Ob er noch lange hier oben bleiben möchte? Wie er da so sitzt und friedlich mit seinem Baum kuschelt. Er sieht fast aus wie ein Wachspüppchen. Ist er etwa eingeschlafen?“

Ein ziemlich großer Käfer brummt an Mayas Kopf vorbei und aus der Ferne bringt der Wind leises Klopfen und Singen herüber. Von hier oben kann sie einen Teil des Dorfplatzes sehen. Er hat sich in einen stattlichen Freiluft-Festsaal verwandelt und in seiner Mitte wird gerade ein Gerüst überdacht, eine Art ebenerdige Bühne.

„Was feiert ihr eigentlich heute?“

„Das Mondfest“, murmelt Bagwis ohne aufzuschauen.

Ach ja, Vollmond! Endlich kann Maya das Geschehen einordnen. So etwas in der Art hätte sie sich auch selbst denken können. Für ein Naturvolk ist es schließlich nicht außergewöhnlich, Sonne und Mond zu verehren.

„Sag mal, Bagwis, du Baumexperte“, setzt Maya erneut an, denn beim Herumschauen kam ihr eben eine Idee. „Denkst du, dass Lianen stabil genug sind, mich beim Klettern zu sichern?“

Jetzt lehnt sich Bagwis neugierig zu ihr herunter. Er legt den Kopf schief wie zuvor die Loris und schaut sie mit ebenso runden Augen an.

„Ich glaube“, sagt Maya, „es ist einfacher, wenn ich dir zeige, was ich meine. Komm.“

Dort, wo der Bewuchs insgesamt dichter wird, hängen Lianen wie Seile von den Bäumen. Bagwis kappt eine davon und überreicht sie Maya so ehrfurchtsvoll als handle es sich um ein Stück Goldschnur. Und sie nimmt sie mit gespielter Ehrfurcht an.

„Schau, Bagwis. Wenn ich die Liane so um meine Beine und Hüfte binde“, natürlich hat Maya keine Ahnung, wie man einen entsprechenden Knoten knüpft , „also irgendwie so – und dann den Nani Atahua hinauf klettere und am anderen Ende eine Schlinge habe – irgendwie so – und sie am Stein festmache – dann wird sie mich doch auffangen, wenn ich falle?“

„Warum möchtest du fallen und dich von einer Liane fangen lassen?“

„Ich möchte ja eben nicht fallen“, lacht Maya herzlich. Der Kleine ist wirklich süß.

„Du kannst dich festhalten.“

„Na ja, aber wenn ich einen Fehler mache oder wenn der Fels genau an der Stelle bricht, an der ich mich festhalte, oder zum Abstieg … – schau, es ist einfach so: Ohne Seil und Sicherung klettert man nicht, Bagwis. Das ist zu gefährlich."

Der Knirps zuckt die Achseln. „Deine Liane muss also sehr stark sein."

Maya atmet erleichtert auf. Genau so ist es. Wunderbar. Sie pirscht hinter ihm her durch den Wald und würde durchaus hier und da geeignete Lianen finden. Aber Bagwis geht schnurstracks weiter. Und dann steht sie zum ersten Mal vor diesem Baumriesen. Neben ihm wirken alle anderen Bäume wie Unkraut. Und Maya selbst … bedeutungslos wie eine Ameise.

„Was ist … das?", flüstert sie und Bagwis freut sich, dass die Fremde endlich einmal wahre Ehrfurcht empfindet.

„Der Mandelbrotbaum", sagt er und verneigt sich tief.

Dieses Mal kommt Mayas Verneigung von Herzen. Sogar ihre Augen kitzeln und wollen feucht werden. Wie gut, dass Bagwis den Moment verkürzt, indem er sich eine Liane schnappt und – „Oh du lieber Himmel!" – nach oben hin immer kleiner wird.

„Pass bloß auf ihn auf!", fleht Maya den Baum an. „Halte ihn fest und lass ihn sicher wieder herunterkommen!" Und dieses Mal wundert sie sich keinen Augenblick über die Absurdität ihrer Bitte. Denn wenn überhaupt irgendjemand oder irgendetwas jetzt gerade die Fähigkeit hat, Bagwis zu schützen, dann ist es dieser Baum. Denn das hier, das ist nicht einfach nur ein normaler Baum. Dieser hier ist – Maya fällt kein anderes Wort ein – allmächtig. Hoch oben knackt und raschelt es.

„Bagwis? Alles okay?"

Noch ein Knacken und dann rauscht eine Liane zu Boden. Und dann noch eine. Maya geht in Deckung, lässt den Blick aber keine Sekunde von dort ab, wo sie Bagwis vermutet.

„Bagwis? Wo bist du?“

Millimeter um Millimeter scannt Maya die riesige Baumkrone, gefasst darauf, das karamellfarbene Kind fallen zu sehen und wenn nötig sofort loszuhechten.

„Die sind lang genug für deinen Stein, oder?“, quakt es da hinter ihr.

„Bagwis!!! Oh Gott sei Dank!“ Maya schließt das Kerlchen erleichtert in ihre Arme. „Bin ich froh, dass dir nichts passiert ist!“

Würde Bagwis sich in diesem Augenblick in besagte Wachspuppe verwandeln – sein breites Grinsen würde auf immer und ewig davon künden, wie einst ein kleiner, glücklicher Insulaner einen dicken Wangenschmatz von einer großen, schönen, weißen Frau bekam!

Vergnügt legt er die Lianen zu einem Bündel zusammen und tritt zur Seite.

„Der Mandelbrotbaum ist der stärkste von allen“, sagt er und seine Worte sind Balsam auf Mayas Seele. „Er kann alles verbinden, was verbunden werden will, alles heilen, was geheilt werden will, und seine Früchte machen satt und schmecken gut. Und ganz bestimmt helfen seine Lianen auch dir, wenn du nicht so gefährlich fallen willst.“

„Ich danke dir, Bagwis. Das war ganz großartig von dir, mir damit zu helfen. Aber bitte, versprich mir, dass du nie wieder so hoch hinauf kletterst. Das ist lebensgefährlich und ich hätte es mir nie verzeihen können, wenn dir etwas zugestoßen wäre.“

Bagwis lacht und hüpft davon. Die Antwort bleibt er ihr schuldig.

"Das erinnert mich an ein Märchen,
in dem der Held an einer unerwarteten Stelle
einen kleinen Faden entdeckt,
immer heftiger daran zieht
und eine Vielfalt unglaublicher Wunder enthüllt."

Benoît Mandelbrot (1924 – 2010)

9: Die Vollkommenheit

Das Fest des Mondes

Lodernde Fackeln erhellen das Geschehen auf dem Großen Platz gerade so weit, dass Maya unter den tanzenden Kriegern jenen erkennen kann, der sie insgeheim so sehr fasziniert. Wie die Maori stampfen die Männer auf den Boden, verzichten aber auf das hässliche Herausstrecken der Zunge. Stattdessen lassen sie jeden einzelnen Muskel zucken und erwecken damit ihre Tattoos zum Leben: Dämonen räkeln sich, Schlangen zisseln und Drachen reißen die hungrigen Mäuler auf. Und während die Zuschauer im Bann dieses Schauspiels stehen, bemerken sie nicht, wie sie von mystischen Trommelrhythmen am Unterbewusstsein gepackt und mitsamt den Tänzern in Trance gewirbelt werden. Auch Mayas Blick verliert sich und sie muss sich an einem Baum abstützen.

Erst viel später nimmt sie den Blumenschmuck wahr, der so anmutig zwischen den Männern hindurch streicht, kunstvoll verwoben mit dem langen, wallenden Haar der Frauen. Verführerisch schwenken sie glühende Kräuterbüschel, deren Dämpfe aufsteigen und die schaurigen Spiegelungen in nebeldicke Sphären verbannen. Je undurchdringlicher der Schleier wird, desto bedrohlicher klingt das Grollen der Geister in der Nacht, bis sich schließlich auf heimliches Kommando helle Frauenstimmen darüber ergießen. Wie hauchdünne Goldfäden.

In der Luft liegt ein Zauber, den Maya unmöglich in ihre bisherige Wahrheit einordnen kann. Ihr sonst so geradliniges, aufgeräumtes Herz sehnt sich wie ein störrisches Pferd dem Rhythmus der Trommeln entgegen. Sie spürt es in sich schlagen, wie es sich auf die Vibrationen des Bodens einlassen will, wie es das Stampfen der Tänzer reflektiert, sich mit den Goldfäden dehnt und mit den Rasseln erzittert. Es trippelt mit den Frauen auf der Stelle, hebt mit ihrem Summen an –

und urplötzlich ist es still.

So still, dass die Ohren klingeln.

Im lichter werdenden Nebel verneigen sich die Frauen tief vor den Männern und Maya sucht eine bequemere Position am Baum. Sie verkneift sich ihre Frage an Phina, denn die verharrt noch immer in der devoten Haltung. Wie im Übrigen auch alle anderen Zuschauerinnen.

Maya fühlt sich fremder denn je. Aber die traditionelle Rollenverteilung wird zum Überleben hier draußen wohl einfach die Beste sein: Der Mann als der große, starke Krieger im Kampf gegen das Böse und die Frau als die zarte, dankbare, die seine Stärke bewundert und ihm das Ego streichelt. Das passt schon irgendwie zur Wildnis. „Unser westliches Konzept von Emanzipation setzt doch einiges Mehr an Zivilisation voraus“, überlegt sie.

Und dann nehmen die Trommeln ihr Spiel von Neuem auf. Alles wiederholt sich: Trampeln, Gesang, Nebel und

Goldfäden, Rasseln, das ganze Programm, bis plötzlich wieder alle verstummen. Und dieses Mal verneigen sich die Dämonen. Vor den Frauen. Mayas Deutung gerät ins Wanken.

„Dann handelt es sich vielleicht ganz klassisch um die Geschichte irgendeines historischen Südsee-Königspaars? Oder um eine Art Gründungsmythos? Oder – in Anbetracht der gewählten Nacht – um die ewig unglückliche Liebe zwischen Sonnengott und Mondprinzessin? Irgendetwas in der Art."

Noch immer herrscht Stille.

Die Tänzerinnen und Tänzer sind in ihren Positionen erstarrt. Wie atmende Steinskulpturen stehen sie sich gegenüber, so dass selbst Maya nicht wagt, sich auch nur an der Nase zu kratzen. Fasziniert beginnt sie stattdessen im Geiste zu zählen: Wie lange können diese Leute den Blickkontakt halten, ohne zu lachen oder verschämt weg zu schauen? 21, 22, 23, 24, 25, … 56, 57, … ihr Geist zählt irgendwann alleine weiter, denn dort stehen sie sich gegenüber, der Krieger und die Amazone, deren Kleid heute, im Schein des Feuers, in goldener Leichtigkeit an ihr herabfällt. Sie stehen einander gegenüber in sibyllinischem Zauber und klammheimlich schweifen Mayas Gedanken ab. Beinahe ebenso klammheimlich, wie sich aus den Ecken des Platzes ein zartes Schleifen, ein leises Trommeln, ein feines Summen löst. Es steigt an, wird lauter, füllt sich zu einem vollen Choral, dessen nachfolgende Stille jede Zelle des Körpers erschauern lässt. Die Darsteller verbeugen sich und schließlich gesellen sich auch die Umstehenden zum Tanz aufs erdige Parkett.

Die Hitze klebt an Maya wie ein fremder Atem.

Sie streicht sich durchs Haar, lockert die angespannte Nackenmuskulatur und überlegt, wie lange das Prozedere wohl noch dauert, schließlich muss sie morgen wieder früh raus zum Felsen. Am liebsten würde sie sich davon stehlen, aber dieses Fest ist zu wichtig für die Insulaner. Sie möchte weder Phina noch Rocas von der Teilnahme abhalten.

Die erneute Stille bringt Mayas Aufmerksamkeit zurück. Sie beobachtet, wie einer nach dem anderen etwas aus einer großen Holzschale nimmt, es mit der freien Hand bedeckt und andächtig in die überdachte Mitte des Platzes trägt. Es herrscht eine Stimmung wie bei der Heiligen Kommunion. Der Ablauf wirkt routiniert und jeder scheint genau zu wissen, wann er dran ist. Bis auf einen. Der Strom stockt. Maya sieht sich neugierig um. Wer verpasst hier gerade seinen Einsatz? Und noch während sie überlegt, öffnet sich vor ihr der Kreis der Dorfbewohner. Sie hat freie Sicht auf den Altar in der Mitte des Platzes.

Phina?

Nein, Phina steht wach und reglos neben ihr.

„Ich etwa?“, Maya wird siedend heiß. Was wollen die von ihr? Soll sie etwa hinüber gehen? Sie sieht sich Hilfe suchend um, weiß aber aus leidlicher Erfahrung, dass ihr niemand sagen wird, was sie tun soll oder was man von ihr erwartet. Solche Dinge sagt man hier einfach nicht. Umso perplexer ist sie, dass nun aus der Menge eine Frau in einem bodenlangen Kleid auf sie zukommt. Sie breitet die Arme aus, bleibt auf halbem Wege stehen und weist auf die Holzschale. Dankbar für die Starthilfe nimmt Maya einen Stein heraus und legt die andere Hand darüber – wie gut, dass sie vorhin so aufmerksam zugesehen hat. Er ist auffällig warm und es ist gerade so, als würde er sich im

Nest ihrer Hände noch weiter aufladen. Hastig – der nächste Insulaner macht sich schon bereit – legt Maya ihren Stein zu den anderen, stellt sich neben die Helferin in den Kreis und beobachtet den weiteren Ablauf aus nächster Nähe. Als schließlich der Letzte seinen Stein abgelegt hat, fasst man sich an den Händen. Maya greift links in Imees und rechts … in Iskos Hand. Wo ist die Frau von gerade eben? Wohin ist sie gegangen? Und vor allem: Wann? Sein Arm berührt den ihren und Maya spürt ein unsichtbares Lächeln auf seinen Lippen. Es gibt ihren Knien genau in dem Moment die Erlaubnis, weich zu werden, als sich der Mond über die kreisrunde Öffnung der Überdachung schiebt. Sein silberner Lichtstrahl fällt kerzengerade auf das Steinmosaik. Ein Gänsehautschauer krabbelt über Mayas Rücken und von dort aus in den Kopf, in die Arme, die Beine, bis in die Fußsohlen.

Welcher ist ihr Stein? Sie kann ihn nicht mehr von den anderen unterscheiden.

***

In der Morgensonne lockert Maya die müden Glieder und greift in die Felswand. Wenn sie nur nicht so erschlagen wäre! Natürlich konnte sie gestern Nacht lange nicht einschlafen: Was hatte es mit diesem Stein auf sich, den sie zu den anderen auf den Opfertisch legen sollte? Irgendetwas ist da geschehen, aber was? Und dann Iskos Blick … er blieb am Ende einfach neben ihr stehen und sah sie wieder mit diesem eigenartigen Strahlen an, das ihr auch in Talas Augen schon aufgefallen war. Und bei Imee, in jenen kurzen Momenten, in denen ihr ein Lächeln entwischt war. Als würde die ganze Welt aus ihnen sprechen. Und dass in einem Mann wie Isko solche Tiefe schlummern sollte, das macht es geradezu unmöglich, ihn nicht noch anziehender zu finden. Es ist schon gut, dass er auch heute nicht zum Klettertraining kommt. Der Abstand wird Maya helfen, ihre Gefühle zu sortieren, denn verlieben darf sie sich nun wirklich nicht. Das wäre ein Desaster! Allerdings hat die heimliche Sympathie einen positiven Einfluss auf ihr Training: Beim Gedanken an ihn vergessen ihre Zellen die Müdigkeit. Sie schlüpfen ganz in das Bild des großen Meisters hinein und Maya befördert sich mit sicheren Griffen nach oben. Zug um Zug werden die Ameisen am Boden kleiner und zur gleichen Zeit baumelt in einer kleinen Hütte am Rand des Dorfes ein Bauchtäschchen am Kopfende einer Hängematte. Tiefenentspannt hat es nicht die leiseste Ahnung davon, welche Chance ihm heute früh entgeht. Maya hingegen könnte aus der Haut fahren, als sie realisiert, dass sie zwar soeben ihren gestrigen Höhenrekord gebrochen hat – doch wozu … ohne Handy! Ohne Handy hätte sie auch gleich zu Hause, also, in Phinas Hütte bleiben können. Oh, was für eine Katastrophe! Der Aufstieg heute hätte sie vielleicht schon zum Ziel führen können. Was, wenn sie schon hier, auf halber Höhe, Empfang hätte!? Aber nein. Was hat sie nur gedacht! Sie ist ja selbst schuld. Sie hat sich von dem Chaos im Dorf völlig durcheinander bringen lassen und dadurch ihre Chance verspielt, bereits heute von hier weg zu kommen. „Schluss jetzt!“ Maya setzt ihren Zehenballen betont fest in die steinige Kuhle und verschließt den Abfluss. Jeder einzelne Tropfen Energie wird für den Abstieg gebraucht.

„Fokus, Maya! Fokus." Und wie ein abgemahnter Troll wartet ihr nächster Gedanke, bis sie wieder festen Boden unter den Füßen hat. Dann allerdings schlägt er mit aller Wucht zu und temperiert die Eiseskälte in Mayas Adern auf extra-freeze: Ist denn dein Täschchen überhaupt noch in der Hütte? Vielleicht hat es ja in der Zwischenzeit irgendjemand mitgenommen – so selbstverständlich, wie Rocas sich neulich an den Gegenständen anderer Leute bedient hat. Oder so, wie Phinas Röcke vom Geländer verschwunden sind. Diese Mentalität des Gebens und Nehmens … wie konnte Maya in diesem Umfeld das Wertvollste, was sie besitzt, einfach so in der Hütte zurücklassen! Natürlich stört der Bauchbeutel nachts, weil er sich andauernd in der Hängematte verfängt. Aber ihn dann morgens nicht sofort wieder umzubinden – das grenzt an Dummheit. Bodenlose Dummheit. Sie bräuchte sich nicht zu wundern, wenn irgendjemand jetzt gerade umringt von Neugierigen dabei wäre, das unbekannte Objekt auseinander zu nehmen. Oh du lieber Himmel!

„Rocas, ich muss sofort zurück zur Hütte!", stammelt Maya und rennt los. Rocas trabt mit leichtem Schritt neben ihr her.

„Ich habe meine Tasche in der Hütte gelassen. Sie ist sehr wichtig."

„Sie ist da", erwidert Rocas. Doch wie soll Maya ihm glauben? Woher will er denn wissen, dass sich nicht genau jetzt, genau in diesem Moment jemand daran vergreift?

Völlig außer Atem stürzt Maya in die Hütte. Wie eine Raucherin auf Entzug, die ganz hinten in der Schublade noch eine letzte vergessene Zigarettenschachtel ertastet, packt sie zu, öffnet den Reißverschluss des Täschchens und … Gott sei Dank! Warme Südseeluft strömt feucht und schwer durch ihre Lungen. Die Nerven beruhigen sich. Sie hat die Dorfbewohner zu Unrecht verdächtigt. Natürlich wollte sie niemanden vorsätzlicher Böswilligkeit bezichtigen. Aber egal wie und warum – hätte sie ihr Handy wirklich verloren, wäre die Konsequenz katastrophal gewesen. Beinahe ebenso katastrophal – ein faustdicker Klos formt sich in Mayas Hals – wie die Tatsache, dass sie auch die Liane vergessen hatte! Hätte sie heute Früh nur ein klitzekleines Fünkchen Verstand besessen, dann wäre jetzt immerhin eine Liane irgendwo am Fels befestigt, um sie bei allen künftigen Kletterversuchen abzusichern. Aber sie hatte nicht eine Sekunde daran gedacht! Nicht eine einzige. Wenn sie heute mal nur nicht alle Joker verspielt hat, die das Glück für sie bereit gehalten hatte.

Als Maya käsebleich aus der Hütte tritt, ist Rocas nicht zu sehen. Phina sitzt auf der Veranda und sortiert Kräuter und Pilze rings um ein Holzkistchen. Was das sei, möchte Maya im Flüsterton wissen.

„Manchmal sind wir schwach“, antwortet Phina mit einem Seitenblick auf den kleinen Nimuel, der nicht einfach nur schläft, sondern als krankes Häuflein Elend neben seiner Mutter liegt. Die spricht weiter, „und brauchen jemanden, der uns an unsere Kraft erinnert. Und wenn unsere eigene Stimme und die Stimmen der Eigenen dafür zu leise sind, dann hören wir noch immer die Stimmen der Pflanzengeister, denn sie sprechen die Sprache der Seelen.“ Sie nimmt das Kistchen wie ein Heiligtum in die Hände, „Hierin ist eine Pflanze, deren Geist der Geist des Lebens ist. Um ihn zu schützen, lähmt sie jedem das Herz, der ihr zu nahe kommt.“ Phina spricht so leise, als läge nicht nur ihr Sohn in unruhigem Schlaf, immer kurz davor, aufzuwachen, sondern auch die Pflanze in der Schatulle. „In der Dunkelheit der Nacht, wenn die Blüte geschlossen ist, bitten wir ihren Geist um Hilfe. Und mit seiner Erlaubnis nehmen wir die Pflanze aus der Erde, noch bevor sie der Morgen streift. Und im Licht der höchsten Sonne legen wir sie ins Wasser, damit ihr Geist in dieses über geht."

Medizin für Nimuel. Maya versteht und hofft sehr, dass der Trank schnell wirkt. Der arme kleine Kerl. Sie setzt sich zu ihm und streichelt sein heißes Köpfchen.

„Dreimal baden wir ihn, dreimal geben wir ihm zu trinken, dreimal singen wir sein Lied. So findet er zurück in seine Kraft."

„Sein Lied?", fragt Maya.

Und Phina stimmt leise eine Melodie an, bei der Nimuel sofort ruhiger wird. „Jedes Kind bringt seine eigene Melodie mit auf diese Welt", sagt sie dann, „Allein die Mutter kann sie hören, manchmal schon lange vor dem ersten Licht. Sie soll sie singen, damit ein jeder sie kennt. Denn diese Melodie ist die Erinnerung an uns selbst."

„Das ist schön", flüstert Maya. Wie wohl ihre eigene Melodie klingen würde, wenn es sie denn gäbe?

„Jeder Mensch hat seine Melodie", sagt Phina, als hätte sie Mayas Frage gehört.

Kurze Zeit später kommt Rocas zurück. Er hat einen offensichtlich sehr schweren, raffiniert aus Blättern geknüpften Rucksack aufgebunden. Breitbeinig stellt er sich über eine große Schüssel, die da in der prallen Sonne steht, und Phina schneidet den Rucksack an der Unterseite auf. Wasser rauscht heraus, direkt hinein in Nimuels Badewanne. Genau so viel, um sie bis unter den Rand zu füllen. Die heilige Pflanze wird hinein gelegt und bis zum Abend sich selbst überlassen. Bei der Hitze heute wird es nicht lang dauern, bis die Pflanze ihre Inhaltsstoffe ins Wasser abgegeben hat, überlegt Maya. Phina nimmt ihren Sohn in den Arm und setzt sich leise summend mit ihm in eine Ecke der Veranda. Rocas reicht ihr und dann auch Maya ein in Bananenblätter gewickeltes Essenspäckchen und winkt sie mit sich in den Garten. Zwischen den beiden Palmen hat er eine Hängematte befestigt – genau dort, wo es sich Maya zu Beginn dieses Tages ganz kurz vorgestellt hatte.

„Für mich?“, fragt sie freudig. Rocas kichert nur, dreht sich um und geht zurück zur Hütte. Maya lässt sich nicht zweimal bitten. Sonnenstrahlen und Palmendach bilden eine perfekte Südsee-Kulisse, vor der es sich wunderbar essen und entspannen lässt. Hinter den Wipfeln schaukelt der tiefblaue Himmel und die Vögel, die hoch droben ihre Runden drehen, tragen nach und nach Mayas Gedanken mit sich in den Tag hinaus.

DIE NEUN GOLDENEN BÜCHER

Der Morgen graut, als er den Stift zur Seite legt und die Glieder dehnt. Es ist vollbracht. Er hat die Worte in jenen Zusammenhang gesetzt, der den einstigen Verfassern noch geläufig war. Es ist ihm gelungen, den wahren Geist der Inschrift ans Licht zu holen. Und nun endlich gibt sie preis, was sie so lange auf der Rückseite jener Mumienmaske vor den Menschen verborgen hat: das Inhaltsverzeichnis der Neun Goldenen Bücher!

1 - Über die Gesellschaft

Dieses Buch lehrt das Wissen über den Aufstieg und den Niedergang menschlicher Systeme. Wer dieses Wissen in seiner Tiefe versteht, hält den Schlüssel in der Hand, gesellschaftliche Zustände einzuordnen und Vorhersagen über zukünftige Entwicklungen zu treffen.

2 - Über die Führung

Dieses Buch lehrt die Kunst, die Meinung der Massen zu beeinflussen. Wer dieses Wissen in seiner Tiefe versteht, hält den Schlüssel in der Hand, die Menschheit nach seinem Willen zu führen.

3 - Über die Kommunikation

Dieses Buch lehrt das Wissen über die Kommunikation und ihre Medien. Wer dieses Wissen in seiner Tiefe versteht, hält den Schlüssel in der Hand, nach seinem Willen über alle Grenzen hinweg mit Lebewesen gleicher und fremder Art zu kommunizieren.

4 - Über das Leben

Dieses Buch lehrt das Wissen über die Entstehung des Lebens und das Zusammenwirken der Elemente. Wer dieses Wissen in seiner Tiefe versteht, hält den Schlüssel in der Hand, nach seinem Willen Leben zu erschaffen und zu verändern.

5 - Über die Gravitation

Dieses Buch lehrt das Wissen über die Schwerkraft. Wer dieses Wissen in seiner Tiefe versteht, hält den Schlüssel in der Hand, nach seinem Willen kosmische Kräfte zu überwinden.

6 - Über die Berührung

Dieses Buch lehrt die Kunst, lebendige Körper durch kontrollierte Berührung energetisch zu verändern. Wer dieses Wissen in seiner Tiefe versteht, hält den Schlüssel in der Hand, nach seinem Willen Lebensformen zu heilen oder zu töten.

7 - Über die Metalle

Dieses Buch lehrt das Wissen über die Alchemie. Wer dieses Wissen in seiner Tiefe versteht, hält den Schlüssel in der Hand, Materie nach seinem Willen zu gestalten.

8 - Über das Licht

Dieses Buch lehrt das Wissen über das Licht. Wer dieses Wissen in seiner Tiefe versteht, hält den Schlüssel in der Hand, die wahrhaftige Funktion des Lichts zu erkennen und es nach seinem Willen zu nutzen.

9 - Über das Universum

Dieses Buch lehrt das Wissen über den Kosmos und das gesamte Universum. Wer dieses Wissen in seiner Tiefe versteht, hält den Schlüssel in der Hand zum Verständnis allen Seins.

10: Die Entfaltung
Imaginäre Grenzen

Völlig perplex erwidert Maya das Lächeln, das ihr von den Köchinnen und Köchen auf dem Dorfplatz entgegen strahlt. Es ist das erste Mal, seit sie auf dieser Insel ist, dass man sie so aufmerksam begrüßt. Sie fühlt sich beinahe willkommen. Zumindest für die Länge eines Augenblicks. Denn dann gesellt sich Phina zu einer Gruppe Frauen und lässt Maya stehen wie einen streunenden Hund. Als fünftes Rad am Wagen sieht sie zu, wie Phina zu einer Klinge aus schimmerndem Obsidian greift und damit ein Kräuterbündel in hauchdünne Streifen schneidet. Und während sie das tut, stülpt sich der betörende Duft der Pflanzen wie eine Glocke über sie. Maya ist abgeschrieben. Eigentlich wollte sie ja beim Kochen helfen. Aber ohne Instruktionen dürfte das etwas schwierig werden.

Einige Meter weiter kniet eine Frau mit Blüten in den Haaren neben einem riesigen Weidenkorb und puhlt schwarze Bohnen aus den Schalen. Eine andere klopft krustendicken Lehm von Tarowurzeln. Ein paar Jungs drücken Limetten aus. Zwei Mädchen rupfen Blattgrün in mundgerechte Stücke. Ein sehr alter Mann portioniert das weiche Fleisch einer Brotfrucht. Drei Jüngere stampfen gekochte Maniokknollen mit Stößeln aus Lavastein und geben damit den Takt an, der wieder andere zum Singen animiert. Tänzelnd rollen zwei Frauen dicke Steine zum Erdofen und lassen sie in die aufwirbelnde Glut fallen. Ein Paar hübscher Katzenaugen schaut zu Maya auf.

„Du magst Kokosnüsse."

„Ähm, ja, schon."

Ravelo schlägt mit der stumpfen Rückseite eines Holzmessers geduldig und gleichmäßig eine gedachte Linie um den Bauch der Nuss. Immer und immer wieder, bis diese mit einem kurzen, leisen Klacken nachgibt und ringsum aufspringt. Ein sauberer Schnitt. Vorsichtig zieht sie die beiden Hälften an der Unterseite auseinander, so dass die Flüssigkeit in eine hölzerne Schale fließt. Das saftige, weiße Fleisch schabt sie mit einer Herzmuschel ab und schichtet es auf eine Bambusplatte.

„Ich kann dir helfen", freut sich Maya. „Du öffnest die Nuss und ich schäle das Fleisch heraus – dann sind wir schneller fertig."

Ravelo reicht ihr lächelnd die Muschel. Und Maya begreift, dass Effizienz dem Eingeborenenmädchen reichlich absurd vorkommen muss. Hier, wo es Zeit im Überfluss gibt. Wo die Tage, Wochen und Monate nicht akribisch durchgetaktet sind. Wo sich genau genommen kaum etwas finden lässt, was koordiniert und aufeinander abgestimmt werden müsste. Man braucht kein Geld zu verdienen, um sich irgendwelche Konsumwünsche finanzieren zu können. Wenn du eine eigene Hütte willst, dann baut man eben zusammen eine Hütte. Wenn du Hunger hast, dann gehst du eben auf den Dorfplatz, wo alle für alle kochen. Wozu also Stress machen und Prozesse beschleunigen wollen? Dass es für „Zeit“ in der Sprache der Inselmenschen nicht einmal ein konkretes Wort gibt, erschwert Maya das Gespräch mit dem Mädchen. Ebenso fehlen die Worte „gestern“ oder „morgen“, „früher“ oder „später“. Es gibt offenbar wirklich nur diesen einen, alles umfassenden Ausdruck: Paopao. Und den hat Maya wahrlich oft genug gehört. Ravelo nickt. Sie scheint trotz aller Vokabelschwierigkeiten verstanden zu haben. Und während Maya das Fruchtfleisch von der Schale löst, folgt sie der Stimme des Mädchens in eine Welt, in der alles Leben in einem riesigen Ozean verschwimmt. In dem einfach alles ist. In dem wir uns jetzt im gleichen Sein befinden wie gestern oder morgen. In dem es überhaupt keine Rolle spielt, wann genau etwas geschieht. Denn alles ist immer da und alles ist miteinander verbunden wie das Wasser des Meeres. Auch wenn manches unerreichbar scheint, so kann man doch darauf vertrauen, dass Menschen und Ereignisse genau dann im eigenen Sein erscheinen, wenn sich alle nötigen Elemente darauf hin geordnet haben, wenn alle Elemente auf allen Ebenen sich auf eine Entwicklung eingelassen haben und dafür bereit sind. Denn alles entspringt demselben Ursprung.

Mayas Gehirn zieht sich pelzig zusammen. Sie kann sich nicht vorstellen wie es sein muss, durch einen solchen Existenzbrei zu waten, in dem der Gedanke an einen konkreten Zeitpunkt in der Zukunft nicht greifbar ist – und in dem auch die Vergangenheit nie abgeschlossen werden kann. Allerdings, und das liegt klar auf der Hand, ist der Vorteil an diesem Konstrukt, dass die Dörfler ein sorgenfreies und entspanntes Leben führen. In dem Glauben, dass sich – Paopao – schon alles fügen würde, wenn alle Beteiligten bereit wären. Würde Maya so denken, könnte sie sich den Ärger über ihr dummes Missgeschick mit dem vergessenen Handy genauso sparen wie die Sorge darüber, ob sie morgen noch einmal genauso hoch würde klettern können, ob ihr Handy dann ein Signal empfangen würde und wie lange es wohl dauern würde, bis ein Suchtrupp sie holen käme. Stattdessen würde sie hier mit Ravelo sitzen, die wohligen Gerüche in der warmen Luft genießen und vielleicht würde sie sogar leise zum Gesang der anderen vor sich hin summen. Das einzig Bedeutsame wäre es, die Dinge zu erleben, die der jetzige Moment präsentiert. Die Freude anzunehmen, die von Natur aus in allem angelegt ist. Doch ihr ist natürlich klar, dass derlei Überlegungen für sie, die sie einer völlig anderen Welt entstammt, keine Gültigkeit besitzen. Das Konstrukt bleibt ja schon in seinem Grundgedanken stecken: Oder war sie etwa bereit gewesen für … all das? Da hätte der Ozean sie aber besser mal vorher gefragt!

Maya legt das letzte Stückchen des saftig-glatten Kokosnussfleisches auf ihre Platte und in dem Moment, als sie die Muschel von der Speise entfernt, greifen zwei rundliche, karamellfarbene Hände danach. Die Platte wird weggetragen, Ravelo gießt Wasser über den Tisch und wischt die Oberfläche mit einer Handvoll Blätter sauber. Nur ein Hauch von Zitrus bleibt.

Von allen Seiten werden jetzt Schalen und Schüsseln zur Platzmitte gebracht – Maya staunt: Russische Synchronschwimmer könnten es nicht besser machen. Wie schafft es die gesamte Besatzung dieser „Küche“ – inklusive ihres artfremden Gastes – gleichzeitig mit allen

Vorbereitungen fertig zu werden? Ganz ohne Chefkoch, Anweisungen und Zeitgefühl? Dann folgt sie den anderen zur Sammelstelle der Zutaten und nimmt, wie die anderen, das oberste Taroblatt vom Stapel, legt es offen auf ihre Handfläche und schichtet die vorbereiteten Zutaten hinein. Obenauf Zitronengras und ein Schuss gestampfte Kokosmilch. Die Blattenden werden fest übereinander geschlagen. Was aber bei den anderen so leicht aussieht, führt bei Maya zu einer mittleren Katastrophe: Ihr Blatt reißt an der Unterseite und die gesamte Füllung erbricht sich auf den Boden. Maya läuft wieder einmal rot an. „Oh nein! Bitte entschuldigt, es tut mir leid! Oh, das schöne Essen!“ Hastig wischt sie das bröckelige Malheur zusammen und schiebt den Modder mitsamt rötlich-braunem Sand auf eine Bambusplatte. Ein paar Insulaner lachen und Maya macht sich Vorwürfe. Was hat sie sich nur dabei gedacht? Hier mitmachen zu wollen – wo sie doch ganz genau weiß, wie ungeschickt sie bei solchen Dingen sein kann!

„Deine Gedanken sind die Grundlage deiner Wahrheit“, sagt eine Frauenstimme hinter ihr. „Sie bestimmen dein Handeln.“

Maya dreht sich um. Jeder anderen hätte sie gereizt entgegnet, dass die Reißfestigkeit dieses Blattes nun wirklich nichts mit ihren Gedanken zu tun habe. Aber es ist Neyla, die Frau vom Vollmondfest. Sie ist Maya so vertraut wie ihr eigenes Spiegelbild. Als würden sie sich seit Urzeiten kennen.

„Was geschieht, geschieht“, sagt die nun. „Nicht mehr und nicht weniger. Es kommt darauf an, welche Emotionen du in eine Situation gibst und wie du sie gestaltest.“

Und obwohl Maya gerne ganz anders geantwortet hätte,

schreit sie auf. Eiskaltes Wasser klatscht über ihre Beine und eine Greisin wischt mit rauen Händen Kokosmilch und Zitronengras von Mayas Schenkeln.

„Hey! … ähm, ist schon gut, ich kann das selbst, danke, ich mach das schon."

Schnell übernimmt Maya das Wischen, damit diese Frau endlich aufhört, ihre Beine zu bearbeiten. Geht man etwa zu wildfremden Leuten und begrapscht deren nackte Oberschenkel, wenn irgendwas dran klebt? Maya braucht dringend Abstand. Sie sollte einfach zurück zur Hütte gehen und sich etwas beruhigen. Bis das Essen fertig ist, wird es ohnehin noch eine Weile dauern. Sie hält Ausschau nach Phina, um ihr Bescheid zu geben und blickt unvermittelt in Rocas' Gesicht. Er kichert in seinen Zwergenbart hinein und geht voraus zur Hütte.

***

„Woher weißt du eigentlich immer, dass ich irgendwohin möchte?", will Maya es nun endlich wissen.

Rocas tippt sich zweimal mit der Rückhand auf die Stirn. „Ich sehe", sagt er.

„Ah ja? Du warst doch bis gerade eben nicht einmal auf dem Platz?"

„Unsere Gedanken und Gefühle sind für die anderen sichtbar, ganz gleich wo wir sind. Wir sehen, was du denkst."

„Ich verstehe kein Wort. Wer sieht, was ich denke? Und … was??"

„Die Sonne erhellt unser Äußeres bei Tag und der Mond

unser Inneres bei Nacht. Er offenbart, was leben möchte …"

Maya bleibt stehen und starrt ihren Begleiter an. Blitzartig ziehen die Bilder der vergangenen Nacht an ihr vorbei: der Mondstrahl … die Zeremonie … das Mosaik aus Steinen … Iskos Blick … Quatsch! Das hier ist doch kein Voodoofilm. Insel-Mythologie hin oder her, aber sie, Maya, hat definitiv nichts damit zu tun.

„… und mit deiner Entscheidung sehe ich dich so, wie ich mich selbst sehe, von außen wie von innen", setzt Rocas seine Erklärung fort.

Entscheidung? Welche Entscheidung? Rocas muss verrückt sein. Entschieden hat Maya schließlich überhaupt nichts. Weder hier zu sein, noch irgendetwas mit irgendjemandem … zu leben. Iskos warme Hand. Nein! Neylas ausgebreitete Arme. Der Stein. Meint er den Stein, den sie zu den anderen gelegt hat? Dann ließe sich das Missverständnis ja leicht klären – schließlich war sie Neylas Wink nur aus Höflichkeit gefolgt. Doch bei diesem Gedanken gefriert Maya das Blut in den Adern: Keinen Augenblick hatte sie darüber nachgedacht, was dieses Ritual für die Insulaner bedeutete! Was, wenn es eine Art Initiationsritual war? Ihre, Mayas, Aufnahme in die Gemeinschaft. Du lieber Himmel, was hat sie getan?! Und Iskos Blick – hoffte er etwa auf eine Heirat mit ihr? Würde sie —

Rocas lacht und sein kleiner runder Bauch wippt.

„Oh, du bist ein Spaßvogel, Rocas. Also wirklich – für einen Moment dachte ich, du meinst das ernst", entfährt Maya die Erleichterung. „Kannst du dir das vorstellen? Wenn jeder die Gedanken der anderen lesen könnte, du meine Güte, was für ein Alptraum!"

Jetzt lacht Maya allein. Rocas ist stehen geblieben und sieht sie ernst an.

„Dein Inneres wünscht die Entwicklung, dein krummer Geist die Beständigkeit“, sagt er.

„Krumm?“, Maya schnappt nach Luft. „Ich weiß wohl, dass es im Moment nicht danach aussieht, aber normalerweise führe ich ein sehr geordnetes Leben“, fährt sie ihn an. „In meiner Welt habe ich eine sehr gute Position! Und ich kann mit Sicherheit behaupten, dass das, was du da sagst, ziemlich – und das meine ich nicht böse, aber all das“, sie beißt sich auf die Zunge, „all diese Riten haben in meiner Welt keine Wirkung. Telepathie ist kein Hexenwerk, das passiert, wenn Menschen sich gut kennen, trotzdem ist es —“

„Man sagt Euch, dass der Boden unter Euren Füßen trocken sei. Ihr lernt, Staub zu sehen, wo alles blüht. Ihr lernt, durstig zu leben, wo das Wasser reichlich fließt. Alles Leben strahlt aus sich heraus. Und die Verleugnung dessen verursacht großen Schmerz.“

Was redet er da? Maya nimmt sich zusammen. Sie muss ruhig bleiben. Darf sich nicht provozieren lassen. Diese Insulaner haben schließlich das Recht auf ihren eigenen Glauben.

„Du meinst also“, hakt sie nochmals ein, „dass du mit Phina kommunizieren kannst, obwohl sie auf dem Großen Platz ist und du hier, ja? Was tut sie denn gerade? Mit wem spricht sie? Was denkt sie?“

„Ich sehe Phinas Licht hell und froh.“

„Aha, okay, die Stimmung. Mag sein. Aber dann verstehe ich immer noch nicht, wie du wissen kannst, wo du mich findest, wenn ich zurück zur Hütte möchte?“

„Wenn du mir deinen Ort mitteilst und ich bereit bin, dich zu hören, dann führen mich die Wege zu dir. Paopao.“

„Mhm“, macht Maya. „Und hier, meine Gedanken, jetzt – die kannst du sehen?“

„Ja. Ich bin bei dir. Ich sehe dich wie mich. Sind wir fern, dann sehe ich, was du für mich öffnest.“

„Na dann: Woran denke ich denn jetzt?“, Maya verschränkt die Arme und denkt.

„Ein grünes Gefäß. Ein weißer Brei und zwei Scheiben. Es macht dich zufrieden.“

„Meine Pausenbox, Schwarzbrot mit Frischkäse“, benennt Maya die Gegenstände. 1:0 für Rocas. Zugegeben, es ist ein merkwürdiger Zufall, dass er aus all den Dingen auf dieser Welt tatsächlich ihre Pausenbox erraten hat – etwas, das in seiner Realität nicht einmal existiert. Okay, noch ein anderes Beispiel. Dieses Mal ohne Bild, nur der Name.

„Ma'k.“

„Das kann doch nicht sein! Rocas, du machst mir Angst!“ Kann es wirklich sein? Das wäre ja eine Sensation! Maya testet noch einige Male und Rocas besteht alle Prüfungsaufgaben mit einer Treffsicherheit, für die manch ein Schüler seine Seele verkaufen würde. Warum weiß der Rest der Welt nichts von diesem Volk und seinen Künsten?

„Paopao“, zwinkert Rocas. Maya springt zur Seite – ein weißes Papageienpaar rauscht im Tiefflug über sie hinweg.

„Ist das normal hier – ich meine: dieses Gedankenlesen – können das alle im Dorf?“

„Ja.“

„Und warum sprecht ihr dann überhaupt, wenn ihr euch auch so versteht?“

„Weil wir es können“, antwortet Rocas gelassen. „Und

weil es schön ist, die Worte zu spüren."

„Und was, wenn du wütend auf jemanden bist? Wenn du eine Sache dumm findest? Wenn du erotische Gedanken hast? Ich meine, da wissen ja sofort alle Bescheid!"

„Ja."

„Wie – ja? Das ist doch fürchterlich!"

„Wir alle weinen und wir alle lachen."

Maya schweigt. Im Grunde hat er ja Recht. Wie oft hat sie, die Starke, die Organisierte sich schon in ein Häufchen Elend verwandelt, sobald die Haustür hinter ihr ins Schloss gefallen war? Wie oft geht es all den anderen Menschen da draußen ganz genau so? Wie oft applaudiert ein Publikum, obwohl die Darbietung völlig missraten war? Als hielte die ganze Gesellschaft eine riesige Blendfassade vor die eigentliche Realität, die Realität der wahren Gedanken, Gefühle, Bedürfnisse. Und damit sind alle so beschäftigt, dass sie überhaupt nicht merken, dass sie sich selbst verleugnen. Ein jeder gibt vor, perfekt und allzeit freundlich zu sein, obwohl es einen innerlich zerreißt. All die seelischen Wracks da draußen – ist es denn ein Wunder?

Rocas nickt.

Das hat er jetzt aber nicht gehört – oder doch?

Er lacht. „Alles ist gut, Maya. Das Leben der Malhani beginnt im Kopf: Ihr denkt, ihr seid eins mit Euren Gedanken. Wir alten Menschen leben vom Herzen aus. Das Herz leitet das Sein. Auch dein Inneres, Maya, es ist bereit. Geh einen Schritt zur Seite und betrachte das Spiel des Geistes. Ganz so, wie du einen Freund betrachtest. Alle Gedanken haben ihre Berechtigung. Es geht darum, wie sich dein Herz zu ihnen positioniert und welche Bedeutung du ihnen gibst. Denn durch dich gelangen sie ins Außen, wo sie ihre Wirkung tun. Akzeptiere sie ganz so, wie du einen Freund akzeptierst. Freue dich mit den leichten, tröste die schweren und lass die Harten gehen."

„Mhm", antwortet Maya gereizt. Hat sie Rocas etwa um eine Analyse ihrer Denkweise gebeten? Wie kommt er dazu, sich ein Urteil über sie zu erlauben? Ach so, wahrscheinlich kann er das jetzt gerade auch live mitverfolgen? Aber das ist dann sein Problem. Ihre Gedanken sind frei. In ihrem Kopf hat keiner außer ihr selbst etwas zu suchen – und sich schon gar nicht einzumischen. Und wie zur Hölle kann es sein, dass sie sich von seiner Rede derart aufwühlen lässt? Der Weg vom Platz zur Hütte zieht sich heute wie Gummi, er erscheint Maya dreimal so lang wie üblich und sie ist heilfroh, als er endlich endet.

„Rocas, ich möchte jetzt allein sein – und könntest du bitte fürs Erste auch meine Gedanken in Ruhe lassen? Ich muss mich erst einmal wieder sortieren."

Rocas zieht sich wie ein artiger Diener zurück und Maya taucht in die Dunkelheit der Hütte ab. Wenig später steht sie mitten auf dem Dorfplatz und hält ihren Kopf in der Hand. Ein paar Bewohner kommen auf sie zu, lösen ihre Schädelplatte und schauen neugierig hinein. Sie lachen und rufen die anderen herbei. „Kommt her! Das müsst ihr euch anschauen!" Maya versucht, ihnen den Kopf zu entreißen, wobei er ihr entgleitet, auf den Boden knallt, in tausend Scherben zerschellt und ihr Gehirn mitsamt Gedanken vor den Schaulustigen herum rollt wie ein Murmelspiel. Die heimliche Bewunderung für Isko kullert als rohes Glasauge auf die Menge zu. Es sucht Blickkontakt. Maya wirft sich darauf, um es vor Schadenfreude zu bewahren, um ihre Schmach zu verheimlichen, ihre Schande zu verbergen – doch bei der ersten Berührung platzt es in einer ohrenbetäubenden Fanfare auf, so laut, dass Maya schweißgebadet aufschreckt. Die Hängematte schwingt sachte hin und her. Wie lange hat sie geschlafen? Sie hat schrecklichen Hunger. Und sie weiß, dass sie heute ganz sicher nicht nochmal zum Dorfplatz gehen wird. Sie wird einfach hier in der Dunkelheit liegen bleiben und auf den neuen Tag warten.

Allerdings – wenn an Rocas' Ausführungen auch nur der kleinste Hauch von Wahrheit ist, könnte sie vielleicht einen Versuch starten. Möglicherweise hat diese Variante der Welt ja auch Vorteile:

„Phina, bring mir etwas zu essen mit", denkt sie. Und zur Sicherheit noch einmal: „Phina. Bitte. Bring. Mir. Was zu essen. Mit."

Und als Maya etwas später erneut aufwacht und lautlos auf die Veranda tritt, wo Phina, Rocas und die Kinder aneinandergekuschelt ihren Mittagsschlaf abhalten, liegen tatsächlich zwei Taroblätterbündel und eine Handvoll Minibananen für sie bereit.

Maya versucht es noch einmal. Sie denkt „Danke, Phina" und beinahe im gleichen Moment öffnet die Angedachte ihre Augen, zwinkert ihr zu und schläft weiter.

Der restliche Tag vergeht schweigend. Maya isst allein, schläft, trainiert, lässt sich von Phina zum Toilettenplatz begleiten und bemüht sich, möglichst nichts zu denken. Denn welche Einblicke die Insulaner auch in Mayas Gedankenwelt haben – sie selbst hört von ihnen nicht das leiseste Fiepen.

„Es ist neu für dich. Dein Geist braucht Zeit, um im Neuen anzukommen", sagt Phina auf dem Rückweg zur Hütte.

Schon wieder erwischt. Das kann echt nicht wahr sein. Als wäre ihre Situation nicht schon schlimm genug. Am Besten ist wohl schlafen, da kann keiner — oder etwa doch?

„Phina, könnt ihr auch meine Träume sehen, wenn ich schlafe?“, fragt Maya in Erwartung des Schlimmsten.

„Nein. Wir wissen, wie du dich fühlst, aber sehen nicht, was du siehst. Sofern wir nicht selbst Teil deines Traumes sind.“

„Oh Gott. Ich weiß gar nicht mehr, was ich denken soll.“

„Wir sehen deine Situation. Wir spüren, woher du kommst und welche Herausforderung das Leben hier auf der Insel für dich darstellt. Du lernst, was du zu lernen hast, um deine Aufgaben zu erfüllen.“

Hm. Was auch immer. Aber immerhin ist es nett zu hören, dass man ihr wohlwollend gegenüber steht und Verständnis für ihre Situation hat. Genau genommen ist es ein völlig neuer Gedanke für Maya: einfach sein zu dürfen. Bedingungslos. Und Fehler machen zu dürfen ohne negativ bewertet zu werden. „Das geht so nicht. Das macht man nicht. Hör auf mit dem Quatsch. Sei nicht so albern. Reiß dich mal zusammen.“ Die Stimme ihres Vaters hallt in Mayas Kopf wider wie Stöckelschuhe in einer Kirche. Spiegelglatt und fehlerfrei hatten ihre Leistungen zu sein, damit die Eltern stolz auf ihren Abkömmling sein konnten. Und im Studium hätte sie eine einzige Dummheit die Chance auf Verbeamtung kosten können. Nun ja, und in ihrem beruflichen Alltag riskiert sie mit jedem Faux-Pas, den Respekt ihrer Schüler, Kollegen und des Direktors zu verlieren. Der Boden unter ihrem deutschen Leben ist dünn. Hauchdünn. Ein falsches Wort, eine falsche Handlung und sie könnte alles verlieren. Und hier soll sie auf einmal in aller Öffentlichkeit sogar denken dürfen, was sie will und keiner würde sie deswegen verurteilen? Reichlich absurd.

Mit dem Vorsatz, zu ihrem eigenen Wohl ab jetzt etwas nachsichtiger mit sich selbst und anderen zu sein, kuschelt sich Maya in ihre Hängematte. Sie verspeist den Inhalt des zweiten Gemüsetäschchens und spielt im Geiste etliche Situationen ihres bisherigen Lebens durch. Wie wären sie wohl verlaufen, wenn sie gewusst hätte, was ihr Gegenüber denkt? Und wie wären sie wohl verlaufen, wenn ihr Gegenüber gewusst hätte, was sie denkt? Diese grenzenlose Offenheit wäre doch gerade für romantische Beziehungen ein schnell wirkendes und vor allem tödliches Gift. Umso interessanter wäre es zu erfahren, wie die Paare hier auf der Insel dennoch zusammen bleiben – sofern sie tatsächlich zusammen bleiben. Vielleicht wohnt Rocas ja nur vorübergehend hier? Ob er der Vater beider Kinder ist? Fragen über Fragen.

***

An diesem Morgen ist Maya mehr denn je froh darüber, dass Isko nicht zum Klettertraining kommt. Es wäre entsetzlich, wenn er sehen könnte, welche Gedanken und Bilder ihr durch den Kopf schießen, während er Griffvarianten vorführt, die Muskeln spielen lässt und die tätowierten Lippen bewegt.

Maya hat den Nani Atahua unmittelbar vor Augen und in ihren Adern kribbelt es. Im Geiste tritt sie einen Schritt zur Seite, nimmt Abstand zu sich selbst und betrachtet sich so, wie sie eine Freundin betrachten würde. Sie blickt auf ihre Hände – wie sehr sie sich durch das intensive Training verändert haben. Sie sind stark und bereit, ans Werk zu gehen. Diese Hände kennen weder Angst noch Unsicherheit. Sie greifen den Lianensitzgurt, Maya steigt hinein und sieht zu, wie die Schlaufe an ihrer Hüfte festgebunden wird. Sie hat noch keine Ahnung, wie sie diese ohne Haken und professionelles Werkzeug oben im Gestein befestigen soll – aber wie sollte sie das zum jetzigen Zeitpunkt auch wissen? Sie wird sich die Möglichkeiten dort oben erst einmal ansehen müssen.

Die Hände greifen ins Gestein und ein warmer Schauer huscht über Mayas Haut. So, wie wenn einem ein altbekannter, ewig griesgrämiger Mensch zum allerersten Mal zur Begrüßung zulächelt. Ja, der Nani Atahua wirkt heute überhaupt nicht mehr wie jener Gegner, der ihr im Wege steht und dessen Launen sie zu bekämpfen hat. Im Gegenteil. Der weiche, dunkle Stein ist ihr vertraut. Und ist nicht er es, an den sich Mayas ganze Hoffnung klammert? Mit jedem Griff? Mit jedem Tritt? Ist nicht er es, der sie nachts tief schlafen lässt und der sie morgens weckt? Der ihr Halt gibt in dieser vollkommen verrückten Welt? Er hat gesehen, wie Maya sich bei ihrem ersten Treffen von sämtlichen Ängsten hatte überwältigen lassen. Griff. Und Tritt. Er hat sie wachsen sehen. Griff. Und gestern hat sie bewiesen, dass sie seiner würdig ist. Sie wird es schaffen!

Hier, an dieser Stelle, hat sie gestern kehrt gemacht. Heute klettert sie weiter und entdeckt kurz darauf eine Kuhle im Berg, die von unten nicht zu erkennen war. Eine Art Mini-Plateau, gerade groß genug, dass sich eine einzelne Person darauf ausruhen kann. Und als wäre die unerwartete Pause nicht schon Grund genug zur Freude, bietet ihr auch noch ein dicker, pilzförmiger Vorsprung seine Dienste als

Lianenhalterung an. Von hier ab gehört also die Sorge um einen möglichen Sturz der Vergangenheit an.

Würde Rocas, der dösend unter seinem Korallenbaum liegt, einmal nach oben sehen, könnte er denken, jemand hätte eine Madonnenfigur in die Fassadennische einer Kathedrale gestellt. Die Morgensonne scheint Maya ins Gesicht. Was für ein herrlicher Ausblick! Von hier aus ist schon das Meer zu sehen, auf dem gerade die ersten Takte des wundersamen Farbenspiels für den neuen Tag anklingen. Dort drüben muss irgendwo Talas Strand sein. Ansonsten teilen sich Dorfkrater und Blätterdach – der Mandelbrotbaum in dessen Mitte – den Rest der Insel untereinander auf. Wie schon am Tag ihrer Ankunft im Dorf beeindruckt Maya die geometrische Perfektion des Kraters. Kreisrund. Die Hütten des Dorfes sind von hier oben kaum noch auszumachen. Sie verschwinden im blühenden Durcheinander dieses von der Welt vergessenen Einerleis.

„Irgendwo auf einem dieser Bäume sitzt der kleine Bagwis", lächelt Maya in sich hinein. Mit seinem unbeirrbaren Glauben an die Lebendigkeit der Bäume erinnert er sie an ihre eigene Kindheit. Sie selbst hatte damals ebenso fest geglaubt, dass ihre Puppen, das froschgrüne Stoffkrokodil und eigentlich alle Dinge in ihrer Umgebung lebendig seien. Sie hatte mit allen gesprochen und war gelegentlich daran verzweifelt: Denn wie sollte sie sich denn richtig um alle kümmern, wenn sie so viele Stunden jeden Tag in die Schule musste? Damals empfand sie zum ersten Mal im Leben Stress. Eine permanente Angst, nicht genug Zeit für alle zu haben. Damals begann sie, abends vor dem Schlafengehen alle Gegenstände, die sie besaß, ins Bett zu bringen und allen eine gute Nacht zu wünschen.

Jeden Gegenstand in sein eigenes Bett, versteht sich, an seinen eigenen Ort. Und ihre Eltern waren so stolz auf den ausgeprägten Ordnungssinn ihrer Tochter. Jedem erzählten sie, was für ein ordentliches Mädchen sie hätten. Zu dieser Zeit war sich Maya auch ganz sicher, dass der liebe Gott nicht nur die Menschen, sondern auch ihre Puppen und alle Gegenstände der Welt erschaffen hatte und sie dankte ihm jeden Morgen und jeden Abend inbrünstig dafür. Und ob es Gott nun gibt oder nicht – sind all diese Existenzen nicht so oder so ein Gefühl der Dankbarkeit wert? Warum gibt man beim Erwachsenwerden eigentlich so viel von diesem kindlichen Zauber auf? Von diesem täglichen Überrascht-sein über all die kleinen und großen Dinge in der Welt? Wäre es denn so schlimm, wenn sich die Menschheit etwas aufrichtiger an den vielen kleinen Wundern ringsum erfreuen könnte?

„Na ja, schon – wenn die ganze Menschheit zu so verträumten Chaoten werden will wie Karin“, gellt es aus Mayas Unterbewusstsein. „Wir müssen aber in unserem Leben nun einmal vorwärts kommen. Wunder hier, Wunder da – das führt doch zu nichts. Hält nur auf!“

Maya reagiert nicht. Wieder ist da dieser Gedanke: Was, wenn nicht die Weltsicht der Erwachsenen die einzig richtige wäre, sondern genauso die der Kinder? Vielleicht haben Kinder ein viel natürlicheres Verhältnis zur Welt und dem, was im Leben wirklich wichtig ist? Hier auf der Insel scheint man jedenfalls darauf zu vertrauen. Es gibt keinerlei Erziehungsmaßnahmen. Noch vor wenigen Wochen hätte Maya derlei Hippie-Methoden von Grund auf abgelehnt. In diesem in sich geschlossenen Kosmos jedoch funktioniert es offenbar. Die Inselkinder sind auffällig sanft im Umgang miteinander und auch im Umgang mit Tieren und Pflanzen. Sie stellen wenig Fragen, beobachten dafür aber umso genauer die Welt um sich herum – mit ihren großen, kullernden Südsee-Augen. Und die Resultate sind durchaus beachtlich: Nalanis Fingerzeichnung im sandigen Boden beispielsweise war weitaus gewandter und feiner als die Kritzeleien ihrer deutschen Altersgenossen, obwohl die ja sogar von ausgebildeten Erziehern zur richtigen Fingerhaltung mit ergonomisch geformten Stiften gecoacht werden. Ach, und das dort drüben ist der Garten der Insulaner. Wenn Maya es nicht wüsste, könnte sie ihn nicht vom Rest der Wildnis unterscheiden. Einzig die Bäume stehen dort etwas lichter und karamellfarbene Kleckse machen sich dazwischen zu schaffen: Die Ernte fürs heutige Mittagessen wird eingeholt. Oh, bei dem Gedanken ans Essen läuft Maya das Wasser im Mund zusammen. Was es wohl heute gibt? Auf eine ihr bislang unbekannte Weise sind die Speisen hier auf der Insel ganz besonders gut. Wobei sich dieses ‚gut' nicht nur auf den Geschmack bezieht. Es sind diese Glücksgefühle beim Essen, als würde jede Zelle ihres Körpers kleine Freudensprünge vollführen. Anfangs dachte sie noch, dass bei der Zubereitung irgendein Kraut beigemischt würde. Aber nein, denn auch bei simpler Rohkost wirbelt dieser heimliche Jubel durch ihren Körper. Vielleicht ist er einfach nur froh, überhaupt noch am Leben zu sein, so dass seine Reaktionen leicht überschießen? An der Zubereitung kann es jedenfalls nicht liegen, denn die ist immer gleich: Es wird roh und ungewürzt gegessen, was roh essbar ist. Und was gekocht werden muss, wird in Taro- oder Bananenblätter eingewickelt und zwischen heißen Steinen im Erdofen gegart.

„Wie lange willst du hier eigentlich noch faul herumsitzen und die Zeit mit Sinnlosigkeiten verplempern?“ Das Über-Ich hat die Faxen dicke.

Und tatsächlich ist die Sonne mittlerweile so weit aufgestiegen, dass ihre Strahlen etwas abseits des Dorfes die Oberfläche eines Sees kitzeln, der mit bläulich-türkisem Schimmern antwortet. Er liegt unmittelbar am Fuß der Kraterfelswand, die dort drüben besonders schroff und beinahe senkrecht abfällt. Die Uferlinie ist völlig von Gestein, Bäumen, Strauchwerk und Gebüsch überwuchert und doch wirkt er wie die verkleinerte, mit Meerwasser geflutete Spiegelung des Kraters selbst.

„Da lässt es sich bestimmt wunderschön schwimmen“, überlegt Maya und nimmt sich für den Nachmittag vor, dorthin zu gehen und sich ein wenig zu entspannen – sofern sie heute Nachmittag überhaupt noch auf der Insel ist.

„Mach schon!“, treibt die Stimme sie noch einmal an und mit nervösen Fingern zieht Maya ihr Handy aus der Bauchtasche. Sie drückt den Einschaltknopf.

„Keine Sorge“, spricht sie sich gut zu. „Wenn du jetzt noch keinen Empfang hast, ist noch nicht alles verloren – du bist erst auf halber Höhe. Es kann durchaus sein, dass es noch nicht hoch genug ist – aber genauso gut könnte es sein, dass es schon reicht und dass du ganz bald auf dem Weg zurück nach Hause bist.“ Das Akku-Symbol hat im Vergleich zum letzten Mal einige Balken eingebüßt. Wie paradox ist es eigentlich, dass sich Akkus ausgerechnet zu Sicherheitszwecken selbst entladen? Maya hält das Handy fest umklammert und streckt es in alle Richtungen über den Abgrund. Nichts. Kein Signal. „Ruhig bleiben. Es ist alles in Ordnung. Ich muss es einfach morgen ganz nach oben schaffen. Und dann werde ich Empfang haben, ein Transportmittel organisieren und alles wird gut."

Irgendwo unter der grünen Decke des Dschungels erklingt ein rhythmisches Klopfen, ähnlich dem Hämmern eines Spechtes. Oder eines Zimmermannes. Oder dem Ticken einer außergewöhnlich rustikalen Uhr. Der Akku wird nicht mehr lange standhalten.

***

Beim Anblick all der eleganten Möbel in Mayas Wohnung geht ein Staunen durch die Klasse. Die hübschen Accessoires, die Kunstfotografien an den Wänden, die Pariser Vorhänge und die feinen Dekokissen zum elfenbeinfarbenen Kunstledersofa begeistern besonders die Mädchen. Der junge Ginto hingegen steht fasziniert vor der Bibliothek.

„Oh, Bücher sind etwas Tolles", bestätigt Maya seinen Gesichtsausdruck. „Sie stecken voller Informationen und geben ganz schnell Antworten auf die unterschiedlichsten Fragen."

„Wie das Kosmische Zentrum", stellt Bagwis fest und zieht eine Schnute. „Warum willst du alles schnell machen?"

Maya schmunzelt. „Schau", sagt sie und setzt sich etwas aufrechter, „bei uns ist das alles ein bisschen anders als hier bei Euch. Für all die Sachen in meiner ‚Hütte' brauche ich Geld. Auch damit ich etwas zu essen bekomme brauche ich Geld. Ich kann nicht einfach in den Wald gehen und Bananen pflücken, wenn ich hungrig bin."

„Es gibt keine Bananen?", entfährt Alon das Mitgefühl.

„Doch, doch, schon", lacht Maya. „Aber sie wachsen

eben nicht bei uns. Es ist zu kalt. Deswegen werden sie von weit her gebracht. Wir müssen arbeiten und bekommen dafür Geld. Und das Geld können wir dann gegen Bananen oder Bücher oder Sofas oder was wir wollen eintauschen."

„Hm", brummt es aus dem Baum.

„Na ja, es ist gar nicht so kompliziert", stellt Maya richtig. „Es ist ein Ausgleich. In der Welt da draußen kostet fast alles Geld, was man tun oder haben möchte. Also muss man gut oder schnell, je nachdem, arbeiten, damit man möglichst viel Geld bekommt. Geld ist sehr wichtig, wenn man etwas erreichen möchte." Wie fremd das hier draußen klingt. Natürlich hängt in der zivilisierten Welt alles von den finanziellen Möglichkeiten ab. Aber Reichtum und Geld waren für Maya noch nie ein echter Antrieb. Selbstoptimierung und Effizienz ja, natürlich, aber nicht, um dadurch mehr Geld zu verdienen. Mayas hehres Ziel war es schon immer, die beste zu sein – weil sie von klein auf gelernt hat, dass genau das der Sinn des Lebens ist.

„Jeder ist der Beste in dem, was in seinem Inneren liegt", sagt die kleine Nalani und ihre Worte schweben im Raum, ganz so, als säßen sie auf Wölkchen aus imaginärer Watte. Und wie zum Schutz vor einer unwürdigen Antwort stülpen ihre Mitschüler eine Kuppel aus transparentem Schweigen darüber. Maya wagt es nicht, etwas zu entgegnen. Die Inselkinder haben reifere und selbstbewusstere Züge als ihre Altersgenossen in Mäni, das ist nichts Neues. Sie strahlen eine innere Sicherheit aus, von der Maya nur träumen kann. Und das, obwohl ihnen jegliche Bildung abgeht und sie in einer Fantasiewelt leben, mitten in ihrem Ozean der Zeit und – wie hatte Bagwis es gleich nochmal genannt? –

„Kosmisches Zentrum", ruft es herunter.

Maya seufzt. Ein Hoch aufs Vollmondfest und was auch immer da geschehen ist. Sie muss sich endlich, endlich darauf einstellen, dass ihre Gedanken ein offenes Buch für alle sind. Es wäre viel einfacher, wenn auch sie diese Gabe des Ausspionierens besäße. Und fairer. Es wäre ja durchaus interessant, zu sehen, was und wie diese Menschen denken. Dann müsste sie auch nicht um jeden Fetzen Information betteln.

„Was ist denn nun dieses kosmische Zentrum? Und funktioniert es auch – telepathisch?“ Mayas Ton klingt provozierender als beabsichtigt. Hoffentlich haben die Kinder das nicht herausgehört. Nun ja, selbst wenn sie es nicht gehört haben, so wissen sie spätestens jetzt, was Maya davon hält. Sie hat es ihnen ja nochmals explizit vorgedacht. Himmel nochmal!

Ravelo nimmt es ihr nicht übel. Stattdessen ergreift sie das Wort und wie so oft ist Maya verwundert, wie viel sie von dieser fremden Sprache zu verstehen meint.

„Die Gesamtheit aller Erfahrungen der Großen Mutter pulsieren im kosmischen Zentrum. Die vermeintlich guten, die vermeintlich schlechten und all diejenigen, die ganz offen beides zeigen. Die Extreme streben danach, das jeweils andere auszugleichen. Dabei schwingt das Pendel stets über die Mitte. Das ist der Atem der Welt.“ Ravelo schließt die Augen und atmet einmal tief ein und wieder aus ehe sie fortfährt. „Nichts kann ohne das Andere existieren. Einatmen und Ausatmen, Gutes und Schlechtes, Geben und Nehmen, das sind nur die jeweils entgegengesetzten Enden ein und desselben. Eine Sache, die gut ist, ist auch schlecht. Alles kommt und geht. Diese Bewegung ist Leben. Denn was starr ist, zerbricht.“

Wieder fühlt es sich an, als würden die Worte von einer unsichtbaren Glaskuppel geschützt. Dieses Mal allerdings vollkommen grundlos. Denn Maya hatte nicht vor, mit den Kindern eine Grundsatzdebatte anzuzetteln – auch wenn sie nur zu gut weiß, dass Gut und Schlecht weit mehr sind, als lediglich eine Frage der Perspektive. Doch was für ein Glück haben diese Kinder, dass sie sich in ihrer kleinen heilen Welt so geborgen fühlen dürfen. Ohne die subtile Angst vor dem Bösen, die Mayas Kindheit so sehr bestimmt hatte. Die Angst, wenn im Fernsehen von Krieg und Elend berichtet wurde und alle Beiträge aussahen wie das Deckengemälde vom Jüngsten Gericht in der Kirche – das früher oder später auch ihr drohte. Nein, sie wird sich hüten, den Inselkindern ihren Glauben streitig zu machen.

„Und das kosmische Zentrum kann wirklich Fragen beantworten?", hakt sie noch einmal nach.

„Natürlich. Alle Erfahrungen der Welt sind dort verbunden."

„Und wie genau geht das?"

„Fra-ge – ANTwort. Fraaaaageantwort. Fra-ge-Ant-wort", turnt Bagwis von Ast zu Ast.

„Aber wen fragt ihr denn – und wo?", unterbricht ihn Maya.

Bagwis lässt sich kopfüber aus dem Blattwerk hängen und streckt Maya sein Gesicht mit den fest zugekniffenen Augen entgegen. „Mach die Augen zu, dann kann dein Herz besser sehen. Oder hören. Oder fühlen. Das ist ganz unterschiedlich. Je nach Frage."

Maya lächelt wortlos und Ravelo nickt ihr unmerklich zu.

***

„Womit beschäftigst du dich denn, Ravelo, wenn du nicht gerade Besuchern eure Philosophie erklärst?“, fragt Maya, um das Gespräch wieder auf den Boden der Tatsachen zu bringen.

„Ich bin Freude und Weisheit“, bekommt sie zur Antwort. Das Mädchen mit dem ewigen Lächeln im Gesicht legt sich die eine Hand auf den Bauch, die andere auf ihre Stirn und senkt den Blick. Der erhoffte Boden der Tatsachen ist noch immer weit entfernt. Welches 15-jährige Mädchen in Mäni würde wohl eine solche Antwort geben? Wahrscheinlich bedarf es an dieser Stelle wieder einmal keiner Worte. Maya spiegelt die Verneigung und versucht es noch einmal.

„Und du, Amihan?“

„Ich spreche mit dem Wind“, antwortet die Kleine temperamentvoll. Warum auch nicht. Maya schmunzelt in sich hinein. Dieser Wildfang mit den ausgebleichten und mächtig verwuschelten Zotteln hat ganz definitiv eine innige Verbindung zum Wind. Keine weiteren Fragen.

„Nalani, dein Lieblingsthema kenne ich schon. Du beschäftigst dich mit allem, was hübsch ist, nicht wahr?“

Die Kleine nickt strahlend und ihr selbstgeflochtener Kranz aus rosa-orangefarbenen Frangipani-Blüten verströmt wie zur Bestätigung eine extra Portion seines süßen Duftes.

„Und du, Ginto? Was machst du denn gerne?“

„Ich mache Schmuck.“ Und mit heiligem Ernst zählt er auf „Ringe, Ketten, Kopf- und Haarschmuck, Hüft- und Fußzier. Ich mache alles, was das Material möchte.“

Maya stutzt. Hat sie richtig gehört? Was das Material möchte? Sie überprüft noch einmal ihre imaginären Vokabeleinträge, da unterbricht Ginto auch schon ihre Gedanken. „Steine, Muscheln, Blüten, Holz und Lianen“, erklärt er, „wählen manchmal im Lauf ihres Lebens ein Lebewesen oder eine Person, der sie ganz besonders nahe sein möchten. Es ist ihr Wunsch, den Glanz dieser Person zu unterstützen und sie in vollem Licht erstrahlen zu lassen. Und dann bitten sie mich, ihnen eine neue Form zu geben."

„Ach wie schön, Ginto. Ich glaube, ich habe dann schon einige deiner Werke gesehen. Phinas Kette, nicht wahr? Und Rocas' geschnitzter Haarstift? Ach, und natürlich Imees Ohrringe. Ich muss schon sagen: Das machst du wirklich toll."

„Imees Ohrringe sind besonders. Die hat mein Großvater mit mir zusammen gemacht. Die Gabe für solche Stücke wächst nur langsam."

„Ja, diese Ohrringe sind mir an Imee auch sofort aufgefallen" schwindelt Maya. So oder so findet sie es auf eine melancholische Art wohltuend, dass hier noch die alten Traditionen an die Kinder weitergegeben werden. In ihrer Vorstellung tut sich prompt ein Raum auf, in dessen Mitte ein uraltes Werkbrett aus überdickem Massivholz steht. Darauf liegen in feinster Ordnung Tiegel, Punzen, Feilen, ein Ringstock, Ziselierhammer und Polierbürsten in unterschiedlichen Härtegraden. Durchs offene Fenster scheint die Morgensonne auf die Muschelohrringe, Vögel zwitschern und der Großvater ist mit seinem Enkel voll und ganz in die Arbeit vertieft. Es ist ein großer Moment. Einer derjenigen, die der Junge niemals vergessen wird: Der Großvater weiht ihn in das Geheimnis seiner Kunst ein. In ein Geheimnis, das vor langer, langer Zeit sein eigener Großvater ihm mit mahnender Geste der Vorsicht enthüllt hatte. Der Junge würde es genauso wie sein Großvater ein Leben lang fest verschlossen im Herzen bewahren und einzig und allein dann anwenden, wenn der Träger des Schmuckstückes sich wahrhaft als dessen würdig erwiesen habe.

Maya wird bewusst, wie rigide in ihrer eigenen Welt das Alte ausgemerzt, weggeworfen und durch billige moderne Industrieware ersetzt wird und schnell, bevor sich die Schwermut auf sie legt, wendet sie sich ihrem letzten Schüler zu.

Alon hat bisher kaum mit Maya gesprochen.

„Na, Alon, von dir weiß ich noch gar nicht viel. Erzählst du mir auch ein bisschen von dir?“

Völlig entspannt sitzt Alon da. Ruhig und tiefgründig, wie ein kühler, schattiger Brunnen in der Mittagshitze. Die Strahlen der Sonne spiegeln sich in seinen hellwachen Augen und er antwortet mit klarer Stimme:

„Ich höre zu.“

„Du hörst zu?“

„Ja.“

„Wem hörst du denn zu?“

„Jedem.“

Ob dieses Wort ‚zuhören‘ noch eine andere Bedeutung hat? Denn Zuhören alleine ist ja nun wahrlich keine Kunst. Wobei es – bei genauerer Betrachtung – vielleicht doch eine Seltenheit ist, jemanden zu finden, der seinem Gegenüber wirklich zuhört. Jemanden, der dir nicht direkt seine eigene Meinung aufdrückt oder mit einem schnellen „Das wird schon nicht so schlimm sein“ jegliche Vertrauensgrundlage verwischt, nur um sich nicht mit den Sorgen des anderen zu belasten. Jemanden zu finden, der wirklich Zeit für dich hat, der dir seine volle Aufmerksamkeit schenkt, ohne heimlich auf die Uhr zu schauen und zu überlegen, was heute eigentlich noch alles auf dem Plan stünde. Maya muss einräumen, dass sie so jemanden in der Tat nicht kennt. Anna hat immer ein Auge aufs Handy gerichtet und falls etwas mit den Kindern wäre, würde sie selbstverständlich sofort alles stehen und liegen lassen. Und sie selbst? Nicht einmal Maya käme als Zuhörerin gut weg. Schon alleine deshalb nicht, weil sie – berufsbedingt – alles und jeden blitzartig bewertet und stets genau zu wissen meint, was die richtige Handlungs- und Denkweise für ihr Gegenüber wäre.

„Da übernimmst du eine sehr seltene und wichtige Aufgabe, Alon“, sagt sie und ihr bleiben die Worte im Hals stecken. Denn was bestätigend gemeint war, ist im Grunde wieder nichts anderes als eine Bewertung. In diesem Fall natürlich eine sehr positive und durchaus ernst gemeinte, doch Maya wüsste im Moment überhaupt nicht, wie eine Antwort ohne Bewertung aussehen könnte.

„Das kannst du üben, wenn du es lernen willst“, krakeelt Bagwis vom Baum. Er liegt rücklings auf einem dicken Ast und streckt die nackten Füße am Stamm hinauf.

Mit einem Anflug von Resignation macht sich Maya Luft. „Es ist doch unfair, dass ihr meine Gedanken lesen könnt, aber ich die euren nicht!“

„Auch dir liegen unsere Gedanken offen. Du erkennst sie nur nicht.“

„Na, das wüsste ich aber.“

„Paopao“, sagt Ravelo beruhigend. Und noch einmal: „Paopao.“

„Ach Ravelo. Aus dir könnte wirklich eine wunderbare Lehrerin werden, weißt du das? Ich glaube nur leider nicht, dass ich so lange hier bei euch sein werde, dass ich all das lernen könnte, wovon ihr mir hier erzählt. Ich werde bald von einem Boot abgeholt und muss zurück nach Mäni."

„Bleibe, wenn du möchtest."

„Aber Bagwis, in Mäni warten doch ganz viele Kinder auf mich", oh, wenn ihre Schüler wüssten, dass Maya sie als ‚Kinder' bezeichnet! Aber es ist in diesem Fall nun einmal einfacher. „Ich muss zurück zu ihnen und sie auf die Prüfungen vorbereiten."

„Weißt du denn alles?"

Dieser Dreikäsehoch hat einen treffsicheren Schuss. Nein, natürlich weiß Maya nicht alles und nach alldem, was sie heute hier von den Kindern erfahren hat, fragt sie sich tatsächlich, ob sie überhaupt irgendetwas von dem weiß, was ihre Schüler wirklich brauchen. Vielleicht würden Mäni ein paar professionelle Zuhörer auch gut tun. Oder Leute, die direkt mit der Natur kommunizieren könnten, um zu erfahren, ob es Alternativen zu Dünge- und Insektenschutzmitteln gibt. Oder Politiker wie Ravelo, die Freude, Weisheit und Demut in sich vereinen? Menschen, die von Kindesbeinen an Vertrauen in sich und die Liebe zur Welt entwickeln konnten, die den respektvollen Umgang miteinander gelernt haben. Die wissen, dass sie gut sind, wie sie sind. Die es wagen können, etwas Neues zu entwickeln, anstatt nur Bewertungen und Vorgaben hinterher zu jagen. Menschen, deren Selbstvertrauen unerschütterlich ist, weil sie sich immer nur auf den Ausbau ihrer Stärken konzentrieren durften und nicht – wie in Mäni – so viel Zeit damit verbringen, ihre Schwächen auszubügeln. In Mäni gleicht das Leben einem ständigen Wettkampf um die besten Plätze. Und davon gibt es nicht viele. Hier auf der Insel sitzt jeder von Anfang an auf seinem ganz persönlichen ersten Platz, zufrieden und wahrgenommen. Da ist es dann einfacher, auch das Gegenüber in seiner ganzen Größe zu sehen und zu achten.

*"Alles wird größer,
je genauer man hinschaut."*

Benoît Mandelbrot (1924 – 2010)

11: Die Wahrheit
Das Mysterium

Unbeobachtet läuft Maya durch den Wald zu jenem türkisgrünen See auf der anderen Seite des Kraters. Ravelo hatte sie nach dem Unterricht zu ihrer Hütte begleitet und wäre selbstverständlich bis zu Phinas und Rocas Rückkehr bei ihr geblieben. Aber Maya hatte ihr versichert, dass sie sich gleich für einen Mittagsschlaf in die Hängematte legen würde. Und sie hatte Ravelo damit wirklich nicht täuschen wollen. Sie wollte sich ja tatsächlich ausruhen. Aber dann erinnerte sie sich an die zauberhafte Wasserstelle, die sie heute morgen vom Nani Atahua aus gesehen hatte und machte sich spontan auf den Weg dorthin. Und jetzt, etwa eine halbe Stunde Fußmarsch später, steht sie vor drei hochragenden Steinblöcken, die sich wie ein überdimensionales Tryptichon vor der Kraterwand aufrichten. In den mittleren, der breiter ist als die beiden seitlichen, ist ein Relief eingelassen, das an eine Tür oder ein Portal erinnert. Mayas Finger gleiten über den dunklen Stein. Etwa auf Brusthöhe liegt eine pfenniggroße Vertiefung. „Ob es sich wohl öffnet, wenn man den passenden Schlüssel hat?“, überlegt sie kindisch und umkreist den scharfen Rand. Ihr Zeigefinger gleitet hinein und sofort springt sie zurück. „Au!“ Das war ein Stromschlag! Zwar nur ein schwacher, aber er war doch deutlich genug, um Einbildung auszuschließen. Maya reibt sich die Fingerkuppe. Sicher gibt es irgendeine ganz einfache Erklärung. Vielleicht führt Sonnenlicht auf Basalt zu irgendeiner Art elektrischer Aufladung?

Unweit des Portals weisen steile, bemooste Stufen den Weg hinein in die Doline, hinunter zur Wasserkante. Mit jedem Schritt wird es kühler und stiller. Sogar der Wind hält die Luft an. Das Wasser ist kalt und klar wie ein Gebirgssee. Bis etwa drei Meter vom Ufer entfernt sieht Maya jedes Steinchen und Fischchen am Grund. Vorsichtig tastet ihr Fuß voraus. Kein Halt. Es ist tiefer als gedacht. In aller Heimlichkeit ziehen die Kreise auf der Oberfläche ihre Bahnen und verebben ungesehen. Da gibt das Moos auf der untersten Stufe nach und Maya rutscht ins kühle Nass. Einen unterdrückten Aufschrei und mehrere tiefe Atemzüge später hat sich ihr Körper an die neue Umgebungstemperatur gewöhnt. Herrlich! Und sie kann gerade noch stehen. Leise stößt sie sich ab und schwimmt bis zu jener Stelle, wo der Boden mit einem glatten Schnitt in schwarze Unendlichkeit hinab fällt. Bedrohlich und faszinierend zugleich. Maya fröstelt. Beim Blick nach oben meint sie, eine angelaufene Schwimmbrille vor den Augen zu haben, so dunstig wirkt die Karstwand. Wie im Morgennebel. So müssen sich Kröten fühlen: klein und glücklich in ihrer wohltemperierten Unbedeutsamkeit, sicher vor den neugierigen Blicken der Anderen und gleichzeitig verdammt zu einem Leben in entrückter Dunkelheit. Die riesigen Bäume am oberen Kraterrand hingegen strecken ihre Kronen dem Licht entgegen und schicken ihre Wurzeln den langen Weg an den Wänden hinunter bis zur Wasserkante. Sie strecken sich über lange Zeit hinweg in der völligen Sicherheit, dass sie irgendwann ihr Ziel erreichen werden. Zentimeter für Zentimeter. Und in diesem Moment tritt hinter einer Wolke das gleißende Sonnenlicht hervor. Es verwandelt die glatte, schwarze Wasseroberfläche in glitzernde, kristallgrüne Ewigkeit. Benommen von der Schönheit dieses Spektakels schwimmt Maya über den Abgrund hinaus. Und aus dieser Perspektive sieht sie, wie die Unterwasser-Felswand, über deren Kuppe sie eben noch schwamm, in die Tiefe weist und genau dort, wo das Fassbare endet, beginnt es mit einem Male – ein munteres Spiel der Sonne – zu strahlen, als läge dort ein Kristall, in dem sich das einfallende Licht in alle Richtungen bricht. Maya hält sich mit langsamen Bewegungen inmitten dieses phantastischen Farbenspiels. Ihre Beine glänzen porzellanweiß und die Reste des blutroten Nagellacks an ihren Zehen zeichnen einen wunderschönen Kontrast zum bläulichen Grün ihrer Umgebung. Alles um sie herum schimmert. Was ist dort unten? Woher kommt dieses Licht? Sie hält die Luft an und taucht mit offenen Augen hinab. Tief und immer tiefer zieht es sie hinunter. Die Felsarchitektur nimmt kein Ende und das schwerelose Nass gibt die Temperatur auf. Die Grenzen ihres Denkens lösen sich auf und verbinden sich mit der Unendlichkeit des Nichts. Hier liegt die Weisheit allen Seins, Maya braucht nur hin zu sehen, nur danach zu greifen. Noch ein weiterer Zug mit den flimmernden Armen, sie würde durch den gleißenden Kern des Kristalls eintauchen ins große Geheimnis und dann dröhnt es in ihren Ohren. „Stop!“ Jede einzelne Zelle in Mayas Körper rebelliert. „Stop! Sauerstoff!“ Schlagartig kommt sie zu Bewusstsein, strampelt sich nach oben und japst nach Luft.

„Du lieber Himmel – was war denn das?“ Mit klopfendem Herzen zieht sie sich auf die unterste Stufe der Böschung und umklammert ihre Knie. Gänsehaut. Ihr ganzer Körper zittert. Maya schließt die Augen und sitzt einfach da – wie die Insulaner. Ihr Bauch wölbt und senkt sich im Rhythmus der Atmung. Ganz allmählich zerfällt die Aufregung in feinsten Nebel und bei jedem Ausatmen strömt ein Hauch davon aus ihr heraus, bis sie schließlich in völliger Ruhe das löchrige Gestein im Rücken spürt, die geschmolzene Gänsehaut in kitzelnden Tropfen an ihren Schenkeln hinab läuft und sich vor ihrem inneren Auge noch einmal die faszinierende Schönheit der Lichtspiegelung auftut. Als gäbe es dort unten einen verborgenen Ursprung, der sich nur demjenigen offenbart, durch den das Licht der Sonne strahlt.

***

Die Stimmen kommen immer näher. Maya pirscht die Stufen hinauf und versteckt sich im Gebüsch. Sie sitzt in einer Sackgasse. Inständig hofft sie, dass diese Leute nicht ausgerechnet zur Doline kommen. Wenn sie entdeckt würde, müsste sie erklären, was sie hier zu suchen hat – alleine.

Acht Männer mit scheußlichen Masken nähern sich. Auch Isko ist dabei. Sein Körperbau ist unverwechselbar und der Anblick versetzt Maya sofort einen Stich in die Magengegend. In genau diesem Moment richtet sich der eiserne Gesichtsausdruck seiner Dämonenmaske für eine

Millisekunde in ihre Richtung. Hat er sie gesehen? „Hör auf zu denken!“, ermahnt sich Maya und versucht sich wieder auf ihre Atmung zu konzentrieren. Ein. Aus. Ein. Aus. Seine breiten Augenbrauen schauen durch den aufgerissenen Mund der Maske. Ein. Aus. Das Haar am Hinterkopf hochgesteckt. Sie würde es so gern offen sehen. Stattdessen reiben Bast-Wuscheln über Brust und Schultern. Still! Ein. Die muskulösen Beine stampfen kraftvoll mehrere Male auf den Boden, dann beginnt eine Art Maoritanz. Die Männer wirbeln durcheinander und schlagen im Kampf gegen unsichtbare Dämonen um sich. Es ist ein phantastisches Spektakel, das in völliger Stille abläuft. Als hätte man den Ton abgestellt.

Von ihrem Versteck aus erkennt Maya, wie sich die Männer immer mehr den Megalithen nähern. Einer lässt im Kampf die ausgestreckte Hand gegen das Gestein fahren. Die Anderen imitieren seine Bewegung in alle Richtungen und verlieren sich im Durcheinander: Sie schlagen Saltos, werfen sich rücklings auf den Boden und springen aus dem Liegen zurück in den Stand. Es muss am Sonnenlicht liegen, das sie blendet, aber sie könnte schwören, dass dieser Kerl am Felsen soeben … wo ist er hin? Während Maya noch versucht, die Männer zu zählen, macht sich der zweite auf den Weg zum Felsen, berührt ihn einmal, zweimal, dreimal – und verschwindet. Nicht wie jemand, der durch eine Tür geht. Nein. Wie jemand, der innerhalb von Sekundenbruchteilen immer transparenter und luftiger wird, bis das Auge ihn nicht mehr erfassen kann. Maya hält die Luft an. Isko macht sich auf den Weg zum Felsen. Eins. Zwei. Da presst sich von hinten eine Hand auf Mayas Mund. Ein Griff und sie sinkt bewusstlos in kräftige Arme.

***

Als sie die Augen öffnet, liegt sie am oberen Kraterrand im Schatten eines Baumes. Neben ihr sitzt Isko. Er hat die Maske ins Gras gelegt und beobachtet sie mit unbeweglichem Gesichtsausdruck.

„Was ist passiert?“, fragt sie.

„Du brichst unser Vertrauen“, antwortet er mit kalter Stimme. „Du provozierst Handlungen, die unangenehm für alle sind.“

„Isko, ich wollte euch wirklich nicht beobachten. Ich wollte nur ein bisschen schwimmen und alleine sein. Ehrlich. Es tut mir leid! Ich wollte euch nicht zu nahe treten.“ Maya ist den Tränen nahe und froh, dass Isko in sie hinein blicken kann, denn so kann er sehen, dass sie wirklich keine hinterhältigen Gedanken gehabt hatte. Dass sie wirklich niemanden hintergehen wollte. Schon gar nicht das Volk, das ihr beisteht. Und er kann auch ihre Angst lesen, aus dem Dorf verstoßen zu werden. Seine Lippen bewegen sich nicht, als er kaum hörbar und beinahe widerwillig antwortet:

„Dieser Tanz berührt die Wurzel der menschlichen Existenz. Du entstammst einer anderen Welt, Maya. Du kannst seine Bedeutung nicht begreifen. Aber du hast die Macht, uns und diesen Tanz mit deinen unwissenden Gedanken zu schädigen.“

„Aber das würde ich niemals tun, Isko! Ehrlich! Ich ...“, Isko wartet nicht, bis Maya sich in weiteren Worten verfängt.

„Versprich nichts, was du nicht halten kannst. Nur um eines bitte ich dich: Mache dir deine Verantwortung bewusst. Reinige deine Gedanken von deinen Beobachtungen und lass sie frei. Löse die Ketten, die diese Beobachtungen an deine Welt binden und gib sie zurück.“

Isko könnte verlangen, was auch immer er wollte. Maya würde zustimmen. Ohne die leiseste Idee, wie sie den Männern ihre Beobachtungen ‚zurückgeben‘ könnte, nickt sie. Sie wird es auf jeden Fall versuchen.

„Isko?“

Er sieht sie an.

„Haben die anderen mich auch gesehen?“

„Nein.“

„Woher wusstest du, dass ich da bin?“

„Ich spüre dich.“

Bildet Maya es sich ein oder legt sich in diesem Moment tatsächlich ein unsichtbares Band um sie und den Krieger? Eine Welle des Vertrauens und der Nähe schwappt durch ihre Adern und der unbändige Wunsch diese tätowierten Lippen zu küssen, den muskulösen Oberkörper zu berühren.

Hey. Hey! Reiß dich zusammen! Hastig ergreift Maya das Ruder ihrer Emotionen und steuert wieder in sichere Fahrwasser.

„Ich denke, ich sollte wieder ins Dorf gehen. Es wird spät.“ Als ob die Uhrzeit hier irgendeine Rolle spielt.

„Nein.“ Iskos Antwort duldet keinen Widerspruch. „Dein Geist ist hilflos und tappt herum wie ein kleines Kind, das laufen lernt.“

Maya traut ihren Ohren nicht. Natürlich ahnt hier keiner, dass sie es in ihrer Welt zu etwas gebracht hat. Natürlich sehen die Insulaner sie mit ganz anderen Augen. Maya weiß das. Und trotzdem geht Iskos Feststellung ihr unter die Haut.

„Warum sagst du das?“, fragt sie mit erstickter Stimme.

Huscht da ein Lächeln über sein Gesicht? Bei all den Tätowierungen ist es schwierig, sich vorzustellen, welche Wirkung sein Ausdruck normalerweise hätte – in Iskos Gesicht muss Maya immer damit rechnen, dass der bedrohliche Puma erwacht, dass die Giftschlange züngelt oder der Adler seine Schwingen ausbreitet. Und dann ist da aber auch noch dieser Blick, der sie gelegentlich streift und in dem sich alles Wilde mit rätselhafter Tiefe verbindet.

„Wir sind von den Bildern unserer Gedanken umgeben". Isko fasst mit seinen Händen in großem Bogen den Bereich um Mayas Kopf und Schultern ein. Er hält einen Moment inne, bevor seine Hände tiefer wandern und obwohl er wirklich weit von einer tatsächlichen Berührung entfernt ist, kribbelt es ihr durch Mark und Bein. „Vom Herzen bis zu den Knien fließen Emotionen und Gefühle in den Farben und Formen des Großen Geistes."

„Und … so etwas siehst du?"

„Es ist für mich wie das Grün dieses Baumes und das Blau des Himmels. Ich spüre Traurigkeit, wenn ich sehe, in welch schmerzhafter Trennung du lebst."

„Na ja, also schmerzhaft ist für mich im Moment ja nur, dass ihr meine Gedanken lesen könnt und ich mich überhaupt nicht dagegen wehren kann. Das macht mich rasend, um ehrlich zu sein. In meiner Welt sind meine Gedanken frei. Sie gehören nur mir ganz alleine. Ich kann denken, was auch immer ich will und niemand weiß, was in mir vorgeht. Ich schätze diese Privatsphäre wirklich sehr, Isko. Das hat so viele Vorteile, auch wenn du dir das wahrscheinlich nicht vorstellen kannst. Aber wie sollst du das wissen – du kennst es ja nicht anders."

„Du denkst, du müsstest dich vor dem Rest der Welt

schützen, Maya. Du denkst, du bist von der äußeren Welt getrennt. Doch du bist der Rest der Welt. Es gibt keine Geheimnisse. Wir alle haben den gleichen Ursprung. Wir alle leben das gleiche Muster. Jeder auf seine Weise.“

Maya denkt an die Kröte in der Doline. Und an die esoterischen Damen aus dem Yogazentrum. Sie schüttelt die restliche Nässe aus den Haaren und bleibt dabei: Wenn dieses Sich-mit-allem-verbinden gleichbedeutend ist mit dem Verlust jeglicher Privatsphäre, dann zieht sie es definitiv vor, fürs Erste ‚getrennt‘ zu bleiben.

Isko wendet sich von Maya ab und blickt hinüber zum Nani Atahua. Auf seiner Wange zuckt der Flügel des Adlers.

DIE 13 HÜTER

Vor ihm auf dem Eichenholztisch liegt das Rosetten-Amulett des Einsiedlers. Daneben der völlig vergilbte Kupferstich, der ihn heute per Post aus St. Petersburg erreichte: die Darstellung eines Kleeblatt-Amuletts im gleichen Stil: IV / личность. Und daneben liegt seine Übersetzung des Inhalts der Neun Goldenen Bücher mit den 13 Symbolen, welche die Inschrift umrahmen wie das Zifferblatt einer Uhr: das Auge auf der Eins, die Rosette auf der Zwei, das Dreieck auf der Drei, das Kleeblatt auf der Vier, die Sonne auf der Fünf, die Schneeflocke auf der Sechs, der siebenzackige Stern auf der Sieben, die liegende Acht auf der Acht, der Kreis auf der Neun, die Flügel auf der Zehn, die Schildkröte auf der Elf, die Spirale auf der Zwölf und direkt darunter die waagerechte Linie auf der 13. Diese Symbole waren von Anfang an ganz deutlich zu erkennen.

Antiken Schriften zufolge existieren im Dunstkreis des Stillen Volkes 13 Eingeweihte, die unerkannt an 13 kosmischen Knotenpunkten der Erde leben und als externe Hüter ihren Beitrag zur Geheimhaltung der Goldenen

Bücher leisten. Es heißt, sie seien – ihrer menschlichen Natur zum Trotz – in der Lage, sich über alle Distanzen hinweg sowohl mit dem Stillen Volk als auch mit dem Kraftfeld der Erde zu verbinden, um gemeinsam magische Handlungen zu vollziehen.

Der Fremde schnaubt. Glaubt das Stille Volk allen Ernstes, es könne die Entdeckung der Goldenen Bücher mit einer billigen Horde Schwarzkünstler abwenden? Die noch dazu Amulette als Erkennungszeichen tragen? Er lacht. Ob sie wohl ahnen, dass er ihnen auf der Spur ist? Und dass kein anderer als er es war, der ihren Hüter Nummer Zwei ins Jenseits befördert und ihm sein heiliges Amulettchen abgenommen hat? Und dass er dank der Symbole auf der Inschrift auch die anderen Hüter würde erkennen können? Einer von ihnen würde reden. Einer von ihnen würde den Aufbewahrungsort der Bücher preisgeben. Dafür würde er sorgen.

Noch eine ganze Weile bleibt er nachdenklich sitzen. Dann steht er auf, verschließt Amulett und Kupferstich in seinem Aktenkoffer und öffnet die dicke Holztür. Ein Schwung kühler Morgenluft schlägt ihm entgegen. Er sieht sich noch einmal kurz um, drückt den Schalter und das fahle Licht der Jägerlampe erlischt. —

12: Die Hingabe

Der Tempel der Grossen Mutter

In dieser Nacht wacht Maya auf. Etwas bewegt sich in der Dunkelheit. Der Holzboden gibt leise nach.

„Maya. Komm."

Sie windet sich aus der Hängematte und folgt Phina auf die Veranda.

„Was ist los?"

„Ich bringe dich zum Tempel der Großen Mutter."

Als wäre diese Antwort Information genug, geht Phina den schmalen Pfad zwischen Palmsträuchern, Gräsern und schlafendem Hibiscus hindurch Richtung Bach. Hier war Maya bereits mit Isko. An ihrem ersten Tag im Dorf. Er hat ihr Gleichgewicht geprüft, hatte sehen wollen, ob sie über die wackelige Brücke kam. Und sie hat es geschafft. Zwar nur mit Mühe und Not, aber immerhin. Und ‚damals' hatte er ja hoffentlich noch keinen Zugang zu ihren peinlichen Gedanken. Oder etwa doch? Das Plätschern des Baches wird lauter. Wolken schieben sich vor den Mond, so dass es Maya von Schritt zu Schritt schwerer fällt, Phina zu folgen. Beinahe läuft sie auf. Was ist? Phina ist stehen geblieben.

Im Dunkel erahnt Maya einen kleinen Wasserfall. Ein nachtschwarzes Wasserbecken davor. Sie soll sich waschen.

„Phina, was hat das alles zu bedeuten?“, wiederholt sie ihre Frage nun schon zum dritten Mal. Und da sie wieder keine Antwort erhält, erheben sich die Geister der Nacht in die Lüfte. Maya weiß es doch längst: Sie hat gesehen, was kein Außenstehender jemals hätte sehen dürfen. Um genau das zu verhindern, haben die Dorfbewohner sie doch seit ihrer Ankunft so strikt beobachtet. Und trotzdem ist sie dem Geheimnis auf die Spur gekommen. Versehentlich zwar und ohne es zu verstehen, aber was spielt das für eine Rolle? Hat sie etwa gedacht, sie käme einfach so davon? Das hier, das könnte das letzte Bad ihres Lebens sein. Eine rituelle Waschung vor … vor ihrer Opferung? Irgendwo tief im Dschungel warten die Dorfbewohner auf sie, stampfend säumen sie den Weg zur Tempelanlage, Fackeln züngeln und die Dämonen in den Gesichtern tanzen … Maya ist klar, dass ein Fluchtversuch sinnlos wäre. Sie käme nicht weit. Sie erkennt kaum die Stufen, die unmittelbar vor ihr ins finstere Nass führen. Vielleicht braucht sie auch gar nicht bis zum Tempel zu gehen. Vielleicht klappern ja hier im Tümpel schon die Piranhas mit den Zähnen? Oder eine Horde Blutegel freut sich darauf, sich langsam und unaufhaltsam an der exotischen Kost festzupumpen? Und wenn sie als pigmentloses Gerippe dann endlich an der Wasseroberfläche treibt, werden sich die Molche auf ihr tummeln. Aber nichts dergleichen geschieht. Maya wäscht sich und ein paar Wegbiegungen später stehen die beiden Nachtwanderinnen am oberen Kraterrand vor dem Tempel der Großen Mutter, der nichts weiter ist als eine etwas größere Hütte. Hier verneigt sich Phina und zieht sich in die Nacht zurück. Maya ist allein. Inzwischen ist ihr klar geworden, dass es weder um Opferung noch um Bestrafung geht. Zumindest nicht unmittelbar. Das Damoklesschwert hängt nicht über ihrem Leben. Wohl aber über ihrem Zeitplan: Auf Maya wartet ein mehrtägiges Zeremoniell, dem sie sich nicht entziehen kann.

Am Eingang der Hütte wird sie von Neyla mit einer Verbeugung begrüßt. Im Schein einer Fackel steigen sie zahlreiche Stufen hinunter, bis in einen tieferliegenden Raum. In ausgehöhlten Baumstämmen liegen mehrere Frauen, Oberkörper und Beine leicht erhöht, die Arme in speziell eingelassenen Armnischen. Über Allem schwebt ein betörender Duft von Ylang Ylang, Sandelholz und Hyazinthe. Der Ruheraum einer Wellness-Oase. Einerseits ist Maya natürlich erleichtert, heute Nacht keiner südpazifischen Insel-Gottheit geopfert zu werden, andererseits steigt die Nervosität gleich aufs Neue in ihr auf: Sie soll also die kommenden Tage in dieser heiligen Hütte verbringen und die Große Mutter ehren, während sich ihr Handyakku unaufhaltsam weiter entlädt? Gibt es denn keine andere Möglichkeit?

Auf Neylas Anweisung trennt sich Maya widerwillig von Rock und Bikini, dem letzten Schutz, den sie sich bisher noch hatte bewahren können. Splitternackt legt sie sich auf das weiche Holz. Wie viele Frauen da schon vor ihr gelegen haben? Neyla weist auf ein Schälchen mit Öl, verneigt sich und verlässt die Hütte leise wie eine schwebende Feder. Maya kommt sich unter all den schlafenden Südsee-Schönheiten wie ein hässliches Entlein vor, obwohl man eigentlich keine von ihnen als makellos bezeichnen würde. Jede einzelne hat ihre Schwachstellen. Dort definitiv das Kinn, daneben die ungleichen Brüste, dann die dicken Arme, die zu kurzen Beine, ein ausgebeulter Bauchnabel, ein großes Muttermal. Etwas ratlos beginnt Maya, ihre eigenen Unzulänglichkeiten mit dem Öl zu betupfen. Es wärmt und kühlt gleichzeitig, umhüllt sie mit purer Behaglichkeit.

***

Fünf Tage später ist Mayas alte Haut aus spröder Wolle einer neuen aus pastellfarbener Seide gewichen. Sie wusste von Anfang an, dass es keine Abkürzung gab, ob es ihr gefiele oder nicht. Und dieses Mal versuchte sie es ganz im Stil der Insulaner: Sie nahm die Situation kommentarlos an. Paopao für Anfänger. Und es tat gut, einmal nicht gegen Probleme anzukämpfen, einmal nicht die Zeit anzuschieben, alle Eventualitäten durchzudenken oder irgendwelche Schwächen auszubügeln. Stattdessen begann Maya während der Bäder im frischen Quellwasser damit, ihre eigenen Gedanken von außen, mit den Augen einer Insulanerin zu betrachten. Mit wie viel Unnötigem sie sich belastete! Das meiste konnte verlustfrei mit einem höflichen „Danke, jetzt nicht“ abgebrochen werden. Und der freigewordene Raum im Kopf führte schließlich dazu, dass sich ihre Sinne für die Wahrnehmung des jeweiligen Augenblickes erweiterten. So nahm sie die unterschiedlichen Düfte der Räucherrituale über ihre Haut auf, spürte die Vielfalt des üppigen Gartens unter ihren Fußsohlen und lauschte dem Geräusch des Öls bei den Massagen. Mit Hibiskusblüten im Haar und frisch geflochtenem Baströckchen macht sie sich nun, am frühen Morgen des sechsten Tages auf den Weg zurück ins

Dorf. Beim Wasserfall nimmt sie noch einmal ein Bad in dem glasklaren Becken und schmunzelt: von Molchen und Piranhas keine Spur.

Sie begegnet keiner Menschenseele. Das Dorf liegt in völligem Frieden. Gedankenstill und leise bindet sie sich in der Hütte ihren Bauchbeutel um und macht sich auf zum Nani Atahua. Heller, erdiger Sandboden. Jeder Schritt bringt sie näher zum Ziel. Heute wird sie die Verbindung herstellen können. Heute wird sie sich von hier abholen lassen. Aber ist es wirklich noch das, was sie will? Ihr altes Leben ist weiter denn je entfernt. Sie befindet sich in einem Zustand zwischen den Welten. Ganz bei sich.

Am Fuß des Felsens sitzt Isko. Ernst und faszinierend unergründlich wie immer. Der Adler in seinem Gesicht hebt die Schwinge.

„Isko! Da oben hängt ja schon die zweite Sicherungsliane!" Maya ist sprachlos. Das hat sie nicht erwartet. Er war tatsächlich ganz oben und hat ihren Aufstieg vorbereitet. Und wie steht es um den Akku ihres Handys? Ist ein Aufstieg überhaupt noch nötig? Ja, noch ein Balken. Iskos Blick sticht Maya ins Herz. Dann dreht er sich um und beginnt den Aufstieg. Sie folgt ihm, greift nach der ersten Sicherungsliane und klettert mit Leichtigkeit hinauf zum Felsenpilz. Eine kurze Pause und ein Wechsel der Lianen. Dass er das für sie getan hat! Ihr kann nichts mehr passieren. In völliger Sicherheit, dass sie ihr Ziel erreichen wird, klettert sie weiter.

13: Das Loslassen

ABSCHIED

Der Ausblick von hier oben ist atemberaubend. In allen Richtungen funkelt das Meer in den herrlichsten Türkistönen. Atolle, dunkelgrüne Inselchen und strahlend weiße Sandbänke. Maya kann sich nicht satt sehen und es dauert lange, bis sie sich überwindet, ihr Handy erneut einzuschalten. Sie beobachtet, wie es hochfährt und sich tatsächlich zuerst ein Signalbalken aufbaut und dann noch einer. Paralysiert starrt sie aufs Display. Rote und weiße Blutkörperchen prallen aufeinander, sehen sich ratlos um auf ihren Bahnen und zweifeln mit einem Mal daran, ob denn überhaupt die Richtung stimmt, der sie da üblicherweise entgegen rauschen. In Mayas Lunge stockt die Luft. Herz und Nieren vergessen sich.

„Jetzt mal schön auf dem Boden der Tatsachen bleiben, Maya", mahnt ihr Verstand. „Du kannst nicht hier bleiben."

„Vielleicht nimmt ja niemand ab", flüstert die Hoffnung.

„Du musst zurück", regiert das Pflichtbewusstsein.

„Alles wird gut", sagt Catherine. Ihre Stimme klingt nach blonden, schulterlangen Locken. „Ich kümmere mich darum. Meine Kollegen werden dich orten und bald wird jemand kommen und dich abholen. Wir finden dich, Maya.“

Catherine solle doch bitte auch der Reederei Bescheid geben, fügt Maya noch schnell hinzu. Kussmann sei ihr Name. Maya Kussmann. Damit man im Fall der Fälle bei ihren Angehörigen Entwarnung geben könne. Es solle sich niemand unnötig Sorgen machen. Und nein, sie brauche keine medizinische Hilfe. Es gehe ihr gut. Ihr Handyakku sei allerdings bald leer, es bleibe also nicht mehr viel Zeit.

„Keine Sorge, wir finden dich.“

Das war es also.

Es ist vorbei.

Isko steht auf und geht zur Felsenkante. Sein Blick ist ernst.

„Ich werde niemandem von euch erzählen“, verspricht Maya.

„Versprich nichts. Ein Versprechen hat Konsequenzen, die dein beschnittener Geist nicht erfassen kann. Ein Versprechen kann dich und deine Nachkommen fesseln. Und ein gebrochenes Versprechen kann dich und deine Nachkommen brechen.“

„Bringst du mich zum Strand?“, fragt Maya leise.

„Nein“, sagt er. „Zum Portal.“

Ohne ein weiteres Wort beginnt er den Abstieg. Maya verstaut ihr Handy in der Bauchtasche und lässt den Blick noch ein letztes Mal schweifen. Ihre Insel, das Meer, die wundervolle Weite, die warme Luft. Und irgendwo dort draußen beginnen in diesem Moment irgendwelche Leute in irgendwelchen Büros, daran zu arbeiten, sie von hier weg zu holen. Maya atmet noch einmal tief durch, dann bindet sie sich die Liane um. Sie muss los. Sie muss zurück in ihre Welt.

„Wir sind wie die Blumen und die Steine. Jeder lebt seine Qualitäten. Jeder in seiner eigenen Art.“ Mit diesen Worten empfängt Isko sie am Fuß des Nani Atahua und hilft ihr aus der Liane. „Darin sind wir verbunden.“

Mayas Herz schmilzt dahin. Verbunden fühlt sie sich tatsächlich. Mehr denn je zuvor. Mit sich selbst, mit Isko, mit dem Nani Atahua, mit dem Boden unter ihren Füßen, mit der üppigen Natur, die sie umgibt, mit Auckland, mit … der Gedanke ist in etwa so ernüchternd wie eine kalte Dusche. Es ist keine Kunst, sich mit einer Bilderbuch-Umgebung wie der hiesigen verbunden zu fühlen. Aber was ist mit all dem Elend da draußen? Mit all den Schicksalen und Schreckensrealitäten? Würde Isko denn auch mit einem Schlachter in einem Großmastbetrieb oder mit trinkfesten russischen Managern, mit rigiden chinesischen Genossen oder Minenarbeitern im Amazonasgebiet verbunden sein wollen – wenn er denn von ihnen wüsste? Sicherlich nicht.

„Das ist der Atem der Welt“, sagt er.

***

Als Maya mit Isko um die Ecke biegt und auf die Hütte von Phina und Rocas zusteuert, staunt sie nicht schlecht. Auf und vor der Veranda warten bereits Phina, Rocas, Ravelo und die Kinder auf sie. Auch Imee ist da und sogar Tala hat den weiten Weg vom Strand hierher auf sich genommen. Sie alle wissen: Maya wird die Insel jetzt verlassen und nie wiederkehren.

„Hier. Für Dich.“ Ginto hält Maya feierlich ein hölzernes Schmuckstück entgegen.

„Für mich!? Das hast du gemacht, Ginto?“

„Ja“, sagt der Junge. Und kaum hat Maya es genommen, deutet er mit Zeige- und Mittelfinger auf ihre Augen und dann auf das Schmuckstück. „Read!“

Maya hält die fein ziselierte Rosette hoch und dreht sie wie einen Diamanten im Sonnenlicht. Es ist eine unendlich aufwändige Arbeit im Stil der hiesigen Sandzeichnungen. Nur die Linien sind im Holz stehen geblieben. Die vielen kleineren und größeren Zwischenräume geben den Blick frei auf die dahinter liegende Welt: Jedes Kompartiment zeigt einen anderen Ausschnitt. Und doch ist es immer dasselbe Bild.

„Sie ist wunderschön, Ginto“, sagt Maya gerührt.

„Bagwis hat ihn mir gezeigt“, sagt Ginto und legt seine Hand auf die Schulter des Freundes. Der nickt, lässt dann aber seinen Kopf zur Seite fallen und naseweist:

„Du weißt nicht, welches Holz das ist.“

„Nein“, gibt Maya zu. „Welches Holz ist es denn?“

Sie erinnert sich an all die Bäume, die Bagwis ihr vorgestellt hat. Daran, dass jeder einzelne Baum seinen Charakter hat, seinen Namen vom Wind erhält und eine Aufgabe im Gesamtsystem besitzt. Welchen davon würde er für ein Geschenk auswählen? Doch nicht etwa … den Mandelbrotbaum?

„Er hat mir einen Ast geschenkt, den ich Ginto bringen sollte“, beantwortet Bagwis Mayas Überlegungen.

„Ich weiß gar nicht, was ich sagen soll, ihr beiden. Vielen Dank! Ich werde euer Geschenk immer in Ehren halten“, verspricht sie gerührt, drückt die beiden Jungs fest an sich und gibt jedem noch einen dicken Schmatz auf die Backe. Bagwis’ Brust schwillt an – sein zweiter Kuss von dieser schönen Frau. Und auch Ginto strahlt übers ganze Gesicht.

„Bagwis, sag dem Mandelbrotbaum bitte, dass ich mich sehr über sein Geschenk freue, wenn du das nächste Mal dort bist."

„Sag es ihm selbst. Hier."

Ach so, natürlich. Die Rosette ist aus dem Holz des Baumes geschnitzt – sie ist im Kleinen das, was der Baum im Großen ist. Sie hat, nein, sie ist dasselbe Wesen. Tief berührt hängt sich Maya das Amulett um, legt ihre rechte Hand darauf und verneigt sich zum Abschied vor den Jungen. Die beiden tun es ihr gleich.

Wenige Schritte weiter steht Ravelo. Sie lächelt ihr ewiges Lächeln.

„Ravelo, vielen Dank für alles, was ich von dir lernen durfte", sagt Maya. Sie blickt in die gütigen Augen des Mädchens und ein warmer Schauer geht ihr durch und durch.

„Ich vertraue auf dich", sagt Ravelo und verneigt sich.

Die Zeit drängt. Maya muss sich beeilen.

Hinter Ravelo wartet Nalani auf der Treppe, so dass sie Maya beinahe bis zur Schulter reicht. Schweigend nimmt die Kleine ihren Blumenkranz vom Kopf, zieht eine tief-rosa Blüte heraus und steckt sie in Mayas Haar. Zufrieden betrachtet sie ihr Werk und nickt. „Ma'alo ikale" – Sehr schön.

Nun kommt Phina auf Maya zu. Sie setzt den kleinen Nimuel am Boden ab und so, wie sich ganz zu Beginn Tala und Imee am Strand begrüßt hatten, steht nun auch sie vor Maya. Da ihre Unterarme deutlich kürzer sind als Mayas, berühren sie jeweils nur einen Ellbogen der Anderen. Schlagartig wird Maya die immense Bedeutung dieser Geste klar: Eigentlich wollte sie Danke sagen für das Vertrauen, das Phina in sie hatte und das ihr erlaubte, sie in ihre kleine Familie aufzunehmen, bei sich wohnen zu lassen. Sie wollte Danke sagen für die Geduld, die Phina mit ihr hatte, obwohl Maya – vor allem anfangs – noch voller Stress und negativer Gedanken war. Sie war sicherlich kein angenehmer Gast. Doch es kommt kein einziges Wort über ihre Lippen. Stattdessen schießen ihr im Augenblick der Berührung Tränen in die Augen. In Millisekunden werden ganze Informationspakete übermittelt, mit allen dazugehörigen Gefühlen und Bildern. Direkter und umfassender als es mit Worten je möglich gewesen wäre. Maya empfängt Phinas Dank für ihre Bereitschaft, sich auf die neuen Erfahrungen einzulassen und ihr Herz zu öffnen für die Insel, deren Bewohner und alles, was damit zusammen hängt. Und auch für den Respekt, den sie gegenüber der fremden Lebensweise aufbrachte. Denn Phina weiß, wie groß all diese Schritte für die Malhani waren.

Nach einer tiefen Verneigung und einem langen, innigen Blick, wendet sich Maya von Phina ab und Rocas zu.

Auch er erlaubt seinem Schützling, auf den Grund seines Herzens zu sehen. Freundliche Wärme schlägt ihr entgegen. Sie erinnert sich an all die Frage- und Vokabelstunden, während Rocas sie von einem Ort zum nächsten beaufsichtigte. Mit ihm hat sie hier am meisten gelacht. „Danke, Rocas“, sagt sie laut, weil es schön ist, die Worte zu spüren, „für alles, was du mir beigebracht hast. Und dass du immer auf mich aufgepasst hast.“ Er zwinkert verschmitzt. Auch er hatte viel Spaß mit ihr, mit dieser Fremden, die als leere Hülle ankam und sich von Tag zu Tag mehr mit Leben füllte.

„Je weiter wir Herz und Arme für unsere Umgebung öffnen, desto präsenter sind wir und desto sicherer stehen wir im Leben“, sagt er und verneigt sich.

Jetzt ziehen stechende Augen im Amazonengewand Mayas Aufmerksamkeit auf sich. Sie ist heilfroh, genauso groß gewachsen zu sein wie Imee. Die Kriegerin winkelt ihre Unterarme an und richtet die Handflächen nach oben. Maya würde sich der Situation gern entziehen, weiß aber ja nun, was für eine große Ehre dieses Angebot ist. Also geht sie auf Imee zu und legt ihre langen, weißen Arme auf die karamellfarbenen. Das kleine Mädchen am Strand. Der Heiler des Wassers weit draußen im Meer. Die Malhani in dumpfer Raserei. Dieses Mal fordert das Pendel die gesamte Kraft des Vaters. Seine Lebenskraft. Und das kleine Mädchen muss zusehen, wie sich der Geist des Vaters immer weiter von ihr entfernt und sich als weißer Streifen um den Horizont legt. Unerreichbar fern. Nie wieder wird er sie in seine Arme nehmen. Dieses Loch im Herzen ist Maya nur allzu vertraut. Bereits bei ihrer ersten Begegnung am Strand erkannte Imee die Zerrissenheit der Fremden. Und keiner wusste besser als sie, wie schwer es ist, damit zu leben, sich darüber hinweg zu setzen. Wie sollte ausgerechnet diese Malhani es schaffen? Sie würde doch eher dem tief liegenden Schmerz folgen und ihr Wissen als blutige Trophäe hinaus in ihre Welt schleppen auf der Suche nach tröstender Anerkennung. Und damit das älteste Volk der Erde, die Hüter des Ausgleichs, auslöschen. Imee kreuzt ihre Hände über der Brust und senkt den Kopf. Maya tut es ihr gleich. Wider Erwarten war sie eine von ihnen geworden.

„Mögen deine Wunden heilen“, sagt Imee, ohne auch

nur einen einzigen Muskel zu bewegen. Maya kann den Gedanken deutlich hören. Augenblicklich verschließt ein zarter, ätherischer Balsam Risse in ihr, von deren Existenz sie bisher nichts ahnte. Sie empfand ihren Zustand stets als ganz normalen, gesunden und reflektierten. Erst jetzt, als sich all die Gräben und Löcher in ihrem Inneren füllen, erkennt sie, dass ihr bisheriges Leben nicht viel mehr als ein wunder Überlebenskampf war.

„Und mögest du verzeihen", denkt es in Maya völlig eigenständig in demselben Moment, als sich Imees Augen mit Tränen füllen, sie die Hände löst und sich abwendet.

Zum Abschied verneigt sich Maya noch einmal vor ihren Freunden und wünscht ihnen von Herzen alles Gute.

„Bye Bye!", rufen die Kinder durcheinander. „Bye Bye!"

Maya winkt noch einmal und macht sich dann mit Isko auf den Weg zum Portal.

Schweigend gehen sie nebeneinander her, bis Maya ruckartig stehen bleibt. Neyla! Von ihr hat sie sich nun gar nicht verabschiedet!

„Ich kenne keine Frau mit diesem Namen", sagt er.

„Doch, natürlich", beharrt Maya. „Natürlich kennst du sie. Sie war beim Vollmondfest und beim Kochen am Hauptplatz." Immer in Situationen, wenn Maya nicht weiter wusste.

„Sie gehört zu dir."

Meint er denn, sie hat sich diese Begegnungen eingebildet? Er muss sie doch kennen – so viele Leute gibt es ja nicht im Dorf. Mit etwas mehr Zeit ließe sich all das sicher klären, aber Isko ist schon wieder zügig unterwegs. Maya schließt auf. Sie möchte die letzten Augenblicke in seiner Nähe nicht vergeuden.

Vor den drei Menhiren angekommen, dreht er sich zu ihr um. Die Schlange windet sich auf seiner Haut, der Drache hält die Luft an und der Puma duckt sich in Lauerstellung. Isko zögert. Seine Lippen wirken härter als sonst. Wird auch er ihr seine Arme reichen? Sie wartet auf ein Signal, doch eine unsichtbare Barriere steht zwischen ihnen. Bis ihr klar wird: Es braucht keine Berührung. Eine Woge der Geborgenheit fließt durch Maya hindurch, ganz so oder sogar noch intensiver, als läge sie in seinen Armen. Möchte sie wirklich zurück in ihre Welt? Möchte sie das alles wirklich hinter sich lassen?

„Aufgaben müssen vor Ort gelöst werden", sagt Isko leise.

Und dann nimmt er doch noch Mayas Kopf zwischen seine Hände. Er küsst sie auf die Stirn.

„Du bist alles, was du brauchst", flüstert er, bevor er hinter sie tritt, ihre Hände mit den seinen umgreift und sie zu der kreisrunden Vertiefung im Stein führt. Kurz bevor ihre Fingerspitzen auftreffen, lässt er los. Ein heftiger Stromschlag zuckt durch Mayas Finger, die Arme hinauf in den Kopf und durch die Beine hinunter in den Erdboden.

***

Sie steht mit ausgestreckten Händen auf der Düne eines Atolls. Hastig tastet sie die Luft nach dem Portal ab. Ihre Hände fahren durch die blau-grüne Luft der Südsee. Wo ist sie? Drei Seiten der Düne fallen zum Meer hin ab, die vierte führt hinüber zu einem Inselchen, zu einem Palmenwald mitten im Meer. Wo ist die Kraterinsel? Wie kann das sein?

Teleportation ist doch schlicht unmöglich. Aber gibt es eine andere Erklärung für das, was eben geschehen ist? Eine logische Erklärung? Und gibt es … ein … Zurück?

Eine fürchterliche Leere ergreift von Maya Besitz. Eine Leere, die zuvor nur ein kleiner, grauer Punkt in weiter Ferne war, hüllt sie nun vollkommen ein in die Gewissheit, allein zu sein. Sie sinkt in den warmen Sand und bleibt reglos sitzen. Es ist vorbei. Sie wird ihn nie wiedersehen. Sie wird Phina, Rocas und all die anderen nie wiedersehen. Maya fühlt sich unendlich schwach. Schwach wie der Akku ihres Handys, der sich mit letzter Kraft der Mittagshitze widersetzt. Dann endlich die Nachricht: Man habe ihre Koordinaten und würde sich um alles kümmern. Morgen Vormittag käme ein Boot, um sie abzuholen.

„See you soon! Love, Cathy.“

Dann wird das Display schwarz.

*"Es ist so kompliziert wie einfach:
Jeder Teil ist wie das Ganze,
nur kleiner."*

Benoît Mandelbrot (1924 – 2010)

TEIL 2

0: Der Ursprung
Allein

Langsam watet Maya die Düne hinunter und sucht Schutz im Schatten einer jungen Palme. Neben ihr im Sand liegt der Beutel, den Tala ihr umgehängt hatte, ehe sie sich verabschiedeten. Während der ganzen Szene war kein einziges Wort gefallen. Natürlich wusste Tala, dass Maya sich dem Mysterium des Inselvolkes genähert hatte. Sie hat es gesehen. Und auch wenn sie keine Vorstellung von den Einzelheiten oder gar seiner Bedeutung hat, so ist ihr zumindest klar geworden, dass das Volk der Kraterinsel irgendein Geheimnis bewahrt. Dass es etwas besitzt oder weiß, was großen Schaden anrichten könnte, wenn es in die falschen Hände geriete. In die Hände der Malhani, die sich immer weiter von dem entfernen, was Menschsein im Ursprung bedeutet: Leben fördern und Freude schenken. All das nämlich, was die Bewohner der Kraterinsel bis heute pflegen, war einst auch den Malhani vertraut: ihre Rituale, ihr Bewusstein, ihre Fähigkeiten. Um den ganzen Erdball ziehen sich bis heute die Spuren ein und derselben Essenz. Es ist ein und dieselbe Geschichte in den unterschiedlichsten

Farben und Formen, unantastbar eingehüllt in die Nebelwelt von Sagen, Fabeln und Märchen, klar getrennt von der Realität. Und im Glauben, die Grenze zwischen Traum und Wirklichkeit eindeutig ziehen zu können, war ja auch sie selbst, Maya, auf die Kraterinsel gekommen. Und dann hatte sie es mit ihren eigenen Augen gesehen: die rituellen Tänze, die telepathischen Fähigkeiten, die übersinnliche Verbindung zur Natur, das gleißende Licht in der Doline, das mysteriöse Verschwinden der Männer am Tor und nicht zuletzt … ihre eigene Teleportation.

Das würde ihr zu Hause niemand glauben! Die einen würden sie für verrückt erklären: Sonnenstich oder Halluzinationen als Folge von Schock und Einsamkeit. Und die andere Seite, die Sensationspresse, die würde ihr ganz genau zuhören, um anschließend über die Insel herzufallen und nichts als eine Spur der Verwüstung zu hinterlassen.

Maya wird extrem darauf achten müssen, wem sie was erzählt. Am Besten behält sie die Wahrheit komplett für sich und legt sich eine offizielle, malhanitaugliche Variante der Ereignisse zurecht. Eine Variante, bei der sie hier, auf diesem Atoll an Land geschwommen wäre und sich allein durchgeschlagen hätte. Dieses Atoll ist hübsch und unspektakulär, es sollte keine unnötigen Fragen aufwerfen. Im Palmenwäldchen gibt es genug Kokosnüsse, die ihr Überleben gesichert hätten. Ansonsten überwiegend Buschwerk und Sand. Sie würde ein Netz aus Pflanzenfasern knüpfen, wie sie es bei Tala gelernt hat, und damit Fische fangen. Und wenn es ihr heute noch gelänge, ein Feuer zu entfachen, könnte sie ihren Fang sogar gebraten haben. Ansonsten hätte sie sich eben von getrocknetem Stockfisch ernährt. Ja, das ist glaubhaft. Und nun, da die gedankliche

Konstruktion steht, beginnt Maya, das Bühnenbild zu gestalten. Sie schleppt einen Stein mit mäßig spitzer Kante und einige Kokosnüsse zur Schattenpalme. Mit der Geduld desjenigen, der genau weiß, dass sein Plan aufgeht, schlägt Maya die Nuss auf den Stein. Ringsum, immer und immer wieder. Sie hat es oft genug gesehen. Es ist nur eine Frage der Zeit, bis es knackt. Und nichts könnte jetzt besser schmecken als das klare, warme Wasser einer Kokosnuss. Und kein Detail könnte größere Bedeutung haben. Knoten für Knoten fügt sich an diesem Nachmittag Mayas Geschichte zusammen wie das Fischernetz, das sie bald auf wackeligen Ästen ins Meer steckt, verankert im Hier und Jetzt der Realität.

Im glutroten Schein der untergehenden Sonne stellt sich Maya schließlich der letzten großen Herausforderung: Feuer machen. Sie errichtet eine kleine Installation von Zweigen und trockenem Laub und beginnt zu zwirbeln. Doch so sehr sie sich auch bemüht – nichts geschieht. Einzig ihre Handflächen brennen. Wie hat Tala das nur gemacht?

Während Maya sich voll und ganz auf ihre Arbeit konzentriert, fließen hinter ihr am Südseehimmel die unterschiedlichsten Varianten des Lebens in einem prächtigen Farbenspiel ineinander. Es taucht mit dem Licht der Sonne hinab ins plötzliche Dunkel und ganz so, als wäre das gesamte Universum bereit zu dieser Gaukelei, taucht es gleich wieder auf: Als Funke maskiert, klein und unkenntlich, zwinkert es Maya zu, klammert sich an das Holz und schnappt tänzelnd nach Futter. Das Feuer brennt. Paopao. Und während der Fisch zu brutzeln beginnt, lässt Maya ihren Blick zufrieden übers Meer schweifen. Wie schön es in der Dunkelheit glitzert. Und wie still alles ist.

Einzig das Knacken des Feuers in der Nacht. Maya lehnt sich zurück und dabei fällt ihre Aufmerksamkeit wieder auf den Beutel. Was mag ihr Tala wohl zum Abschied gegeben haben? Sie greift hinein und zieht ein weiches, zusammengerolltes Bündel heraus. Gänsehaut kriecht über ihren Körper. Genau so musste es dem Captain ergangen sein, als er hinter dem letzten Sitz seines Bootes dieses Kleid hervor zog. Also war er doch zu der Schnorchelstelle zurück gefahren, um sie zu suchen? Und er hatte Tala getroffen? Hätte sie etwa … Maya lässt das Kleid sinken. Imee. Sie war zur Hütte gekommen, um Maya zum Strand zurück zu bringen! Zum Boot! Aber in ihrem Aktionismus hatte Maya ihr überhaupt nicht zugehört. Klipp und klar hatte sie ihr gesagt, dass sie im Dorf bleiben würde. Dass sie noch etwas erledigen müsse. Was hätte Imee da sagen sollen? Noch immer glitzert das Meer und es kommt Maya vor, als hätte sie noch nie im Leben so viele Sterne auf einmal am Himmel gesehen. Sie nimmt ihren Talisman in beide Hände, küsst ihn und schließt die Augen. Im Halbschlaf spürt sie noch einmal Talas weichen, ledernen Ellbogen in ihrer Hand. Der Boden löst sich unter ihr und schwerelos folgt sie den Linien im Sand, die vom Ur-Bewusstsein erzählen, von jener inneren Führung, die unbeachtet immer mehr verblasst und schließlich als Traum vergeht, dessen Echo der Widerhall des Herzens in der Unendlichkeit der kindlichen Zeit ist. Wer die Größe nicht sieht, der lebt im Kleinen. Es liegt nun an dir, Maya, heraus zu treten und dich aufzurichten oder zurück zu gehen in die Welt, die du dir geschaffen hast. Und dann schließt sich der Kreis um die Zeichnung mit der Frage: Ein Traum?

Maya steht auf, bevor der Morgen wahr ist. Zum Frühstück gibt es den restlichen Fisch und Kokosnuss. Bei Tagesanbruch sieht sie nach, ob das Fischernetz noch intakt ist und taucht zum letzten Mal ein in das warme, glasklare Nass der Südsee. In vollen Zügen genießt sie den Geruch des Meeres, das glatte Smaragdgrün bis zum Horizont, den sanften Widerstand an ihren Handflächen, den salzigen Geschmack auf den Lippen, den weißen Sand zwischen ihren Zehen und den frischen Wind auf der Haut. Dann steckt sie ihr Kleid zurück in den Beutel, setzt sich auf die Düne, von wo aus sie den besten Rundumblick hat, und wartet auf das Boot. Sie streicht über die Narbe an ihrem Bein. Wie wären die Dinge wohl verlaufen, wenn sie sich nicht verletzt hätte? Sie wäre ja blindlings an Tala vorbei gerannt, barfuß durch den Dschungel auf der Suche nach einem Dorf. Ob das gut gegangen wäre? Oder wenn ihr Handy von Anfang an Empfang gehabt hätte, dann wäre sie ja nicht einmal zu Tala hinüber geschwommen. Oder wenn sie Imee zugehört hätte und mit ihr zurück zum Strand, zum Captain, gegangen wäre. Dann würde sie sich ein Leben lang an eine Horde merkwürdiger Eingeborener ohne Manieren erinnern. Sie lächelt und zwinkert in die Sonne. Bald wird es hier oben zu heiß. Sie muss sich noch ein Schattendach bauen.

1: Das Bewusstsein

WILLKOMMEN

Auf Tahiti angekommen, betritt Maya ein kleines, klimatisiertes Bekleidungsgeschäft am Hafen. Die Verkäuferin ist eine jener unscheinbaren Personen, die kaum äußere Merkmale zu besitzen scheinen, von denen jedoch ein einziger Blick, ein einziges Wort, ein einziges Lächeln genügt, um sich ein Leben lang an sie zu erinnern.

„Diese Sandaletten sind mein Geschenk für dich", sagt Tereva und zieht Maya zur Seite. Die andere Kundin soll nicht sehen, wie sie an einem langen Lederband einen Anhänger unter ihrem Kleid hervorholt: eine fein gearbeitete Schildkröte, aus demselben Holz wie Mayas Amulett.

„Ich freue mich, dass wir endlich wieder vollständig sind. Willkommen, Maya", flüstert sie feierlich. „Aber du solltest dein Amulett vor den Augen der Malhani besser schützen! Zwar kennen die meisten seine Bedeutung nicht, doch einige wenige suchen ganz bewusst danach."

Maya versteht kein Wort, hat aber mit einem Mal das Bild von 13 Personen im Kopf, über deren Händen sich eine riesige blau schimmernde Glaskugel dreht. Ein sehr alter Mann tritt aus dem Zirkel heraus, wendet sich ihr zu, senkt den knochigen Schädel und löst sich in Luft auf. Und hier im Laden verbeugt sich Tereva. Sie lässt unauffällig ihre Kette wieder unter dem Kleid verschwinden und wendet sich der anderen Kundin zu. Nachdenklich schlüpft Maya in die neuen Sandaletten. Ob sie wohl jemals alle Zusammenhänge dieser Geschichte verstehen wird?

Draußen, im Schatten einer stattlichen Palme, wartet ein Jeep auf sie, der weder Fenster oder Türen noch Dach besitzt.

„Musique?“, fragt der Fahrer strahlend. Dann dreht er den Volumenregler auf Anschlag, gibt Gas und singt lauthals mit: Faarii Mai Faari Mai! In bester Stereoqualität wirbeln polynesische Percussion mit Ukulele und Gitarre um die Wette. Der Fahrtwind rauscht durchs Auto, Mayas Haare wehen in alle Richtungen und so geht es über gut ausgebaute Straßen am Hafen vorbei, unter Palmenalleen hindurch, hinaus aus der Stadt und auf dem Highway am Meer entlang.

In bester Südseelaune und mit lebensfrohen Melodien im Ohr legt Maya wenig später 280 Dollar auf den Counter der Air Tahiti Nui. Und nein, sie wundert sich nicht: Im Ozean des Seins war genau dieser Preis für genau diesen Fensterplatz in genau diesem Flieger nach Auckland schon vor Wochen existent gewesen. Sein Preis hatte festgestanden, als Maya in der Kabine der MS Fortune ihren Bauchbeutel für einen vermeintlich kurzen Landausflug mit 300 Dollar bestückte und glaubte, den weiteren Verlauf ihrer Reise ganz genau zu kennen.

Und nun ziehen Insel- und Atollformationen in den herrlichsten Weiß-, Blau- und Grüntönen unter ihr vorüber, gesprenkelt mit hunderten weißer Puffwölkchen. Von der Kraterinsel keine Spur.

2: Die Verbindung

Heimkehr

„Maya? Hörst du überhaupt?“ Endlich dringt Annas Stimme zu ihr durch. „Du, ist alles okay? Soll ich kurz anhalten?“ Anna geht vom Gas und setzt den Blinker.

„Nein, nein, Anna, alles okay. Bitte fahr weiter. Ich war nur in Gedanken – tut mir leid. Das ist alles so surreal: Vor kurzem war ich noch ganz allein irgendwo in der Südsee und jetzt plötzlich hier mitten drin im Feierabendverkehr … als wäre überhaupt nichts geschehen.“

„Och Mensch, Süße, das muss so schrecklich für dich gewesen sein. Ehrlich, es tut mir so leid, dass ich dich zu dieser Reise gedrängt habe! Aber wer rechnet denn damit, dass so etwas passiert?“

„Ehrlich gesagt glaube ich, dass diese Reise das Beste war, was mir hätte passieren können“, entgegnet Maya. „Ich meine, natürlich war es schwierig, aber die Zeit auf der Insel war lehrreicher und irgendwie auch entspannender als es ein ganz normaler Urlaub hätte sein können.“

Anna ordnet sich vor der roten Ampel zum Abbiegen ein und mustert ihre Freundin sorgfältig von der Seite.

„Ich muss mich schon sehr wundern, Maya. Dass einmal solche Worte aus deinem Mund kommen –“, sie stockt, bevor sie weiter spricht. „Kann es sein, dass irgendwelche Südseegeister von dir Besitz ergriffen haben? Spreche ich gerade mit einem Dämon, der nur so tut als wäre er du, um dann bei nächster Gelegenheit Manhattan zu zerstören?“ Annas Lachen gefriert für eine Sekunde, als sie Mayas weit aufgerissene Augen sieht. Und dann lachen beide.

„Ach, bin ich froh, dass du wieder hier bist, Maya. Zu wissen, dass du in der Nähe bist und dass wir uns im Notfall sofort treffen könnten, das hat mir wirklich gefehlt.“

Vor Mayas Haus blockieren ein fremder Van und ein Volvo die Zufahrt.

„Na das ist ja toll. Du, warte doch noch kurz, der Regen lässt bestimmt gleich wieder nach. Ach, ich würde dir so gern beim Ankommen Seelenbeistand leisten, aber ich kann die Zwerge echt nicht so lang bei Elfi lassen. Aber morgen ist Andi zu Hause, da komme ich dann gleich früh und du erzählst mir alles, ja?“ Anna seufzt. „Keine Ahnung, wie ich heute Nacht schlafen soll, ich bin ja so neugierig auf deine Geschichte.“

„Deine Rabauken halten dich doch sowieso auf Trab, mach dir keine Sorgen übers Schlafen“, lacht Maya, nimmt die Schlüssel aus dem Handschuhfach und umarmt ihre Freundin. „Danke fürs Abholen, Anna. Bis morgen.“

Durch den strömenden Regen huschen noch zwei weitere Gestalten, um sich zeitgleich mit Maya unter das kleine Vordach zu drücken.

„Oh je, die Arme“, murmelt Anna. „Ich hätte sie vielleicht warnen sollen. Aber sie schafft das schon.“

„Frau Kussmann, wie schön, dass ich sie antreffe. Ich

komme vom Morgenblatt und ich verstehe, dass sie nach allem erst einmal in Ruhe zu Hause ankommen möchten. Bitte, nehmen sie die“ – der erste drückt ihr seine Visitenkarte in die Hand, während der zweite stillschweigend einen quietschgelben Regenschirm über Maya hält – „unsere Leser sind wirklich sehr an ihrer Geschichte interessiert“, fährt der Erste fort. „Wir haben selbstverständlich darüber berichtet, als ihr Verschwinden bekannt wurde und natürlich auch, als sie gefunden wurden. Sie sind jetzt eine kleine Berühmtheit. Bitte rufen sie mich an, sobald sie für ein Gespräch bereit sind. Die Nummer steht auf der Karte.“

Der zweite lässt seinen jungen Konkurrenten ausreden und fügt am Ende seinerseits hinzu: „Auch wir und unsere Hörer haben mit ihnen gefiebert, Frau Kussmann. Ich schaue morgen Nachmittag noch einmal bei ihnen vorbei und würde mich sehr freuen, mit ihnen zusammen einen Südsee-Beitrag der ganz besonderen Art zu gestalten. Sie können sich gar nicht vorstellen, wie viele Zuschriften wir von Hörern erhalten haben, die darum gebeten haben. Die dürfen wir nicht enttäuschen. Es wird auch nur ein halbes Stündchen dauern. Die ganze Stadt freut sich, dass sie wieder wohlbehalten zu Hause sind. Ich wünsche ihnen einen schönen Abend, willkommen zu Hause …“ – er überreicht Maya feierlich eine Flasche besten Chianti Classico – „und bis morgen dann.“

Der Kavalier wartet, bis die Tür ins Schloss gefallen ist und macht erst dann auf dem Absatz kehrt. „So macht man das“, zwinkert er dem Jüngeren zu.

***

Maya steht im Flur wie eine Fremde. Es riecht nach Putzmitteln. Die fein arrangierten Schränkchen und Dekorationsartikel entbehren jeglichen Sinn. Das Sofa im Wohnzimmer ist viel zu weich und die sündhaft teuren Vorhänge versperren die Sicht nach draußen. Und hier hat sie immer geglaubt, rundum glücklich zu sein? Hat sie denn nicht gewusst, wie sich Glück anfühlt? Auf dem sandigen Boden der Kraterinsel, unter freiem Himmel, da war sie glücklich. In ihrer Hängematte unter den Palmen. Mit Bagwis im Baum. Im kühlen Wasser der Doline. Mit Rocas lachend auf dem Weg zum Felsen. Und in Iskos Nähe. Da war sie glücklich. Sogar ihre Zeit bei Tala am Strand scheint ihr im Nachhinein eine glückliche gewesen zu sein.

Was wäre wohl gewesen, wenn sie da oben auf dem Nani Atahua einfach nur den Moment genossen hätte und nicht bei der Botschaft angerufen hätte? Dann wäre sie jetzt noch immer im Dorf, der Handy-Akku wäre leer und jeglicher Gedanke an eine Rückkehr in ihr altes Leben wäre obsolet. Sie würde sich auf der Insel einrichten, vielleicht mit Isko zusammen eine Hütte bauen und eine Familie gründen. Ein völlig sorgenfreies Leben führen. Es wäre für alles gesorgt. Maya starrt aus dem Fenster. War das ihre Chance auf ein glückliches Leben gewesen? Und sie hat sie verstreichen lassen, weil ihr kleiner Geist diese Variante nicht denken konnte? Leise tickt die Uhr in der Küche. Welches Schicksal würde ihr noch ein zweites Mal einen Mann wie Isko über den Weg schicken? So reizvoll und mysteriös, die Verkörperung alles Männlichen und gleichzeitig so liebevoll, herzlich und warm? Isko war der einzige Mann in ihrem Leben, der die Frau in ihr gesehen hatte, die sie insgeheim war.

***

„Ob du es glaubst oder nicht“, eröffnet Anna am nächsten Morgen munter, „wenn die Müdigkeit nur groß genug ist, wirkt sogar der Entkoffeinierte!“ Sie schenkt sich nach und zieht dann den Küchenstuhl neben sich zurecht. „Aber jetzt komm endlich, Maya, setz dich und erzähl! Übrigens echt ein tolles Kaffeeservice, was du da hast. Ganz schön edel.“

„Ja, das stimmt wohl“, antwortet Maya. Sie stellt das Körbchen mit den aufgebackenen Landbrötchen auf den Tisch und betrachtet Omas heiliges Festtagsgeschirr. Augenblicklich strömt der Duft von Streuselkuchen durch ihre Erinnerung – gemischt mit einem Hauch 4711. Die große Molanusflasche hatte immer auf Omas Spiegelkommode im abgedunkelten Schlafzimmer gestanden und ihren Duft bis hinüber ins Esszimmer verströmt. Mit der edlen Goldquaste war sie für Klein-Maya der Inbegriff aller Geheimnisse der Erwachsenenwelt.

„Meinst du nicht, deine Oma würde sich freuen, wenn du das Geschirr öfter benutzen würdest?“, regt Anna an.

„Da bin ich mir nicht so sicher“, lacht Maya abwehrend. „Sie hatte es wirklich nur für Festtage —“ sie hält inne. Im Ozean des Seins wären alle kommenden Feste bereits mit dem Heute verbunden. Da hätte das Heute auch schon ein kleines bisschen Weihnachten, ein kleines bisschen Geburtstag und ein kleines bisschen Ostern. Maya realisiert Annas fragenden Blick und spricht rasch weiter. „Ich meine nur, vielleicht hast du Recht: Das Jetzt ist doch immer irgendwie ein Anlass zum Feiern, oder nicht?“

Anna legt die Stirn in Falten. „Das ist echt ein komischer

Dämon, den du dir da eingefangen hast. Ich brauche jetzt endlich Details." Sie lässt ihr Handgelenk rotieren. „Lass hören!"

Und dann erzählt Maya von der Kreuzfahrt. Sie plustert die kleinen Details ein wenig auf, denn mit drei Tagen in der Bordbibliothek braucht sie Anna nun wirklich nicht zu kommen. Also berichtet sie ausführlich von Cocktails mit bunten Schirmchen am Pool, von den zahlreichen Restaurants, von Sebastian, von Gab und Jo und von der wundersamen Schnorcheltour. Anna lauscht gebannt und spürt sogar ihr eigenes Blut in den Adern gefrieren, als sie mit Maya auftaucht und feststellt, dass sie mitten im Pazifik einfach vergessen wurde. Und sie freut sich mit der Freundin an der paradiesischen Schönheit der Südsee, empfindet die unbeschreibliche Ruhe des einsamen Atolls, bestaunt den überfüllten Sternenhimmel und entspannt sich beim kontinuierlichen Schwappen des Meeres.

„Du, aber sag mal", hakt Anna schließlich ein. „Wenn du doch dein Handy dabei hattest – warum hast du eigentlich nicht sofort bei der Botschaft angerufen? Dann wärst du doch gleich gefunden und zurück aufs Schiff gebracht worden. Da hättest du dir und auch uns die ganze Aufregung erspart."

„Glaub mir, das habe ich versucht", antwortet Maya geistesgegenwärtig. „Aber ich hatte keinen Empfang. Ich kann dir nicht erklären, warum zuerst überhaupt nichts ging und dann plötzlich doch. Vielleicht war genau in dem Moment ein Satellit in Reichweite — ehrlich, keine Ahnung, Anna."

Das hatte Maya tatsächlich nicht bedacht. Ob da auch irgendein Zauber mit im Spiel war, dass ihr Handy mit einem Mal Empfang hatte und geortet werden konnte? Sie sollte in künftigen Erzählungen das Handy komplett verschweigen und sich von einem zufällig vorbeifahrenden Boot entdecken lassen. Das ist schlüssiger und vermeidet Nachfragen, die schlimmstenfalls zur Entdeckung der Kratermenschen führen könnten.

Wegen Anna braucht sie sich nicht zu sorgen. Sie wird gewiss nicht weiter nachforschen. Die Gute ist mit ihren eigenen Angelegenheiten – noch bevor Maya ihren Gedanken zu Ende denken kann, stößt ihr eine weitere Ungereimtheit auf: Warum hatten die Dorfbewohner eigentlich so lange gewartet, sie durchs Portal zurück in die Zivilisation zu schicken? Es hätte doch so einfach sein können. Und warum hat Isko sie so umständlich auf ein Atoll gebeamt, wo er sie doch sicherlich auch gleich direkt nach Hause hätte bringen können? Gut, nach Hause vielleicht nicht unbedingt, das hätte zu viel Aufsehen erregt. Aber zumindest nach Auckland, dann hätte sie ihren regulären Flug nach Hause –

„Alles okay, Maya?“ Anna winkt die Starre aus dem Tunnelblick ihrer Freundin.

„Oh, ja, tut mir leid. Das ist wahrscheinlich der Jetlag. Erzähl mir doch auch mal von dir, von den Jungs, wie ist es euch in der Zwischenzeit ergangen?“

Anna lässt sich nicht zweimal bitten. Ausschweifend und mit leuchtenden Augen erzählt sie von ihren Kindern, wie sie die Welt entdecken, wie goldig sie dabei sind, wie lieb der große Bruder mit den Kleinen umgeht und dass sie und ihr Mann beschlossen hätten, bald noch ein weiteres Geschwisterchen durch Adoption dazu zu holen. In Mayas Ohren schrillen die Alarmglocken und Ratschläge ploppen wie Popcorn in ihr auf. Von „Hast du dir das gut überlegt“ über „Du hast doch jetzt schon keine Zeit mehr für dich“ bis hin zu „Man weiß doch nie, welche Erbschäden so ein Kind in sich trägt.“ Doch sie schweigt. Anna freut sich so sehr. Und sie macht ihr Ding doch wirklich gut. Natürlich ist sie nicht als vierfache Mutter geboren, aber wer ist das schon? Wachsen wir nicht alle Schritt für Schritt in die Aufgaben hinein, die uns das Leben stellt? Und kommt nicht jeder einzelne Schritt auf diesem Weg einem Wunder gleich, dessen Bedeutung wir meist erst viel, viel später verstehen?

"Meine Wunder, eines ums andere betrachtet, gehörten zu weit voneinander entfernten Gebieten. Jedes von ihnen konnte mit großem Gewinn einzeln bearbeitet werden. Doch dann entwickelte ich eine breitere Perspektive und begriff diese verschiedenen Gebiete wie die Perlen einer sehr langen Halskette."

Benoît Mandelbrot (1924 – 2010)

3. Die Lebensfreude

PERSPEKTIVEN

Der Journalist von gestern hält Maya ein Päckchen Pralinen entgegen. „Solche kleinen Delikatessen haben sie doch sicherlich vermisst, nicht wahr?“

Maya bittet den Herrn ins Wohnzimmer und Anna zieht sich – die Pralinenschachtel dezent unterm Arm – zu einer Siesta ins Schlafzimmer zurück. Das Interview verläuft angenehm. Der Journalist lässt Maya erzählen, nickt immer wieder interessiert und das Aufnahmegerät blinkt artig auf dem Tisch. Und doch atmet sie auf, als er sich eine halbe Stunde später für ihre Zeit bedankt und verspricht, ihr den Beitrag im Lauf des Nachmittags zur Absegnung zukommen zu lassen.

„Wow, der versteht sein Handwerk!“, lobt Anna den Bericht wenige Stunden später. „Diese Hintergrundgeräusche sind einfach herrlich – Meeresrauschen, Vogelgezwitscher und das andere waren Papageien, oder? War das wirklich so?“

„Ja. Schon in etwa. Er hat die Stimmung ganz gut getroffen.“

„Weißt du, Maya“, sagt Anna nachdenklich, „ich freue mich, dass du das Leben endlich mal an dich heran lassen konntest. Du wirkst so – wie soll ich sagen – so lebendig.“ Und dann grinst sie. „Du, ich glaube fast, wir müssen öfter für ein bisschen Abenteuer sorgen, was meinst du?“

„Moment, moment“, wehrt Maya lachend ab, „mein Bedarf ist fürs Erste gedeckt. Ehrlich. Du machst keine Kreuzworträtsel in der nächsten Zeit, verstanden?“

„Ach komm schon, das Leben steckt voller Überraschungen“, stichelt Anna weiter „Und wer Blut geleckt hat … aber jetzt ruf mal den armen Kerl an, damit er endlich auf Sendung gehen kann. Huuu, und wer weiß, was dann noch kommt.“

„Ja, ja, ganz genau. Aber zuerst fährst du nach Hause“, antwortet Maya betont sachlich und zeigt zur Uhr. Anna springt auf. „Oh je! Wo ist denn die Zeit hin?“

***

An diesem Abend steht Maya am Fenster und schaut hinunter auf die dunkle Straße. „Warum, warum, warum habe ich mich nur darauf eingelassen!?“, fragt sie sich unablässig. Sie hat sich selbst in diese Nesseln gesetzt. Dieser vermeintlich harmlose und dummerweise wirklich gelungene Radiobeitrag heute Nachmittag hat seinen hinterhältigen Zweck, ihr Vertrauen zu erschleichen, ja bestens erfüllt.

„Ach, ihr lieben Inselmenschen“, denkt sie melancholisch, „ihr habt mich mit euren ehrlichen und wohlmeinenden Gedanken so verwöhnt, dass ich ganz vergessen habe, wie berechnend die Leute hier bei uns sind. Ich wünschte wirklich, dass ich das Gedankenlesen von euch hätte lernen können. Dann hätte ich mich von diesem Typen gewiss nicht so einlullen lassen. Dann hätte ich niemals zugesagt, bei einer solchen Veranstaltung zu sprechen. ‚Urlaub mal anders – abgefahrene Ideen fürs kommende Jahr' – allein schon dieser Titel!“

Es seien noch vier weitere Gäste da, hatte der Redakteur am Telefon erklärt, aber sie würde mit ihrer Geschichte einen ganz besonderen Akzent setzen. Er rechne fest mit ihr, er zähle auf sie. Der Kerl wusste doch von Anfang an ganz genau, was er tat. Die Flasche Wein hätte ihr schon Warnung sein müssen – er hatte sich über sie informiert. Er weiß, wie Menschen ticken. Und wer das weiß, der weiß auch, wie er sie manipuliert. Und ehe man sich's versieht, frisst man ihnen aus der Hand und tut, was sie wollen.

4: Das Wesen

Eine alte Bekanntschaft

Mit voller Einkaufsliste schiebt Maya ihr Rad an diesem Samstagmorgen von einem Marktstand zum nächsten. Hier hat sie früher immer ihren gesamten Wocheneinkauf getätigt, aber heute spricht sie nichts an. Auf ihrer Zunge liegt ein unangenehmer Geschmack. Egal wie hübsch poliert und gewachst die Äpfel um Aufmerksamkeit buhlen, die Möhren in Reih und Glied aufgebahrt sind und die Salate, einer prächtiger als der andere, in der Sonne schmachten, sie kann sich nicht zum Kauf entschließen. Eben will sie sich unverrichteter Dinge wieder auf den Heimweg machen, da erkennt sie hinter einem der letzten Stände eine ehemalige Schülerin.

„Jessica? Das ist ja eine Überraschung. Was machst du denn hier?“

„Hallo, Frau Kussmann. Ja, so sieht’s aus: ich hier.“

„Du hilfst deinem Großvater mit der Landwirtschaft?“

„Nein,“ Jessica steht aufrecht und sieht ihre frühere Lehrerin herausfordernd an. „Tobi und ich haben den Hof übernommen. Wir haben komplett auf Öko umgestellt und, na ja, sie sehen es ja: Es läuft so gut, dass wir sogar verkaufen können."

Der pelzige Geschmack auf Mayas Zunge ist verschwunden. „Ich hatte ja keine Ahnung, dass du dich für Landwirtschaft interessierst", wundert sie sich. „Das überrascht mich jetzt wirklich."

„In ihrer konventionellen Form hat sie mich tatsächlich nie interessiert. Aber als mein Opa uns vor die Wahl gestellt hat, da kamen die Ideen. Und wir haben die Entscheidung noch keinen Augenblick bereut."

„Das sieht man dir an, Jessica. Ich freue mich, dass du eine Aufgabe gefunden hast, die dir so viel Freude macht. Und was die Qualität der Produkte angeht, also ich muss schon sagen, da stichst du alle anderen Stände hier aus. Das sieht durch die Bank so knackig und gesund aus."

„Danke. Ja, das finde ich auch. Gemüse von glücklichen Pflanzen." Das Mädchen lacht. „Wir bauen fast nur alte Sorten an und haben dadurch eine Vielfalt, die sie im Supermarkt gar nicht mehr bekommen. Und wir arbeiten komplett ohne Chemie oder große Maschinen. Wir machen alles von Hand oder mit Tieren. Also, nicht falsch verstehen, wir spannen keine Pferde vor den Pflug oder so. Aber nach der Ernte lassen wir die Hühner ins Beet und die Schweine aufs Feld. Die haben dort die beste Zeit, wühlen und buddeln, picken Schädlinge raus und feiern ihre Feste. Und wir bekommen lockeren und natürlich gedüngten Boden ohne einen einzigen Finger zu rühren."

Maya lacht. „Das ist eine wirklich gute Idee."

„Sie können gern mal vorbei kommen. Ich sags ihnen, Schweine sind besser als Fernsehen", wieder lacht sie. „Aber ehrlich, der Boden ist das Allerwichtigste für uns. Sie wissen ja wahrscheinlich, dass gesunder Boden der einfachste und natürlichste Schlüssel zum Klimaproblem wäre. Passt nur leider nicht zu den industriellen Anbaumethoden unserer Zeit. Und mit den riesigen Maschinen – weil sich ja nur noch Massenproduktion rechnet – verdichten sich die Böden immer mehr und dann wundert man sich, dass sie dann kein Wasser mehr speichern geschweige denn Kohlenstoff aus der Atmosphäre binden können. Und dass die riesigen Äcker über den Winter nackt daliegen, der Erosion ausgeliefert, also ehrlich, den Ast abzusägen, auf dem die Menschheit sitzt, das sollte verboten sein und nicht allgemeiner Konsens. Aber die Menschheit wundert sich lieber, woher plötzlich all die Überschwemmungen kommen. Wo soll das Wasser denn noch hin? Ach, da wird man doch wild, wenn man drüber nachdenkt, oder nicht? Und als wäre das nicht genug, sollen wir Vitaminpillen schlucken, weil in den Lebensmitteln heutzutage nicht mehr so viele Nährstoffe drin sind wie früher. Ist das ein Naturgesetz oder hängt das vielleicht auch wieder mit den Böden zusammen? Also Tobi und ich sind Anhänger der Philosophie, dass gesunde, reichhaltige Lebensmittel auf einem gesunden, reichhaltigen Boden wachsen. Und ganz ehrlich: Unsere Erträge waren am Anfang dermaßen mager, dass wir auch an allem gezweifelt haben. Aber wenn die Natur merkt, dass man ihr wohlgesonnen ist, dann verzeiht sie unglaublich schnell. Wir haben so tollen Boden inzwischen! Und so tolle Produkte! Und wissen sie, auch wenn sie das vielleicht nicht verstehen können, aber ich bin jeden Tag hundertmal froh, dass ich das Studium gegen den Hof eingetauscht habe.“

Jessica kennt ihre Lehrerin gut genug, um zu wissen,

dass jetzt der Moment der diplomatischen Kommentare gekommen ist. Irgendetwas à la ‚Ein Studium kannst du ja auch später noch beginnen, berufsbegleitend notfalls, wenn du mal weißt, wohin dein Weg dich führen soll.' Derlei Sprüche gehören zu Frau Kussmann wie der Stress zu Weihnachten.

„Das ist wirklich interessant, was du da sagst, Jessica", sagt die Lehrerin aber nur, nachdenklich. Und dann nimmt sie sich ein Körbchen und schichtet von allem etwas hinein.

„Wir haben eigentlich auch ein etwas anderes Einkaufskonzept", sagt Jessica. „Also wir funktionieren als solidarische Landwirtschaft, das heißt, dass man bei uns auf dem Hof quasi Mitglied werden kann, einen Jahresbeitrag bezahlt und dann das ganze Jahr über nichts mehr für unsere Produkte zu bezahlen braucht. Wir bringen zweimal wöchentlich die Ernte hierher auf den Markt, wo die Mitglieder sich abholen können, was sie brauchen. Und ansonsten können sie sich im Hofladen bedienen."

„Oh, ich kann jetzt also gar nichts bei dir kaufen?", fragt Maya irritiert und lässt das Körbchen sinken.

„Doch, doch, natürlich. Für Gäste und Interessenten haben wir schon auch immer eine Extraportion dabei. Probieren sie ruhig. Und vielleicht möchten sie ja im nächsten Jahr sogar Mitglied werden."

„Du sagst, jeder nimmt, was er braucht, ohne zu bezahlen?"

„Na ja, nicht ganz. Bezahlt wird ja zu Beginn des Jahres ein fester Betrag in die Hofkasse. Das ist dann unser Jahresbudget, damit wirtschaften wir. Und die Ernte steht dann allen Mitgliedern zur Verfügung. Da denkt man im ersten Moment, dass es sicher Leute gibt, die dann unverschämt viel nehmen. Und das hatten wir tatsächlich schon, ja. Aber das erledigt sich früher oder später von selbst: Wenn die Leute reinwachsen und merken, dass sie gut versorgt sind, dann entspannen sie sich. Und abgesehen von ein paar Einzelfällen hat es bei uns eigentlich von Anfang an ganz gut funktioniert. Weil auch jeder wollte, dass es funktioniert. Ich glaube fest daran, dass der Mensch im Grunde seines Herzens ein soziales und solidarisches Wesen ist. Wenn man ihn denn lässt. Aber unsere Gesellschaft richtet uns ja seit Generationen auf den Wettbewerb aus, auf das Gegeneinander. Und wohin das führt, das sehen wir jetzt. Die aktuellen Krisen geben der alten Denkweise nicht das beste Zeugnis. Und Tobi sieht das eben auch so. Deswegen wollten wir etwas grundsätzlich anderes ausprobieren."

Jessica nimmt den Einkaufskorb entgegen, den Maya mittlerweile randvoll gepackt hat. Jetzt kommt sicherlich gleich das große Lehrer-Aber. Jetzt gleich. Wetten?

„Wo ist denn euer Hof, Jessica? Ich würde gerne mal vorbeikommen und ihn mir ansehen."

„Oh … echt jetzt, Frau Kussmann? Ich meine, klar, wie wär's am Freitag Nachmittag? Auf dem Flyer hier ist die Adresse. Den Korb können sie gern mitnehmen und am Freitag wieder mitbringen." Ungläubig beobachtet Jessica, wie Maya bezahlt und den Korb auf dem Gepäckträger ihres Fahrrades festklemmt.

„Frau Kussmann?"

„Ja?"

„Ähm, nichts, ich habe mich nur gewundert, weil sie gar nicht mehr — ich meine", Jessica winkt ab, „ach, nicht so wichtig. Danke … Frau Kussmann. Und bis Freitag."

Irritiert sieht Jessica ihrer ehemaligen Lehrerin hinterher.

Merkwürdig ist das. Sehr merkwürdig. Als hätte sie mit einer komplett anderen Person gesprochen. Alles, was Frau Kussmann früher so sonderbar machte, ist mit einem Male wie weggeschmolzen.

Zu Hause angekommen holt Maya erstmals die gute Hochzeitskumme aus der Vitrine. Die bunte Mischung aus verschiedenen Blattsalaten, Babyspinat, Möhren, Gurken, Tomaten, Fenchel, Frühlingszwiebeln und je einem halben Bund gehackter Minze und Petersilie kommt in dem gelben Porzellan großartig zur Geltung. Maya übergießt ihr Mahl mit einem dezenten Zitronen-Dressing und schneidet eine Süßkartoffel aus dem Backofen in fingerdicke Scheiben. Es mag an Omas Kumme, der guten Herkunft der Zutaten, der feinen Zusammenstellung der Kräuter oder der Erinnerung an ihre Zeit auf der Insel liegen, dass sich das erhoffte Glücksgefühl beim Essen einstellt und anschließend noch lange anhält. Maya kuschelt sich in ihre Lieblingsdecke, betrachtet ihren Talisman und hat das Gefühl, heute und in den vergangenen Wochen reich beschenkt worden zu sein. Und dann spürt sie ein leises Wummern im Innern der Rosette. Als schlüge in ihr ein kleines, hölzernes Herz.

5. Die Veränderung
Ein Interview

Punkt 17:00 Uhr klopft Maya am Montag im dritten Stock des aschgrauen Hinterhofgebäudes von Radio@M an die Tür. „Hereinspaziert, hereinspaziert!“, empfängt sie der Redakteur überschwänglich. „Meine Herren, darf ich ihnen Frau Maya Kussmann vorstellen? Frau Kussmann, das sind Frank Klein, Elmer Döhlen, Alexander Mieleich und Robby Sadezky. Und dort drüben bereitet unsere Studiopraktikantin Elena schon alles für die Sendung vor. Bitte nehmen sie Platz – es ist ein bisschen eng, aber wir passen schon alle rein. Das wird sicher eine sehr unterhaltsame Runde. Es gibt Wasser, Kaffee, Tee, Apfelsaft und Kekse. Bitte bedienen sie sich, wir haben ja noch etwas Zeit.“

Alexander Mieleich neigt sich zu Maya hinüber und lässt sie im unangemessen vertrauten Flüsterton alter Freunde wissen, wie gut er es findet, dass auch eine Frau zu der Runde geladen wurde, denn sonst könnte ja der Eindruck entstehen, dass Abenteuerreisen eine rein männliche Angelegenheit wären. Früher hätte Maya auf derlei Machosprüche ziemlich allergisch reagiert. Heute erinnert sie sich an Phinas Worte:

‚Ich denke nichts Schlechtes über dich. Was du sagst und tust resultiert aus deinem Erfahrungshorizont. Was für mich Routine ist, kann für dich eine ganz neue Herausforderung darstellen. Erlauben wir uns, zu sein, wer wir sind und zu lernen, was wir zu lernen haben.‘

„Ja, ich freue mich auch, hier zu sein, Herr Mieleich“, sagt sie also und lächelt in die Runde. „Die anderen Damen lassen freundlich grüßen, sie konnten leider aufgrund wichtiger Verpflichtungen nicht extra für diese Sendung anreisen.“ Mit einem freundlichen Zwinkern in Richtung Mieleich schenkt sie sich ein Glas Wasser ein und wendet ihre Aufmerksamkeit dem Moderator zu. Der Ablauf wird erklärt, noch ein Musikstück eingespielt und dann macht Frank Klein den Anfang mit seinem Backpacker-Abenteuer in Finnland. Er erzählt vom Elfenbeinturm seines Philosophiestudiums und seinem Ausbruch in die Natur: Nur er und der Wald. Er habe seinen Rucksack gepackt, Multifunktionsmesser, Schlafsack, dehydriertes Survival-Futter und die Flasche mit dem eingebauten Wasserfilter. Nein, kein Buch, kein Handy, kein GPS. Er habe sich aber natürlich intensiv vorbereitet und im Vorfeld viel gelesen. Und dann sei doch alles anders gekommen. Ab dem zweiten Tag habe es geregnet. Drei Wochen lang. Anfangs habe ihn der Abenteuergeist noch motiviert, aber irgendwann sei alles nur noch nass gewesen. Das permanente Schmatzen seiner Socken in den Schuhen habe er lediglich gespürt, nicht gehört, weil der Regen ja permanent aufs Cape trommelte. Wie er da geschlafen habe? Hangaufwärts. Oder im Sitzen, an einen Baum gelehnt, damit das Wasser ablaufen könne. Ja, Höllenritt treffe es ganz gut, fasst Frank Klein seinen Bericht zusammen, aber im Nachhinein betrachtet sei es genau die Dosis gewesen, die er gebraucht habe. Nach seiner Rückkehr habe er sich nämlich exmatrikuliert, sei aus der Stadt in ein altes Forsthaus auf dem Land gezogen und habe eine Ausbildung als Schreiner absolviert.

Aus Mieleich presst der Zynismus: „Das ist gut! Schreiner!“ Er lacht hämisch. „Als Schreiner können sie es dem Wald anständig heimzahlen.“ Seine Mimik sitzt ihm auf dem Gesicht wie eine Heuschrecke vor dem Absprung. „Passender wäre nur noch Holzfäller gewesen.“

„Wissen sie“, antwortet Klein tiefenentspannt, „als Holzfäller wäre mir die Gefahr doch etwas zu groß, wieder in den Regen zu kommen. Das möchte ich vermeiden, wie sie sich bestimmt denken können.“ Und zu den anderen gewandt fügt er hinzu: „Im Ernst, trotz der schwierigen Zeit im Wald ist mir doch klar geworden, dass ich in meinem Leben die Nähe zu dem wichtigsten und ältesten Werkstoff der Menschheit nicht mehr missen möchte. Ich habe erkannt, wie wichtig der Wald und sein Holz für uns Menschen sind. Wir sollten uns viel mehr mit Holz umgeben. Am Besten natürlich mit lebendigem Wald, aber – na, wer will schon wirklich im Wald leben? Also bringe ich das Holz eben in die Häuser. Und deshalb, Herr Mieleich: Schreiner. Aus Respekt vor der Natur und aus Liebe zum Holz.“

Maya ist beeindruckt von Frank Kleins ruhiger Art. Er stellt sein Leben ganz in den Dienst des Materials. Wie der kleine Ginto. Intuitiv legt sie die Hand auf ihren Talisman, den sie wie üblich unter der Kleidung verborgen trägt. Immer wieder meint sie, dass von ihm etwas sehr Lebendiges ausgeht. Als würde seine Kraft kribbelnd in ihre Blutbahn dringen und sich bis in die kleinsten, allerkleinsten und noch kleineren Verästelungen verteilen. Manchmal meint sie in solchen Momenten, dass sie sich – wenn sie es drauf anlegen würde – wahrscheinlich aus dem Stand in die Lüfte erheben könnte wie ein Ballon im Wind. Und als hätte der Moderator ihre Gedanken erraten, blendet er die ersten Takte eines nordischen Tanzstückes ein: Vögel zwitschern und der klare, luftige Gesang zweier Frauenstimmen geht Maya durch und durch: ‚Komm und fliege mit uns fort, lass den Wind dich tragen weit fort von diesem Ort, ... ‘ Gleich wechselt er ab mit flotten Percussionrhythmen, Stachelfideln, Schalmeien und die dann einsetzende Flötenmelodie trägt die Erinnerung an Raum und Zeit mit sich davon.

Maya hat kein Interesse, sich an dem angeregten Backstage-Gespräch über Grenzerfahrungen zu beteiligen und erdet sich erst wieder, als der Moderator das Stück sachte ausblendet und die Hörer mit einem gut gelaunten „Das war Faun!“ zurück ins Studio holt. „Und wir sind wieder auf Sendung. Heute geht es um außergewöhnliche Urlaube. Ich begrüße den zweiten Gast unserer Abenteurer-Runde: den Zeitreisenden Elmer Döhlen. Herzlich willkommen!“

Elmer Döhlen sitzt Maya gegenüber. Er legt die Unterarme auf den Tisch und schiebt seinen Oberkörper etwas näher Richtung Mikro. Seine lockeren Begrüßungsworte „Hallo zusammen. Ja, genau, Zeitreisen sind mir die liebsten.“ geben die Sicht frei auf schmale, leicht spitze und nach innen gerichtete Zähne. Auf eine sonderbar sympathische Art fixiert er Maya mit dem linken Auge, während gleichzeitig sein rechtes Alexander Mieleich in Schach hält. Das graumelierte Haar liefert ein untrügliches Zeichen einsetzender Reife.

„Wissen sie“, sagt er, „wenn es heißt, dass Zeitreisen nicht möglich seien, dann liegt das doch im Grunde nur daran, dass wir eine so streng limitierte Vorstellung von der Zeit haben. Wir zählen die Schläge eines Sekundenzeigers und meinen, das würde irgendetwas über unsere Welt aussagen." Er macht eine kurze Pause. Gilt sein eindringlicher Blick Maya oder Mieleich? „Aber wenn man den Faktor Zeit mal geographisch denkt", spricht er weiter, „dann kann man durchaus in ganz verschiedenen Jahrhunderten landen. Schon mal in Singapur gewesen? Oder Tokyo? Definitiv Zukunft. Das azerbaidschanische Hinterland? Vollkommen andere Nummer."

Maya schmunzelt. Eine nette Überlegung. Aufmerksam hört sie zu, als Döhlen nun berichtet, wie er als junger Student der Archäologie und Frühgeschichte mit einem Motorrad und nicht viel mehr als einer Kamera und zahllosen Filmdosen ausgestattet von Deutschland bis nach Tibet gefahren sei. Über den Iran, Pakistan, Kaschmir und Indien. Ja, allein, ein ganzes Jahr lang. Ganz großartig sei das gewesen. Die Gastfreundschaft der Menschen im Mittleren Osten sei für unsereins geradezu überwältigend. Ihnen habe er es zu verdanken, dass er so viele außergewöhnliche Orte gesehen habe. Orte, von denen renommierte Archäologen keinen blassen Schimmer hätten. Er könne nur sagen: Da liegen Schätze von unermesslichem Wert offen vor aller Augen. Die Einheimischen seien so stolz gewesen, dass sich endlich einmal jemand für ihre Kleinode interessierte, dass sie ihm alles vor die Linse gehalten hätten, was in ihren Augen auch nur annähernd wertvoll und bedeutend erschien. Oft habe er, das müsse er gestehen, heimlich die Filmrolle aus der Kamera genommen und den Auslöser ins Leere klacken lassen. Man solle ja bekanntlich keine

Eitelkeiten verletzen. Geschickt lenkt der Moderator Herrn Döhlen mit ein paar konkreten Fragen nun in die gewünschte Richtung: Selbstverständlich … Motorradpanne in Pakistan … Drogenbanden in Kaschmir … Höhenkrankheit in Tibet und Baderituale im Ganges. Das volle Programm.

„Ihre Erzählungen bringen ja wirklich das Blut in Wallung und das Reisefieber zum Kochen, lieber Herr Döhlen!“, begeistert sich der Moderator. „Wie steht es denn heute um ihre Reiselust?“

„Wissen sie“, antwortet Döhlen, „wenn die Qualität der Eindrücke hoch genug ist, dann reicht ein einziges Leben gar nicht aus, um wirklich alles aufzuarbeiten, was man da in seinem Archiv liegen hat.“

„Das klingt, als würden sie an einem Buch schreiben?“

Döhlen lacht. „Da muss ich sie leider enttäuschen. Ich beschäftige mich ausschließlich zu meinem Privatvergnügen noch mit dem ein oder anderen Thema dieser Reise. Ein Buch wird es darüber nicht geben.“

„Na, wer weiß, vielleicht ist soeben eine Idee geboren und wir kommen in ein paar Jahren ja doch noch in den Genuss, die aufregende Reise von Elmer Döhlen nachzulesen, der mit seinem Motorrad durch den Orient fuhr. Im Moment bleibt uns nichts anderes übrig, als uns von persischen Klängen in eine fremde Welt entführen zu lassen …“.

In dieser Pause folgt Maya dem Gespräch etwas aufmerksamer. Elmer Döhlen erzählt von seiner Begegnung mit einem Mönch, der ihm damals eine uralte Handschrift gezeigt habe. Es wurme ihn noch heute ganz fürchterlich, dass es ihm nicht erlaubt gewesen sei, diese zu fotografieren. Wer weiß, auf welche Wahrheiten er damals geblickt habe, ohne auch nur ein einziges Wort davon zu verstehen. „Wir wissen gar nicht“, sagt er kopfschüttelnd „wie oft im Leben wir wie der Ochs vorm Berg stehen und die Wahrheit schlicht nicht erfassen können.“

Da spricht er Maya aus dem Herzen. Die Realität auf der Kraterinsel war weit über ihren Horizont hinaus gegangen. Unvorstellbar weit. Sie spürt die Aktivität ihres Amuletts und ist froh, dass Robby Sadezky noch vor ihr an der Reihe ist. Es geht um seine neu entdeckte Leidenschaft fürs Schnorcheln und um die faszinierende Unterwasserwelt Ägyptens. Er schwärmt davon, Raum und Zeit zu vergessen angesichts der fremdartigen Schönheit und des beruhigenden Hin und Hers der Strömung. 200 Korallenarten solle es dort geben. Und man verliere sich beim Absuchen des Meeresbodens nach versteckten Blaupunktrochen, begegne Delfinen, Wasserschildkröten, Dungons und natürlich, ganz klar, haufenweise Nemos.

„Aus der Tiefe der finnischen Wälder ging es in unserer heutigen Sendung schon mit dem Motorrad in die Vergangenheit und hinab in Nemos Korallengärten rund um die ägyptischen Fury Shoals. Was liegt da näher als Fury in the Slaughterhouse mit ihrem Hammer-Klassiker – Lautstärkeregler rauf, liebe Freunde an den Radios und viel Spaß mit ‚Time to wonder‘!“

Die nächsten dreieinhalb Minuten herrscht ehrfürchtige Stille im Studio und nicht nur Maya kribbelt die Gänsehaut.

„Ja, liebe Hörer, auch Jahrzehnte nach seinem großen Erfolg ist dieser Song noch immer ein echter Killer, ein Tritt in den Hintern für all die Bequemen unter uns: Das Leben will gelebt werden. Dazu braucht es Mut – und mutig, liebe Hörerinnen und Hörer, war mein nächster Gast in diesem Sommer wahrlich. Denn was ihr passiert ist, ist Traum und

Alptraum zugleich. Maya Kussmann, herzlich willkommen in unserer Sendung!“

Es gelingt Maya, von ihrem Südsee-Abenteuer zu berichten, ohne ihre tatsächlichen Erfahrungen auch nur annähernd zu streifen. Stattdessen greift sie Robby Sadezkys Schwärmerei vom Schnorcheln auf und weist alle Schnorchelneulinge darauf hin, dass es bei aller Faszination ratsam ist, regelmäßig aufzuschauen. Man erspare sich den Schock, plötzlich ganz allein mitten im Nirgendwo zu schwimmen und auf einem Atoll unter der sengenden Sonne ums Überleben kämpfen zu müssen. Sie lacht. Sie habe quasi das sonnige Pendant zu Frank Kleins Aufenthalt im verregneten Wald erlebt.

„Ach, und was den Zeitaspekt angeht, Herr Döhlen, da würde ich sagen, befand sich mein Inselchen weder in der Zukunft noch in der Vergangenheit. Zeit existierte dort nicht. Es gab nur das Jetzt“, sagt sie. Aber nun, da sie wieder zurück ist, werde es ihr sicherlich gehen wie ihm: Dass sie noch lange von dieser Reise zehren und sich nicht nur an nasskalten Tagen wie heute an die Wärme ihrer Insel und den traumhaften Ausblick aufs Meer erinnern werde.

„Dabei leisten wir Ihnen gerne ein wenig Gesellschaft“, schaltet sich der Moderator wieder ein. „Lehnen wir uns nun einen Moment zurück, schließen die Augen und reisen dorthin, wo die Sonne scheint!“ theatralisch schiebt er den Regler nach oben: ‚Sunshine Reggae‘!

„Oh ja, das passt gut!“, freut sich Maya und ihr Fuß tippt den Rhythmus mit. Keiner ahnt, wie gut dieser Song tatsächlich passt. Und keiner ahnt, wie mächtig ihr Amulett heute strahlt. Während ihres Beitrages ging von ihm eine Wärme aus, die sie richtig ins Schwitzen brachte. Oder lag es gar nicht an ihrem Amulett? Auch auf Elmer Döhlens Stirn zeichnen sich erste kleine Schweißperlen ab. Es ist wohl einfach nur zu heiß in dem viel zu kleinen Studio. Maya entledigt sich ihres Pullovers und nimmt sicherheitshalber auch gleich das Amulett ab. Beiläufig verstaut sie es in der Handtasche und streicht ihr Shirt glatt.

„Bisschen warm hier, was?“, reagiert der Moderator sofort. „Komm, Elena, gib noch ’ne Flasche Wasser rüber. Unsere Gäste sitzen auf dem Trockenen.“

Während Elena die Anweisungen ausführt, die provisorische Kühlbox öffnet und ungeschickt eine Flasche Wasser herüber reicht, ergeht sich der Redakteur in Entschuldigungen: „Es tut mir wirklich leid, dieser Raum eignet sich einfach nicht für so viele Leute. Da wird irgendwann der Sauerstoff knapp. Aber wir sind bald durch und ich hoffe, dass sie sich trotzdem einigermaßen wohl fühlen.“

„Ja, ja, natürlich, keine Sorge. Es ist schon viel besser jetzt. Danke, Elena“, besänftigt Maya den Aufruhr, der ihretwegen entstanden ist, und auf den Wink des Redakteurs schließt die Praktikantin die Tür. Die Sendung geht weiter.

Alexander Mieleichs Auftrumpfen über seinen actionreichen Sommer als Nachwuchs-Stuntman im Filmpark Babelsberg interessiert Maya nicht. Dabei ist es nicht der Inhalt, der sie abstößt, sondern seine Überheblichkeit. Keiner wisse besser als er, dass Angst reine Kopfsache sei. Denn wer sei wohl der Wagemutigste von allen? Er natürlich. Er gehöre zu denjenigen, die geholt würden, wenn die anderen nicht weiter könnten. Maya wird flau. War sie früher nicht selbst so eine Kandidatin? Diejenige, die immer mehr wusste als alle anderen?

Sie braucht dringend frische Luft und hält sich nach der Sendung keine Sekunde länger in dem Studio auf als nötig.

„Äh, Frau Kussmann, warten sie!“ Eilige Schritte folgen ihr durch den Industrieflur. Maya sieht reflexartig an sich herab: Handtasche, Schal, Jäckchen, Schlüssel, Regenschirm – alles da. Noch bevor sie sich umdrehen kann, weht Döhlens Trenchcoat an ihr vorbei. Der Gentleman öffnet ihr die große Glastür.

„Oh, das ist aber sehr nett. Vielen Dank!“

„Aber gern doch, es ist mir eine Ehre.“ Ganz alte Schule verbeugt er sich und begleitet sie im unverfänglichen Plauderton durch den Innenhof und Richtung Parkplatz.

„Ich bin eigentlich kein Freund solcher Veranstaltungen“, erklärt sie fast entschuldigend.

„Da bin ich ganz bei ihnen, Frau Kussmann. Wenn ich Rolf nicht schon so lange kennen würde – na, kurz gesagt: er hatte noch was gut bei mir und da hat er mich eben zu diesem Ding hier verpflichtet.“ Döhlen lacht.

„Ja, da kann ich sie gut verstehen. Ich habe leider keine so gute Erklärung. Wahrscheinlich ist Herr Maybrecht einfach ein Meister seines Faches – er hat mich überredet.“

Sie lachen, tauschen sich über die gelungene Wahl der Musiktitel aus und sind sich einig, dass es im Grunde eine gelungene Sendung war. Und gewisse Typen gebe es eben immer und überall. Beim Auto angekommen reicht sie ihm die Hand. Er deutet einen formvollendeten Handkuss an und lässt Maya ganz offen wissen, dass er sie für eine sehr interessante und attraktive Frau hält.

„Darf ich sie morgen zum Abendessen ausführen, Frau Kussmann?“

6: Das Verständnis

Im Seehof

Jede einzelne Beziehungskatastrophe der vergangenen Jahre hat Maya für männliche Eigenschaften sensibilisiert, mit denen sie künftig nichts mehr zu tun haben will. Nach Mark erstellte sie eine rabenschwarze Liste mit 23 Ausschlusskriterien, ein Charakter- und Gewohnheitsprofil anhand dessen sie potenzielle Unglückskandidaten künftig sofort würde identifizieren können. Elmer Döhlen scheint schon auf den ersten Blick auf einem ganz anderen Blatt Papier zu stehen – schon rein optisch unterscheidet er sich von den bisherigen Schönlingen und eliminiert damit gleich mehrere Spiegelstriche auf einmal. Außerdem gefallen Maya seine offene Neugier und die adrette Art. Und er wirkt wie eine treue Seele: Jemand, der es versteht, so lange von einer einzigen Reise zu zehren, der wird doch wohl auch die Liebe zu einer Frau über die Jahrzehnte lebendig erhalten können. Und sein Konzept von der geographischen Zeit? Es imponiert ihr, weil es zeigt, dass er sich Gedanken macht. Dass er sein Erleben zu erweitern versucht. Und dann besitzt er ja auch noch diese eine Besonderheit, die ihn vielleicht am meisten von ihren bisherigen Gefährten abhebt: Bodenständigkeit. Maya hatte bisher als Partnerin immer hinter den abgehobenen Karrierezielen ihrer Männer zurückstecken müssen. Natürlich hatte sie jederzeit Verständnis für Meetings und Deadlines – doch was half es, wenn sie an Jahres- oder Geburtstagen mit einem Strauß Blumen allein zu Hause saß? Wenn sie sich in piekfeinen Restaurants gegen ständig surrende Blackberries behaupten musste? Hier im Seehof, an dem kleinen Ecktisch bei Kerzenschein ist endlich einmal alles ganz anders. Elmers Bemühungen gelten ihr, ausschließlich ihr. Und sie empfindet es als sehr erfrischend, sich mit jemandem zu unterhalten, der schlicht mit seinem Leben zufrieden ist. Mit jemandem, der morgens mit dem Bus von seiner Wohnung am Stadtrand bis zur Marienbrücke fährt, dort aufs Rad umsteigt und bei Wind und Wetter die kleinen Gassen der Altstadt durchquert bis zu seinem Arbeitsplatz: dem Buchantiquariat Steiner. Seit Jahr und Tag, erzählt er, sitze er im hintersten Winkel dieses schummrigen Regallabyrinths vor einem Computerbildschirm, der sich im Übrigen kaum von seiner historischen Umgebung unterscheidet. Elmer grinst. Sein Alltag bestehe aus Recherchen, Bibliographien und dem hehren Ziel, verkannten Schätzen zu ihrem wahren Wert zu verhelfen.

„Und die meisten Kunden sind in Wahrheit gar keine – es sind fast nur noch die übrig gebliebenen Romantiker aus der alten Zeit, die kommen, wenn sie die Realität da draußen nicht mehr ertragen. Dann lassen sie sich von den ranzigen Ohrensesseln verschlucken, schmökern und vergessen dabei ganz, wer sie sind, woher sie kamen und wohin sie eigentlich wollten.“

Maya gesteht, dass sie das Antiquariat zwar kenne, aber noch nie in diese Winkel der Glückseligen vorgedrungen ist, die sich hinter dem großen Verkaufsraum verzweigen – sie war stets schon im vordersten Bereich fündig geworden. Und sie ziehe die neuen, eingeschweißten Bücher den antiquarischen Werken auch ganz klar vor, denn zum einen seien diese auf dem neuesten Stand der Wissenschaft und zum anderen auch wesentlich hygienischer. Da muss Elmer natürlich widersprechen, denn der Wert eines Buches liege nun wahrlich nicht in seinem hygienischen Potenzial. Die beiden kabbeln sich bis er feierlich sein Glas erhebt:

„Auf den schönen Abend, Maya. Ich kann dir gar nicht sagen, wie sehr ich mich freue, dass wir uns endlich über den Weg gelaufen sind.“ Auch er spürt ganz offensichtlich, dass diese Bekanntschaft zu deutlich mehr führen könnte. Er zeigt im Laufe dieses Abends sogar so großes Interesse an ihr, dass es beinahe schon an ein Ausfragen grenzen würde, wäre da nicht dieses Leuchten in seinen Augen.

„Das Linke ist das richtige“, sagt er unvermittelt und lacht. „Keine Sorge, ich bin es gewohnt, dass mein Schielen die Leute irritiert. Das Linke ist in der richtigen Spur. Das Rechte hängt leider etwas locker in den Seilen, bitte entschuldige, es entgleist immer wieder. Ich hoffe, es stört dich nicht. Aus medizinischer Sicht ist alles in Ordnung, ich sehe bestens. Aber ich irritiere mein Gegenüber damit immer ein wenig.“

Kaum ist es ausgesprochen, verliert dieser Makel sein Tabu. Die Sache ist, was sie ist – nicht mehr und nicht weniger.

7: Die Hoffnung
Zusammen

Einen Tag später ist es Anna im Bellavista, die ihr Glas hebt und hocherfreut den Kopf schüttelt: „Wer hätte gedacht, dass sich innerhalb einer einzigen Woche dein Leben so dermaßen auf den Kopf stellt? Ich freu mich so für dich! Auf dass die Suche ein Ende hat und du wirklich den Richtigen gefunden hast!“

„Danke, Anna. Auf dass die Suche ein Ende hat.“

Zwei große Weingläser erklingen hell und der 2003er Syrah bildet ölige Schlieren.

„Seit wann arbeitet er denn schon bei Steiner?“, Anna holt Maya aus ihren Überlegungen.

„Hm, so genau haben wir gar nicht über seine Vergangenheit gesprochen. Wir haben eher gefachsimpelt. Weißt du, es macht wirklich Spaß mit ihm – wir haben so viele gemeinsame Themen.“

„Ach herrjeh, da haben sich ja dann wirklich zwei gefunden“, lacht Anna. „Du, den musst du mir unbedingt bald mal vorstellen, ja?“

„Immer schön langsam. Erstmal muss ich ihn selbst

besser kennen lernen. Aber ja, das könnte wirklich etwas werden – und du weißt, dass ich so etwas normalerweise nicht so schnell sage.“

„Oh ja, das weiß ich wohl“, grinst Anna. Und im Stillen hofft sie inbrünstig, dass es dieses eine Mal keine bösen Überraschungen gibt.

***

Am Freitagnachmittag wird Maya vor dem Hofladen schon von Jessica erwartet. „Schön, dass sie sich die Zeit nehmen konnten, Frau Kussmann. Kommen sie, ich führe sie ein bisschen herum.“

Rasch stellt Maya den geliehenen Korb zurück zu den anderen und folgt dem Mädchen. Nicht weit, dann bestaunt sie schon den riesigen Gartenbereich, in den sich die einstigen Weizen- und Maisfelder des Großvaters verwandelt haben. Er ist durch weitläufige Beeren- und Blütenhecken in zahllose Parzellen aufgeteilt und ähnelt mehr einem verwunschenen Landhausareal als einem landwirtschaftlichen Betrieb. Maya duckt sich durch den vollbewachsenen Rosenbogen und steht im nächsten Moment wie Alice mitten im Wunderland: Auf bemoosten Wegen wachsen klitzekleine sternförmige Blüten. Thymian, Oregano und Rosmarin fassen die Wege seitlich ein. Auf langgezogen Hügelbeeten winden sich Tomaten an Seilen hinauf und wärmen sich die Füße in dichten Teppichen aus sattgrünem Rucola. Dazwischen recken sich Knoblauchhälse, Luftzwiebeln und leuchtende Rote Bete-Blätter. Auf der anderen Seite kommt man durch einen weiteren Rosenbogen ins Erdbeer-

und Knoblauchfeld, wo auch ewiger Kohl wächst. Maya ist vollkommen verzaubert.

„Und die Blumen, die hier überall so hübsch dazwischen wachsen, locken unsere Bienen an“, erklärt Jessica, „außerdem sind die allermeisten essbar. Wussten sie, dass Pflanzen genauso gesellig sind wie wir Menschen und gleich viel besser wachsen, wenn sie die richtigen Nachbarn haben? Ganz oft sind das auch gleich die Kombinationen, die wir intuitiv in der Küche verwenden: Tomaten mit Basilikum. Kartoffeln, Kohl und Kümmel. Das ist wirklich so. Viele halten das für Mumpitz, aber ich weiß ganz sicher, dass die Pflanzen einem sagen, wen sie bei sich haben wollen. Man muss ihnen nur zuhören.“

„Ich war diesen Sommer bei Freunden zu Besuch, die da ganz ähnlich denken“, erzählt Maya. „Deren Gärten würden dir bestimmt gefallen. Im Grunde ist es der gleiche Ansatz, nur in einer anderen Klimazone. Und, na ja, mit dem Unterschied, dass es eher ein privater Garten war und man sich dort keine Gedanken um die finanzielle Organisation zu machen braucht.“

„Na ja, die Finanzen sind bei uns schon immer wieder mal Thema. Aber wir sparen ja eine Menge an Dünger, Pestkeulen und Maschinen.“ Jessica lacht. „Nein, im Ernst, unseren Mitgliedern sei Dank läuft das alles sehr reibungslos. Unsere Ausgaben sind gedeckt und diejenigen, die sich finanziell weniger einbringen können, kompensieren das mit Zeit und Arbeitskraft. So gibt und bekommt jeder das, was gerade verfügbar ist. Und unterm Strich geht die Rechnung auf: Jule kommt mit ihrem Team zum Beispiel zweimal pro Woche und verarbeitet unsere Produkte. Die Mädels kochen die leckersten Gewürzgurken, Tomatensoßen und Gemüsesuppen ein, machen Marmelade, Honig und Pesto, backen Brot und Zwieback, dörren und entsaften, ach, was man sich nur vorstellen kann. Was davon nicht an die Mitglieder geht, verkaufen wir vorn im Hofladen und bessern den Notgroschen auf. Und, oh, das wird ihnen gefallen: Auch die Kinder bringen sich ein. Sie helfen bei der Verpflegung der Tiere. Sie melden sich für eine bestimmte Zeit als Tierpaten und kommen dann zu festen Terminen, um sich um ihre Tiere zu kümmern. Die einen sind für die Schweine zuständig, die anderen für die Hühner, die dritten für die Ziegen. Und in jeder Gruppe gibt es natürlich einen Profi, der die Kleinen anleitet und ein Auge drauf hat, dass kein Quatsch gemacht wird – zumindest keiner auf Kosten der Tiere. Ansonsten sollen die Kids ja schon Spaß haben. Ach, übrigens, der Julius Brenner, den kennen sie doch, der ist einer unserer engagiertesten Profis. Die Kids lieben ihn, ach was, alle lieben ihn. Ich wüsste gar nicht, was wir ohne ihn machen würden, ehrlich – er verbringt jede freie Minute auf dem Hof und ist irgendwie immer genau da, wo man ihn braucht.“

„Ach wirklich?“, horcht Maya auf und es fällt ihr wie Schuppen von den Augen, dass sie in Julius noch nie etwas anderes als den Problemschüler gesehen hat. Immer nur diesen einen winzigen Ausschnitt seiner eigentlichen Persönlichkeit, seiner eigentlichen Größe. „Hm, die praktische Arbeit wird ihm sicher gut tun – das ist gerade keine leichte Zeit für ihn.“

„Oh ja, das ist wahr. Aber irgendwie, wissen sie, er hat neulich gesagt: ‚Wenn alles wegbricht, was dir Sicherheit gegeben hat, dann hast du die Chance, alles im Leben mit neuen Augen zu sehen.‘ Das hat mich sehr beeindruckt. Es macht irgendwie … Mut, finden sie nicht auch?“

„Ja“, sagt Maya. Und im Stillen erinnert sie sich an Neylas Worte auf der Kraterinsel: ‚Was geschieht, geschieht. Nicht mehr und nicht weniger. Wichtig ist nur das, was du daraus machst.‘ Und zu Jessica gewandt bekräftigt sie: „In den schweren Zeiten lernt man oft am meisten. So unschön das im jeweiligen Moment auch ist.“

„Ja“, lacht Jessica, „davon könnte ich ein Lied singen. Der Hof in seinem alten, maroden Zustand hat mich so einiges lernen lassen. Aber jetzt hat sich Gott sei Dank alles gut eingespielt. Manchmal habe ich sogar das Gefühl, dass sich die Probleme wie von allein lösen. Kaum passiert etwas, kommt auch schon die Rettung ums Eck.“ Sie zieht ein Kopftuch aus der Tasche und bindet es sich um. „Na ja, vorausgesetzt man trägt seinen Teil zum Glück bei und kümmert sich um die Sauerei, solange sie beherrschbar ist, nicht wahr? Und in diesem Sinne …“, sie greift zur Mistgabel, die an der Stallwand lehnt, „muss ich mich jetzt leider verabschieden. Heute bin nämlich ich dran mit Ausmisten. Sie können einfach hier dem Weg weiter folgen und wenn sie sich immer rechts halten, bringt er sie zurück zu Hofladen und Parkplatz. Also dann, Tschüss, Frau Kussmann.“ Jessica verschwindet im Stall, streckt aber sogleich noch einmal den Kopf heraus. „Übrigens: Sie kommen auf dem Weg quasi an der tausendjährigen Eiche vorbei, die sollten sie sich anschauen. Einfach da vorn einen kleinen Haken schlagen: links am Bachlauf entlang und dann über die Brücke. Auf der anderen Seite des Baches ist die Eiche nicht zu übersehen. Meine Großmutter sagte immer, wenn man sich in den hohlen Stamm setzt, kann man sie sprechen hören. Sie können es ja mal ausprobieren.“ Jessica winkt fröhlich und lässt die Tür des Schuppens hinter sich zufallen.

Das gelbe Gestein unter Mayas Halbschuhen knirscht nun lauter als zuvor. Sie kommt zu dem erwähnten Bachlauf pflückt am Wegesrand ein paar Beeren und steht wenig später vor besagter Brücke: Eine Fußgängerbrücke aus Holz, die allerdings und offensichtlich schon vor einiger Zeit einem heftigen Sturm zum Opfer gefallen ist. An ihrer Stelle führt nun der Stamm einer entwurzelten Pappel hinüber ans andere Ufer. Maya schmunzelt. Sie zieht ihre Schuhe aus und steigt hinauf. Die Rinde drückt vertraut in ihre Fußsohlen. Das Wasser unter ihr ist nicht wirklich tief, das Bachbett steinig. Auf der anderen Seite angekommen kneift sie die Augen im Gegenlicht der Sonne zusammen. Die Tausendjährige Eiche erhebt sich majestätisch über einem Meer aus Gräsern und Farnen, Lavendel, Rosen- und Hortensienbüschen. Der Stamm ist bis auf eine Höhe von etwa drei Metern hohl und an drei Seiten befinden sich mannshohe Öffnungen. Der Boden des Innenraumes ist mit weichem, dunkelgrünem Moos bedeckt. Es riecht nach feuchtem Holz, die Rinde knorrig und warm.

„Da möchte man wirklich nochmal Kind sein“, denkt Maya. „Nur um die Möglichkeit zu haben, für ein Weilchen hier drin zu wohnen.“

8: Die Achtsamkeit

Wahre Mythen

Ein Professor schaut missmutig aus der Versenkung seines Ohrensessels auf, als Maya an ihm vorbei huscht. Ein kurzes Kopfnicken und er taucht wieder ab in die vergilbten Seiten einer Passe-temps von 1822. Er gibt sich größte Mühe, seinen Glauben an die Menschheit aufrecht zu erhalten.

Der zweite Raum führt in einen dritten, dieser in einen vierten und von diesem zweigt rechts hinten noch ein weiterer, sehr kleiner Raum ab. Dort, von der Welt vergessen, werden die wertvollsten Schätze des Antiquariates vor Tageslicht geschützt. Der Geruch vergangener Jahrhunderte umgibt die zerschlissenen Schweinsledereinbände mit ihren altehrwürdigen goldenen Lettern. In der Ecke surrt ein vermeintlicher Vorfahre des Computers. Elmer steht am Regal und blättert konzentriert in einem kleinen Büchlein.

Maya klopft an den Türrahmen. „Ich hoffe, ich störe nicht."

Ruckartig, wie ein beim Spicken ertappter Schüler, dreht sich Elmer um. Dann schnell die Freude. „Maya! Das ist ja eine schöne Überraschung! Was treibt dich denn in meine staubigen Hallen?“

„Hallen ist gut.“ Maya lacht. „Einen kleineren und schummrigeren Arbeitsplatz habe ich selten gesehen. Aber ich muss schon sagen: Einen gewissen Charme hat er. Und vor allem hast du hier hinten die Ruhe gepachtet. Draußen ist der Teufel los. Die Fußgängerzone ist komplett überlaufen, die Cafés sind brechend voll – als wäre es der letzte sonnige Freitagnachmittag vor dem ewigen Winter.“

„Ja, hier drin ist man weitab von Raum und Zeit. Wobei es vor allem im Sommer doch anstrengend wird, wenn sich die Hitze sammelt und so gar kein Lüftchen mehr hier hinten ankommt. Aber sag, was treibt dich her?“

„Nichts Bestimmtes. Ich wollte nur einmal sehen, wo du arbeitest und womit du dich so beschäftigst. Was machst du denn gerade?“

„Ach, das freut mich ja. Schau, ich habe hier ein ganz seltenes Stück. Die Reisebeschreibungen eines Buchhändlers. Es gehörte lange Zeit zu den von der Kirche verbotenen Büchern. Deshalb sind nicht viele erhalten – und ganz besonders kaum Erstauflagen. Aber das hier ist eine!“

„Oh, das klingt spannend.“ Maya nähert sich. „Und so etwas steht hier einfach so in den Regalen herum? Das muss doch sehr wertvoll sein?“

„Nein, natürlich nicht, solche Sachen sind sicher verwahrt. Ich vergleiche es gerade mit einer späteren Ausgabe. Ich könnte nämlich schwören, dass diese Kupfertafel hier in dem späteren – ha! Siehst du! Fünf Kupfertafeln auf vier Falttafeln. Und die Erstausgabe hat hier hinten … noch eine sechste. Schau dir das an! Kaí-maná. Ich werd verrückt!“

Die Kupfertafel zeigt eine Dschungellandschaft.

Steinerne Treppen führen zu einem Wasserloch hinunter, in dessen Mitte sich eine Schlange mit Frauenkopf kräuselt – wie Mona Lisa fixiert sie den Betrachter mit glühenden, verheißungsvollen Augen, so dass man ernsthaft Mühe hat, seinen Blick wieder abzuwenden. Daneben ragt ein Felsen in die Höhe, auf dem ein einzelner Baum mit üppiger, leicht herzförmiger Krone wächst. Am Fuß des Felsens tanzen langhaarige Männer vor dem Eingang eines Tunnels. Sie tragen Turbane auf den Köpfen, ähneln ansonsten jedoch eher dem Hawaiianischen oder australischen Typ.

„Das gibt's ja nicht!", entfährt es Maya. Die Kraterinsel! Und das Gesicht der Schlange – sie beugt sich näher über das Bild – das ist doch … Neyla? Ist dann einer von diesen Tänzern etwa auch — nein. „Das wäre ja noch schöner", murmelt sie. Langsam legt Elmer den Kopf in den Nacken. Er betrachtet Maya sehr aufmerksam.

„Was genau gibt es nicht? Hast du irgendetwas davon gesehen, Maya?"

„Ähm, na ja, also … nein, wahrscheinlich nicht. In unseren Augen sieht doch jeder Tanz von Naturvölkern gleich aus. Weißt du, bei diesem Landgang auf der Kreuzfahrt, da wurden wir mit einer Tanzvorführung am Strand begrüßt. Das Bild hat mich nur eben kurz daran erinnert. Aber natürlich hatten die Tänzer in der Südsee keine Turbane auf."

„Ja, die Turbane —", murmelt Elmer, „wenn es sich bei diesem Stich um eine geheime Botschaft handelt, dann könnten die Turbane auch nur Tarnung sein, um das Motiv formal in den Kontext des Buches zu integrieren. Gab es denn auf deiner Insel auch so einen Berg mit Höhle? Oder einen solchen Tümpel?"

„Nein. Ich meine, das weiß ich nicht.“ Nur nicht ins Schlingern geraten. „Ich war ja gar nicht lange dort. Wegen der Schnorcheltour.“

„Hm, schade. Ich dachte schon, wir kommen zusammen einem Schatz auf die Spur.“

„Einem Schatz?“

„Ach, ich mache nur Spaß. In so ein Bild kann man jede Menge hineininterpretieren. Die Schlange hier zum Beispiel. Weltweit, in fast allen Kulturen ist die Schlange ein Symbol für universelles Wissen, für göttliche Macht und Unsterblichkeit. Manchmal auch für Schrecken und Gewalt. Darüber hinaus findet man aber auch Überlieferungen, denen zufolge Schlangengötter ganz real existiert und in direktem Kontakt mit den Menschen gestanden haben sollen. Du kennst bestimmt die Darstellungen aus Ägypten, aber auch Quetzacoatl, den mexikanischen Schlangengott, den kennt man, oder die südamerikanischen Schlangenmenschen, oder den ersten Altar der Zyklopen in Athen, auch der war dem Schlangengott gewidmet. Sogar heute noch soll es Stämme geben, die sich selbst für die leibhaftigen Nachkommen von Schlangengöttern halten, nachdem die sich ihrerseits in den Untergrund zurückgezogen haben. Und gerade hier, in Verbindung mit Wasser – aber ich will dich nicht langweilen. Tut mir leid.“

„Oh, keine Sorge, das tust du nicht. Das klingt spannend. Ich habe ehrlich gesagt noch nie darüber nachgedacht – bei Schlange denke ich sonst nur an Adam und Eva.“ Maya zuckt mit den Achseln und Elmer fährt fort:

„Ja, unsere Kirche hat die negative Seite der Dualität bewusst verstärkt, hat die Schlange als Sinnbild des Bösen gebrandmarkt. Es heißt nämlich, dass diese Schlangengötter einst ihr universelles Wissen mit den Menschen teilten. Die Existenz der Pyramiden, Stonehenge, Machu Picchu und viele weitere mysteriöse Stätten zeugen noch heute davon. Und wir haben nicht mehr die leiseste Ahnung wie sie überhaupt erbaut werden konnten, geschweige denn wofür sie erbaut wurden. Hochmütig wie wir sind, schieben wir alles, was wir nicht verstehen, in den Bereich der Mythologie." Elmers Augen verengen sich zu kleinen Schlitzen, als versuche er ein undeutliches Zeichen in der Ferne zu entziffern. „Aber hat nicht jede Geschichte ihren wahren Kern? Und ist es denn so abwegig, zu glauben, dass dieses universelle Wissen tatsächlich noch irgendwo verborgen liegt?"

Für einen gespannten Moment der Stille spiegelt sich Mayas Aufmerksamkeit in seinen Pupillen. Dann lacht er und schickt sich an, die Falttafeln einzuklappen.

„Warte", hält Maya ihn auf. „Du sagtest, die Schlange in Verbindung mit Wasser hätte eine besondere Bedeutung?"

„Naaa, hat es dich etwa auch gepackt?" Elmer grinst. „Kann ich nur zu gut verstehen. Ja, es hat eine Bedeutung. Denn viele Kulturen sprechen davon, dass die Schlangenwesen sich mit dem universellen Wissen in die Unterwelt zurückgezogen hätten, weil sich der Mensch als unwürdig erwiesen hätte. Und der Eingang zu dieser unterirdischen Welt befindet sich den Überlieferungen zufolge unter Wasser. Und wo ich das jetzt alles so erzähle – liegt es da nicht nahe, dass wir hier auf eine Art Schatzkarte gestoßen sind, die den Zugang zu diesem geheimen Wissen markiert? Was meinst du, vielleicht wurde dieses Büchlein von der Kirche ja deshalb verboten?"

Jetzt ist es Maya, die mit einem überzeugend gespielten

Lachen abbricht: „Du meine Güte, das klingt ja wie ein Krimi. Dann lass uns das Ding schnell wieder einschließen, bevor sich noch die Geheimpolizei des Vatikan an unsere Fersen heftet. Ich weiß nämlich nicht, ob mir mein Eistee auf den Parkterrassen noch schmecken würde, wenn ich wegen dieser Entdeckung um mein Leben bangen müsste."

„Du hast recht, ich sollte dich da nicht mit reinziehen." Elmer zwinkert. „Eistee auf den Parkterrassen klingt hervorragend. Komm, ich lade dich ein. Und das hier", er klappt das Buch zu und stellt es in den Wandschrank, „hat jahrhundertelang geschlummert – darum kann ich mich auch noch am Montag kümmern. Agent 007 der Parawissenschaften macht jetzt Wochenende."

Elmer klappt eine massive Stahltür zu und erst jetzt erkennt Maya, dass der Wandschrank eine aufklappbare Rückwand besitzt und nur als Tarnung für den dahinter in die Wand eingelassenen Tresor dient. Normale Kunden und Besucher würden beim Anblick des naiv-bemalten Bauernschrankes niemals auf die Idee kommen, dass sich dahinter die wirklich wertvollen Stücke befänden.

„Da werden sich die Geheimagenten wohl noch den ein oder anderen Zahn ausbeißen, ehe sie dir auf die Schliche kommen. Aber, sag mal, kannst du jetzt wirklich einfach so gehen? Es ist doch noch gar nicht deine Zeit, oder doch?"

„Mit einem guten Grund – immer." Elmer zeigt seine Zähne und der Computer rasselt die letzten Meter ins wohlverdiente Wochenende. Das geordnete Chaos auf dem Schreibtisch bleibt unberührt: dutzende Notizzettel neben unbedeutenden Taschenbüchern aus den Sechzigern, daneben mehr oder weniger geschundene Leineneinbände und ein paar archäologische Sammelschriften zu Mesopotamien, aus denen an unzähligen Stellen Lesezeichen ragen.

„Damit hat sich ja jemand intensiv befasst – sieht schwer nach Abschlussarbeit aus“, überlegt Maya laut und fährt mit dem Finger an den Schnipseln entlang.

„Das? Oh, ähm nein, das war ich.“ Er flüstert verschwörerisch: „Ich soll ja eigentlich nur bibliographieren hier hinten, aber manchmal lese ich mich einfach fest.“

„Ich hoffe doch, es geht in dem Band nicht auch um Schlangen?“, witzelt Maya.

Elmer kommt sehr nah an sie heran und legt ihr halb neckisch, halb anzüglich den Zeigefinger auf die Lippen. „Pssst. Sonst kommen sie uns wirklich noch holen.“ Und dann schiebt er sie mit freundschaftlicher Vertrautheit aus seinem Arbeitszimmer. „Lass uns gehen. In deiner Gegenwart ist dieser Nachmittag viel zu schön, als dass ich es noch eine Sekunde länger hier im Staub der Vergangenheit aushalten könnte.“

Im Verkaufsraum bespricht sich Elmer mit seinem Chef und Maya schlendert an den Sonderangeboten entlang: Bildbände über Gartenkunst stapeln sich neben einem Sammelsurium von Rezeptbüchern für Sommercocktails, dahinter Marokko-Reisekalender fürs kommende Jahr und das Handbuch der Pferdekrankheiten. Beim Anblick der Herbstausgabe einer Schnittmuster-Zeitschrift zuckt Maya kurz zusammen. „Elmer, entschuldige, ich habe meinen Mantel hinten liegen lassen. Ich bin gleich zurück.“

Der Professor hat seinen Ohrensessel mittlerweile aufgegeben und sich zurück ins Büro gequält, um sich über einem Haufen uninspirierter Hausarbeiten die letzten Haare zu raufen. Maya indessen legt ihren Mantel über den Unterarm, prüft noch einmal nachdenklich, ob der

Bauernschrank verschlossen ist und will gerade das Zimmer verlassen, als ihr Blick auf den gerahmten Kupferstich an der Wand fällt. Schon vorhin wollte er ihre Aufmerksamkeit auf sich ziehen, aber das Gespräch hatte sie abgelenkt. Er zeigt ein vierblättriges Kleeblatt mit zahllosen kleineren und größeren Zwischenräumen, die den Blick auf die dahinterliegende Welt freigeben. Die Ziselierungen des Holzes sind mit feinsten Linien angedeutet. In halb verblichenen Lettern steht darunter „IV / личность“.

***

Überrascht legt Maya auf. Sie hatten gestern noch bis spät nachts im Restaurant der Parkterassen gesessen und sich blendend unterhalten. Seit ihrem Abschied waren noch keine 10 Stunden vergangen. Also hat es auch ihn erwischt! Mit einem glücklichen Lächeln im Gesicht spült sie ab und überlegt, ob es vielleicht an Omas Feiertags-Porzellan liegt, dass zur Zeit so viele wunderliche Dinge geschehen: Ihr Unterricht hat deutlich an Substanz gewonnen, sie hat einen nie gekannten Draht zu ihren Schülern, alle arbeiten engagiert mit, Jessicas Essenskörbchen wertet die Pausen auf, mit Kerstin bahnt sich eine Freundschaft an und dann ist da auch noch Elmer: Ein Mann, der geradewegs aus dem Bilderbuch ihrer Prinzessinnenträume entstiegen zu sein scheint. Ein Mann, der ihr jeden Wunsch von den Augen abliest, der gebildet, interessiert und unterhaltsam ist und der ebenso gerne zuhört. Und ein Mann, der sie gestern Abend mit einem so leidenschaftlichen Blick angesehen hat, dass ihr beim bloßen Gedanken daran warm ums Herz wird.

Oder ist es das Amulett, das ihr so viel Glück beschert?

Wenig später nimmt Elmer Mayas Hand und spaziert mit ihr querfeldein über die Wiesen, dass die verblassten Sommersprossen nur so tanzen. Auf einer Anhöhe mit Ausblick breitet er eine Picknickdecke aus und zaubert eine Leckerei nach der anderen aus seinem Rucksack: Antipasti, griechische Aufstriche, Baguette, Cocktail-Tomaten, kernlose Trauben und französischen Käse. Hätte Maya noch Zweifel an ihm gehabt, so würden diese spätestens jetzt verpuffen, als er eine Flasche Château de Vaugelas mitsamt Weingläsern auf dem Holzbrett abstellt. Dieser Mann weiß einfach, worauf es ankommt!

„Glaubst du eigentlich wirklich, dass an dieser Geschichte von den Schlangengöttern und ihrer unterirdischen Welt was dran ist?", knüpft Maya noch einmal beiläufig an das gestrige Thema an. Sie würde das Buch mit dem geheimnisvollen Kupferstich zu gerne noch einmal sehen.

„Man kann es nie genau wissen", antwortet Elmer und reicht ihr das Brot. „Vielleicht steckt hinter all dem viel mehr als wir uns vorstellen können. Vielleicht ist die Welt ganz anders, als wir sie denken. Und vielleicht war auch die Vergangenheit ganz anders, als wir es gelernt haben. Ich meine, wer kann es denn schon mit letzter Sicherheit sagen? Meiner Meinung nach dreht sich die Wissenschaft im Kreis. Mit ihren starren Regelwerken erlaubt sie doch gar kein Denken outside the box. Was aber, wenn die Wirklichkeit viel umfassender ist als die Box, in der wir uns bewegen? Du kennst Einsteins Ausspruch: Die Definition von Wahnsinn ist, immer wieder das Gleiche zu tun und andere Ergebnisse zu erwarten."

Maya schmunzelt. „Weißt du, Elmer", sagt sie, „noch

vor wenigen Wochen hätte ich dir heftig widersprochen. Aber vielleicht ist es ja wirklich so. All die Urvölker, egal auf welchem Kontinent, sie alle leben nach vollkommen anderen Regeln als wir es tun. Wir bezeichnen sie als unzivilisiert, aber in Wahrheit sind doch wir diejenigen, die sich vom Menschsein entfremdet haben. Wir sind diejenigen, die den Planeten zugrunde richten, die alles nur noch abstrakt in Geldwerten bemessen und die jegliche Achtung vor dem Leben verloren haben. Ist unser Denken denn wirklich richtig? Sind wir wirklich weiterentwickelt als diese Völker?"

„Eben!", pflichtet Elmer ihr bei. „Und beinahe all diese Völker sprechen in ihren Überlieferungen von Schlangengöttern oder – wo es keine Schlangen gibt und sie kein Wort dafür haben – von Otter- oder Aalgöttern. Weltweit. Soll das etwa Zufall sein?"

Maya schaudert. Was, wenn die Grenzen der Wirklichkeit noch viel weiter gehen, als sie es sich vorstellen kann? Was, wenn ihre Erlebnisse auf der Kraterinsel nur ein kleiner, ein ganz kleiner Vorgeschmack auf etwas viel, viel Größeres waren?

„Du hast ja Gänsehaut, Maya! Ist dir kalt? Soll ich dich ein bisschen wärmen? Komm rüber zu mir."

„Oh, nein, das ist lieb, danke, ich hatte nur gerade einen ziemlich merkwürdigen Gedanken."

„Möchtest du ihn mit mir teilen?"

„Nein, das ist zu absurd."

„Oh bitte!", Elmers Augen leuchten wie die eines kleinen Jungen. „Ich steh doch total auf absurde Gedanken und Geschichten. Bitte erzähl! Ich verspreche, dass ich nicht lachen oder schlecht über dich denken werde." Er kreuzt die Finger in der Luft. „Hoch und heilig!“

„Na gut“, lacht Maya. „Ich musste eben nochmal an diesen Kupferstich von gestern denken. An das Wasserloch und die Schlange. Ich habe dir erzählt, dass ich bei meinem Landgang während der Kreuzfahrt solche Tänzer gesehen habe. Aber ich bin auch in einer ganz ähnlichen Doline geschwommen.“

„Ach was!?“ Elmer sitzt aufrecht wie ein Erstklässler. Seine Augen kleben an den Lippen der schönen Lehrerin, um jedes Einzelne ihrer Worte aufzusaugen und es für immer in der Schatztruhe seines Herzens zu verwahren.

„Ja, aber jetzt lach nicht: Es gab dann Lichtreflexe – eben einfach Sonnenstrahlen, die im richtigen Winkel eingefallen sind und optische Effekte erzeugt haben, die man sicherlich leicht erklären kann. Ich war wie hypnotisiert. Es sah wunderschön aus und ich bin mit offenen Augen abgetaucht und diesen Strahlen gefolgt, bis mir die Luft ausging. Erst da kam ich wieder zur Besinnung.“ Maya schnappt dreimal nach Luft. „Siehst du – jetzt lachst du doch.“

„Aber doch nicht über deine Geschichte, Maya, sondern über dein schauspielerisches Talent. Das Japsen war wirklich überzeugend. Genau so muss es gewesen sein.“

„Hey! Das war mächtig übertrieben!“

„Aber das weiß ich doch. Trotzdem: Es war lustig.“

„Ja. In dem Moment zwar nicht, aber es war auf jeden Fall ein eindrucksvolles Erlebnis. Und als ich dann gestern diese Schlange gesehen habe und deine mysteriöse Erzählung dazu und dieses Gesicht —“

„Welches Gesicht?“

„Na, das Gesicht dieser Frau, sie kam mir irgendwie bekannt vor, aber ich konnte es nicht zuordnen.“

„Ich verstehe nicht ganz – welches Gesicht welcher Frau? Wovon sprichst du?“

„Ich spreche von der Schlange in dem Wasserbecken. Sie hatte das Gesicht einer Frau. Erinnerst du dich nicht?“

„Ähm, doch, ich erinnere mich sehr gut. Das war ein ganz normaler Schlangenkopf.“

„Nein. Ich habe es doch gesehen, da hast du nicht genau genug hingeschaut, mein Lieber.“

„Also da würde ich jetzt doch wetten – ich bin mir ganz, ganz sicher, dass es sich bei dem Kopf der Schlange um einen Schlangenkopf gehandelt hat.“

„Okay.“ Maya ist leicht verunsichert, geht aber darauf ein. „Der Verlierer zahlt den nächsten Abend in den Parkterrassen.“

„Das ist ein Wort! Gleich morgen? Wunderbar. Dann habe ich schon etwas worauf ich mich freuen kann.“

„Das ist schön. Aber sag mal, meinst du, dass es möglich ist, dass diese Lichtreflexe beziehungsweise dieser hypnotische Zustand – ich meine, angenommen, an dieser Schlangengeschichte wäre etwas Wahres dran —“

„Öha, das ist ja abgefahren. Du meinst, dann hättest du den Eingang zu der unterirdischen Welt gefunden? Meine Güte, stell dir das doch mal vor! Wenn du dir nichtsahnend Zutritt verschafft hättest und die dich erwischt hätten, dann wärst du jetzt vielleicht Schlangensklavin in der Unterwelt! Oder irgendein Schlangengott hätte dich als Frühstücksomelett mit Frühlingszwiebeln bestreut. Oder —“

„Okay, okay, du kannst aufhören!“ Maya wirft ihre Serviette nach Elmer. „Belassen wir es einfach bei einer harmlosen, kleinen Urlaubserinnerung, ja? Danke.“

„In Ordnung“, nickt Elmer großmütig. „Trotzdem.“ Er

betupft sich die Mundwinkel mit Mayas Serviette. „Ich finde das Ganze unglaublich spannend und freue mich sehr, dass du deine Erlebnisse mit mir geteilt hast. Ich weiß, was das bedeutet. Normalerweise spreche ich auch nicht über solche Sachen. Man wird ja doch nur zum Spinner abgestempelt. Aber mit dir ist das anders, Maya. Du hast eine Tiefe, die dich von allen anderen unterscheidet. Du weißt Dinge, von denen die Menschheit noch keine Ahnung hat. Ich spüre das. Du bist etwas ganz Besonderes. Und“, er nimmt ihre Hand in die seine, „ich habe so lange nach dir gesucht.“

***

Imee ist hellwach. Sie steht auf der Veranda ihrer Hütte und horcht. Inmitten der nächtlichen Dschungelgeräusche weiß sie: Es ist nah. Sie weiß schon lange, dass es kommen würde. Das Gefühl der Machtlosigkeit greift nach ihr. Es drückt ihr auf die Brust, so sehr, dass sie in manchen Nächten kaum noch Luft bekommt. Und so steht sie auch heute im Licht des Mondes und konzentriert sich auf ihre Atmung, auf die stillste und mächtigste Kraft des Lebens. Sie spürt seit langem, wie sich dieses schwarze, klebrige Etwas immer feister um die Welt zieht. Unmerklich und unsichtbar in seiner Absicht, allem Sein den Atem zu rauben.

9: Die Vollkommenheit

Eine Frage des Vertrauens

Ich kann gar nicht genau sagen“, überlegt Maya, „wann diese Veränderung begonnen hat. Es ging ebenso schleichend wie schnell.“

Elmer spült das Geschirr und stellt das Töpfchen mit den restlichen Tagliatelle al mare in den Kühlschrank. „Weißt du“, hört er sie sagen, „anfangs waren sie nur ein bisschen unkonzentriert, aber auch Karin sagt, dass viele Kinder keine richtige Verbindung mehr zu ihrer Außenwelt haben. Als hätte man ihnen den Stecker gezogen. Sogar ihre eigenen Jungs. Die haben einfach keine echten Interessen mehr. Und das, obwohl Karin ihnen die Computerzeit bewusst limitiert und drauf achtet, dass sie raus gehen und draußen spielen. Aber sie sagt, gegen diese chronische Langeweile kommt sie einfach nicht an, da reibt sie sich auf.“

Elmer nimmt einen großen Schluck Wasser. „Langeweile ist genauso anstrengend und verheißungsvoll wie ein heißer Nachmittag in der Wüste. Eben meinst du noch, ausgeliefert zu sein und im nächsten Augenblick siehst du deine kühnsten Träume in einer Fata Morgana Wirklichkeit werden." Er lacht durch seine spitzen Zähne. „Tut mir leid, ich habe gelegentlich poetische Episoden. Aber keine Sorge, das ist wie Niesen: Muss raus, ist dann aber sofort wieder vorbei. Nicht ansteckend oder so."

Nachdenklich antwortet Maya: „Es ist ja wahr: Ein Kind, dem langweilig ist, denkt sich im Normalfall irgendetwas aus, wie es diesen öden Zustand beenden kann. Es wird kreativ. Ein Kind, das beim ersten Anzeichen von Langeweile nur zum Handy zu greifen braucht, braucht keine Kreativität. Das kreative Denken verkümmert." Im Geiste sieht Maya die Inselkinder mit ihrem Ka! über die Schienen rattern. „Wenn ein Mensch nicht mehr lernt, seine eigene Welt zu gestalten, kann er doch niemals wirklich glücklich werden, oder?"

Elmer versteht sie und der Abend fließt dahin. Im trauten Licht der Leselampe sitzen die beiden auf dem Sofa, führen inspirierende Gespräche und Maya erhebt erst Einspruch, als der Korken der zweiten Flasche ploppt.

„Du, ich bin schon ganz angesäuselt. Ich habe das Gefühl, ich hätte die ganze Flasche allein getrunken. Gib mir bitte erstmal etwas Wasser."

„‚Ein Trinkgefäß sobald es leer, macht keine rechte Freude mehr' wusste schon der gute Wilhelm Busch, nicht wahr? Aber natürlich, du bekommst auch noch ein Glas Wasser dazu. Und ich nehme auch noch eins – wie gut, dass du auf uns aufpasst."

„So war das ja nun nicht gemeint", schmunzelt Maya und lässt sich von ihrem Schelm ein Glas Wasser und ein frisches Glas mit neuem Wein reichen. Er ist da ganz wie sie: Niemals würde er Wein aus einer neuen Flasche in ein benutztes Glas füllen.

„Natürlich nicht! Wo denkst du hin?“, entrüstet sich Elmer, stellt die Flasche ab und rutscht ein Stückchen näher zu Maya heran. „Als Genießer komme ich ganz nach Goethe: ‚Bald geh ich in die Reben – und herbste Trauben ein. Umher ist alles Leben – es sprudelt neuer Wein. Doch in der öden Laube, ach, denk ich, wär sie hier. Ich brächt ihr diese Traube – und sie, was brächt sie mir?“

Verzaubert von seinen betörenden Worten, von zu viel Wein und dem Streichen gepflegter Fingerspitzen lässt sich Maya das Glas abnehmen und schließt die Augen. Sie konzentriert sich ganz auf die warmen Hände auf ihrer Haut: Genüsslich ziehen sie über ihr Dekolletée und umschmeicheln sie auf täuschend sittliche Art. Ein warmer, runder Gegenstand, ein kleiner flacher Mond berührt ihren Bauch, wird von unsichtbarer Hand gezogen. Er folgt den Spuren von Elmers Fingerspitzen, fährt Mayas Arm hinab und erkundet nach und nach ihren gesamten Oberkörper. Maya ist vollkommen entspannt.

„Er ist so schön wie du“, flüstert Elmer an ihrem Ohr.

„Wer?“ murmelt Maya, die ihre vom Wein schweren Augen nicht unnötig öffnen möchte.

„Dein Talisman.“

„Hmm.“

„Woher hast du ihn?“

Es dauert eine Weile, bis Elmers Worte in ihr Bewusstsein dringen und es ist gut, dass ihre Augenlider so schwer sind. Sie bleibt ruhig.

„Ach, das ist nur ein Souvenir aus dem Urlaub. Diese Dinger, die einem angedreht werden, während man am Strand liegt und die man nur kauft, damit der Typ endlich verschwindet.“

„Da hat sich aber jemand große Mühe gegeben – das ist ja Handarbeit. Und eine sehr aufwändige noch dazu. Weißt du zufällig, was das für Holz ist?“

„Nein, keine Ahnung.“

„Bestimmt irgendwas Tropisches. Aus der Südsee, oder?“

„Keine Ahnung“, murmelt Maya, deren Unterbewusstsein in Alarmstellung gegangen ist.

„Von deinem Landgang?“

„Kann mich nicht erinnern.“

„Weißt du, was das Symbol bedeutet?“

„Nein.“ Jetzt öffnet Maya die Augen doch und setzt sich auf. „Warum interessiert dich dieser Anhänger denn so sehr? Er ist wirklich nichts Besonderes.“

„Mich interessiert alles, was zu dir gehört. Und er ist eben doch etwas Besonderes. Weil du etwas Besonderes bist“, flüstert Elmer und küsst Mayas Hand. Sie lässt es geschehen, erinnert sich nun aber an den gerahmten Druck in Elmers Büro:

„Hast du dieses Symbol denn schon mal gesehen?“, fragt sie. „In irgendwelchen alten Büchern vielleicht? Weißt du, was es bedeutet – ob es etwas bedeutet? Denn wenn ja, dann sag es mir bitte. Ich habe wirklich keine Ahnung.“

„Schade.“ Elmer wirkt aufrichtig enttäuscht. „Nein, ich weiß auch nichts darüber. Ich fand es einfach nur außergewöhnlich aufwändig gestaltet – ich meine –“, sein Blick spricht Bände, „für ein 08/15-Souvenir von einem … Strandverkäufer.“

Natürlich weiß er, dass sie ihn belogen hat. Er muss ja denken, dass sie noch an irgendeinem Mann hängt, von dem sie die Kette erhalten hat. Was kommuniziert sie denn damit, dass sie sie täglich trägt?

„Es hat nichts mit irgendeiner alten Liebe zu tun“, versichert sie. „Das musst du mir glauben. Aber ich kann dir auch nicht mehr dazu sagen. Es ist ein Urlaubssouvenir, nicht mehr und nicht weniger. Okay?“

„Okay.“

Die wundervolle Stimmung des Abends hat einen unschönen Knacks. Geheimniskrämerei auf der einen Seite, Unverständnis auf der anderen. So entstehen Missverständnisse. Aber ist es nicht viel zu früh für Missverständnisse? Was für eine Art Beziehung soll denn entstehen, wenn schon am Anfang und bei solch kleinen Dingen gelogen und misstraut wird? War dies der Moment, vor dem Isko sie gewarnt hat? Sie solle nichts versprechen, hat er gesagt, weil sie gar nicht absehen könne, welche Konsequenzen ihr Versprechen in Zukunft haben würde. Hat er vorausgesehen, dass ihre zukünftige Ehe auf einem Bein hinken würde? Dass ihr zukünftiger Ehemann gar nicht wirklich wüsste, wen er da geheiratet hat? Dass sie einen wichtigen Teil ihrer Entwicklung und Überzeugungen vor ihm und ihren Kindern würde geheim halten müssen? Anders herum gedacht: Wenn Maya sich so unvoreingenommen vorstellen kann – und ja, das kann sie –, mit Elmer eine Familie zu gründen, sollte sie ihm dann nicht auch etwas mehr über ihren Talisman verraten können? Mit ihm gemeinsam könnte sie womöglich viel besser verstehen, was ihr diesen Sommer widerfahren ist. War es nicht Schicksal, dass sie ihm begegnet ist – ausgerechnet ihm, dem möglicherweise Einzigen, der so viel Verständnis und Vorwissen für ihre Geschichte mitbringt? Ist das nicht ein klassischer Paopao-Moment und hatte sie sich nicht vorgenommen, mehr in Gemeinsamkeiten statt im

Gegeneinander zu denken?

„Im Antiquariat“, sagt sie zögernd, „hängt ein Druck an der Wand. Das Amulett darauf ist meinem recht ähnlich, zwar ein anderes Motiv, aber die Formensprache verbindet sie doch, finde ich. Es scheint eine ganze Reihe von Amuletten dieser Art zu geben. Du weißt mehr darüber, nicht wahr?“

Elmer lächelt.

„Ich glaube, dass wir beide hier eine Vertrauensfrage zu bestehen haben“, sagt er leise und greift erneut ihre Hand. „Ich werde dir jetzt alles erzählen, was ich über diesen Kupferstich weiß. Und dann erzählst du mir, woher du deinen Anhänger wirklich hast, ja? Vertrauen für Vertrauen.“

„Vertrauen für Vertrauen“, wiederholt Maya leise und ein ungutes Gefühl nistet sich in ihrer Magengegend ein.

***

Wie eine vor Jahrtausenden versteinerte Meerjungfrau sitzt Tala auf ihrem Plankenbett, den Oberkörper aufgerichtet, die Beine seitlich angewinkelt. Ihr Blick verliert sich in der Dunkelheit. Hatte sie sich wirklich so sehr getäuscht? Hatte sie ihr Potenzial nicht von Anfang an deutlich gesehen und es beim Abschied gespürt: Maya hatte den Zugang gefunden. Sie war bereit. Bereit, ihre Fähigkeiten zu entwickeln und jenen unendlich wichtigen Platz im Schutzkreis einzunehmen.

„Sie kann nicht, Tala. Sie steht erst am Anfang.“ Osmos Stimme legt sich behutsam auf den Schmerz der alten Frau. „Sie ist das Kind ihrer Geschichte und so wie die Windungen einer Muschel dem immer gleichen Rhythmus folgen, so fließen auch aus ihrem Ursprung die Emotionen und Wünsche, die sie zum Handeln bewegen, und nur langsam lösen sich diese Muster und nur langsam schwingen sie frei, weiter und immer weiter hinaus. Und so sehr wir es uns auch wünschen – Entwicklungen lassen sich nicht beschleunigen. Jeder Schritt muss gegangen werden."

„Und doch", denkt Tala stur, „kann sich eine Muschel mit all ihren Windungen auch im Ganzen fortbewegen – wann immer sich ihr Herz dazu entscheidet."

Auf Osmos Stirn zeichnen sich dicke, schwarze Furchen. Über dem Ozean dämmert es. „Lass uns gehen, Tala", mahnt er und schweigend machen sich die beiden Ältesten auf den weiten Weg zum Portal.

***

„Du erinnerst dich an meine Motorradtour nach Tibet?"

„Natürlich", nickt Maya. „Das war ja das Erste, was ich von dir wusste – deine Zeitreise."

„Genau. Und du erinnerst dich daran, dass ich im Interview sagte, ich würde noch immer davon zehren?"

„Ja, natürlich. Jetzt mach es doch nicht so spannend!"

„Doch, weil es spannend ist, Maya. Also. Der konkrete Anlass dieser Motorradtour war keine diffuse Abenteuerlust, sondern … eine Mission. Schon als Fünfjähriger wusste ich, dass ich etwas Revolutionäres zu entdecken hätte und eines Tages der reichste Mensch der Welt wäre." Er sieht sie verschmitzt an. „Du siehst, auf wen du dich eingelassen hast? Genau genommen ist jetzt der beste Moment für unser Kennenlernen, denn wenn ich das Ziel erreicht habe, kann ich mir sicher sein, dass du nicht nur des Geldes wegen bei mir bist."

„Nein, ganz sicher nicht", lacht Maya. „Mir sind ganz andere Dinge viel wichtiger. Das weißt du."

Elmer küsst sie, bevor er weiter spricht. „Ich war also auf der Suche nach dem ganz großen Geheimnis. Natürlich konnte ich es damals noch nicht in Worte fassen, hatte nicht die geringste Vorstellung davon, aber es war keine Frage, dass es für mich auf dieser Welt etwas Immenses aufzuspüren gab. Etwas, das sich Jahrhunderte, wenn nicht gar Jahrtausende vor uns Menschen verborgen gehalten hat. Ergo: Ich brauchte so viele unbekannte Quellen aus erster Hand wie nur irgendwie möglich. Also fuhr ich los. An jedem Ort suchte ich die ältesten Einheimischen auf, ließ mich einladen, reparierte Dachstühle und Hühnerställe und interessierte mich für ihr Leben. Und dafür erzählten sie mir von den Mysterien ihrer Gegend. Schließlich erfuhr ich von diesem verfallenen Kloster, das irgendwo am Fuße des Himalaya in der Einöde liegen sollte. Vor sehr langer Zeit, so hieß es, sei es ein bedeutendes Zentrum des Buddhismus gewesen und irgendwann habe es sich in eine Schutzburg für verfolgte Intellektuelle verwandelt. Aus allen Himmelsrichtungen seien sie gekommen, um sich und ihre geistigen Schätze dort in Sicherheit zu bringen. Und am Ende wäre eben doch alles einem fürchterlichen Brand zum Opfer gefallen. Offiziell hieß es, der Abt selbst habe das Feuer gelegt. Im Streit. Aber die Leute wussten natürlich, dass in Wahrheit die Oberen von der Existenz machtbedrohender Dokumente erfahren hatten und diese mitsamt ihren Verfassern ein für allemal vernichten ließen. Man munkelte aber, dass Geheimgänge in eine unterirdische

Krypta führten, in der lebendig mumifizierte Mönche bis heute Wache hielten. Natürlich wollte mir niemand verraten, wo diese Gänge zu finden wären – heilige Orte, Angst vor Flüchen und so, na, du weißt schon. Also zog ich am nächsten Tag alleine los. Ohne weitere Hinweise. Aber glaub mir, ich hätte jeden Stein und jeden Felsblock umgedreht, wenn es nötig gewesen wäre. Gott sei Dank hatte uns einer der Nachbarsjungen belauscht und witterte ein Geschäft. Ich saß eben auf dem Motorrad, bereit zur Abfahrt, da streckte er mir die offene Hand entgegen. Ich dachte, er bettelt nochmal kräftig zum Abschied, aber nein, er wollte einen Deal: Geld gegen Grabkammer. Als ich das endlich begriffen hatte, kramte ich ein paar Münzen heraus und gab sie ihm. Es war nicht viel, aber Münzen sind schwer und glitzern in der Sonne. Für Kinder reicht das."

„Das ist gemein, Elmer. Ich hoffe, das weißt du!", fällt Maya ihm ins Wort. „Der Junge kam doch sicher aus sehr armen Verhältnissen! Und er hat dir sehr geholfen."

„Ja, du hast natürlich recht. Aber damals war das ja auch für mich viel Geld. Ich war Student und hatte schließlich noch einen langen Nachhauseweg. Da konnte ich nicht übermäßig spendabel sein."

„Hmm. Erzähl weiter."

„Der Junge führte mich stundenlang über die karge Ebene. Ich kann mich noch erinnern als wäre es heute, wie der eiskalte Wind mir um die Ohren pfiff, die Wolken hingen tief und der kleine Kerl sprang in seinen zerschlissenen Klamotten wie ein Ziegenbock über die Felsen davon. Ich in meiner Lederkluft hinterher. Und dann, am Fuß eines riesigen Geröllhaufens, da blieb er unvermittelt stehen und wies auf eine Stelle im Sand. Nichts als Sand. Der Junge machte ein paar Schaufelbewegungen mit den Händen und setzte sich mit einigem Abstand in den Windschatten. Er machte keinerlei Anstalten, mir bei der Arbeit zu helfen, denn er hatte seinen Auftrag schließlich erfüllt. Er hatte mir den Weg gezeigt. Gehen musste ich ihn schon selbst. Und so schaufelte ich mit bloßen Händen Unmengen an Sand zur Seite bis eine Steinplatte zum Vorschein kam. Sie war nicht sonderlich dick, aber es gingen trotzdem nochmal ein paar Münzen drauf, damit der Junge mir half, sie weg zu schieben. Der Tunnel dahinter war extrem schmal, ich kam gerade so hinein. Der Junge blieb vor dem Eingang sitzen und – na, was meinst du, was er tat? Nein. Er jonglierte mit einer Taschenlampe und streckte mir die offene Hand entgegen. Dieses kleine Pokerface! Ich musste dreimal nachlegen, bis er sie endlich heraus rückte. Na ja, wie auch immer, es hat sich gelohnt: Dieser Gang führte nämlich tatsächlich in die unterirdische Grabkammer. Ringsum an der Wand kauerten Mumien im Lotossitz und blickten starr auf das Dharma Rad, das in der Mitte des Raumes in den Sand gezeichnet war. Ich sage dir, ich wäre am liebsten rückwärts wieder raus. Aber ich wusste, dass ich es hier finden würde – was auch immer es war. Ich inspizierte jede einzelne Mumie von Kopf bis Fuß und hatte dabei ständig die Blicke der 29 anderen im Rücken. Fünf von ihnen trugen ganz sonderbare Gesichtsmasken aus einer Art Pappmaché. Da muss man doch einfach, oder nicht? Also ich musste. Ich nahm sie ab. Bei der ersten war nichts drunter und bei der zweiten auch nicht. Fast hätte ich die widerwärtige Aktion aufgegeben, aber es war ja die einzige Spur, die ich hatte. Und die dritte Maske endlich, die gab das Geheimnis preis: Eine Inschrift auf der Innenseite. Sowohl in tibetischer Schrift verfasst, die ich damals weder lesen noch verstehen konnte, als auch in einer mir zumindest halbwegs vertrauten Keilschrift. Also hatten mindestens zwei Personen daran geschrieben. Ist das nicht allein schon höchst auffällig? Ich fotografierte die Maske sorgfältig von allen Seiten und legte sie dann zurück an Ort und Stelle. Der Vollständigkeit halber sah ich auch noch unter den anderen beiden Gesichtern nach, aber es war nichts weiter zu finden. Ich hatte, was ich wollte. Zwar wusste ich noch immer nicht, was es war – aber ich hatte es! Ich schickte die Fotos nach Hause, setzte meine Reise fort, sammelte weiter und darüber, das muss ich gestehen, habe ich die Maskeninschrift aus den Augen verloren. Und zurück in Deutschland stand ich ja auch erstmal vor all den aufgetürmten Kisten, die gesichtet und systematisiert werden mussten. Parallel dazu studierte ich alte Sprachen, um mein Material eines Tages übersetzen und auswerten zu können. So gingen die Jahre ins Land. Inzwischen aber bin ich wieder bei der Maske angekommen. Die Inschrift ist ein fürchterlicher Wortsalat, das kannst du dir nicht vorstellen. Wie ich ihn auch drehe und wende – es will mir nicht gelingen, einen verständlichen Text daraus zu machen. Aber lange Rede kurzer Sinn: Sie umgibt ein Ornamentrahmen mit Symbolen, deren Bedeutung mir ebenso wenig klar ist, wie der ganze übrige Text. Aber das Kleeblatt in meinem Büro, das ist eines dieser Symbole. Und im Urlaub auf den Azoren gelangte ich an ein Amulett wie deines hier, eine Rosette. Leider konnte ich von seinem Besitzer nichts weiter in Erfahrung bringen, außer, dass es wohl mit etwas sehr Großem in Verbindung steht. Bitte Maya, du siehst, wie viel es mir bedeutet, mehr darüber herauszufinden. Wenn du dein Wissen über seine Herkunft mit mir teilst, könnten wir dem Geheimnis vielleicht gemeinsam auf die Spur kommen! Möchtest du nicht auch mehr darüber wissen?“

***

Wenn Illusionen zerbrechen, knistert es in der Luft als würde Nebel gefrieren. Besorgt betrachtet Tala ihr Volk. Dann erhebt sie die Arme und legt die Zuversicht des jungen Morgens in ihre weiteren Worte:

„Auch wenn der Schutzkreis geschwächt ist, liebe Freunde, auch wenn die alles verbindende Kraft des Zweiten Hüters fehlt und wir nun allein —“

„Aber“, fährt ein reges Stimmchen aus dem Baum, „Maya kann doch die Zweite sein!“

„Das ist nicht so einfach, Bagwis“, antwortet Tala mild. Sie lässt ihre Arme sinken und wendet sich ihm zu. „Maya ist eine Malhani. Und ihr Bewusstsein hängt noch an einem anderen Leben.“ Tala schließt die Augen, senkt den Kopf und die Inselmenschen tun es ihr gleich.

„Aber —“, möchte Bagwis protestieren, doch er besinnt sich. Und nur für sich, so leise, dass es für kein Gehör dieser Welt wahrnehmbar ist, haucht er: „— der Mandelbrotbaum …“

„Auch dieses Mal“, spricht Tala indessen weiter, „werden die Malhani die offene Sphäre zwischen den Himmeln nutzen. Sie werden erneut versuchen, die Goldenen Tafeln zu bergen. Sie gieren nach ihnen, sie greifen danach, denn sie verstehen nicht, dass sich dieses Wissen in ihren kalten Händen nur in Heimtücke und Zerstörung verwandeln kann. Dass Rauch und Asche wird, was ohne Herz in diese Welt gelangt. Die Lage ist ernst, liebe Freunde. Sehr ernst. Wir alle verfügen über kostbare und machtvolle Fähigkeiten – doch was sind wir ohne die Kraft der Verbindung? Nur wenn jeder Einzelne von uns dieses Mal bewusst über das Eigene hinauswirkt und die Verbindung sucht, kann sich das Schutznetz spannen." Das kleine Wörtchen ‚vielleicht' kommt unausgesprochen in den Herzen an.

Wieder senken sich die Köpfe. Dann setzt sich die Prozession in Gang. In absoluter Stille umringt die erste Gruppe der Dorfbewohner den Mandelbrotbaum und versinkt in tiefer Meditation. Vor dem Portal baut sich die zweite Gruppe als meditierendes Schutzschild auf. Die Dritten kehren zum Hauptplatz zurück, wo sie sich unter der Überdachung beim Steinmosaik niederlassen. Bagwis gibt seinen Eltern mit übergroßen Augen zu verstehen, dass er beim Mandelbrotbaum bleiben möchte. Doch ausgerechnet heute macht er Bekanntschaft mit dem allerersten Veto seines Lebens: Die Eltern brauchen ihn an ihrer Seite. Grummelnd zieht er also mit zum Hauptplatz und sitzt nun auf dem nächstbesten Baum. Das kann ja heiter werden. Still soll er sein, nicht spielen, lachen oder essen, geschweige denn auf Bäume klettern. Ist er dafür etwa zu dieser Zeit als Kind auf diese Welt gekommen? Schmollend senkt er den Kopf, so dass ihm die dicken Locken ins Gesicht fallen. Sie verbergen die zusammengekniffenen Äuglein und das plötzliche, breiter und breiter werdende Grinsen des Jungen.

„Oh ja, das wird ein Spaß!", denkt er gekonnt an den Eltern vorbei, hinüber zu seinen Freunden. Und wie von unsichtbarer Hand gezeichnet, huscht ein verschwörerisches Lächeln über die Gesichter der Inselkinder.

10: Die Entfaltung
Zwei Rosetten

Diese andere Rosette – erzähl mir mehr davon“, hakt Maya noch einmal ein.

„Da gibt es nicht viel zu erzählen“, zögert Elmer. „Ich war damals im Urlaub und auf dem Weg zu irgendeinem besonders sehenswerten Wasserfall. Da traf ich diesen alten Mann, der ganz allein mitten im Wald lebte. Der war so alt, dass ich mich wunderte, wie er überhaupt noch seine Axt halten konnte. Na ja, der Wasserfall lief mir ja nicht davon, also half ich ihm das Holz zu spalten und am Ende lud er mich zum Essen ein. Nur keine falschen Vorstellungen – es gab gestreckte Linsensuppe. Aber wir haben uns unterhalten wie Vater und Sohn, als würden wir uns schon ein ganzes Leben lang kennen. Und zum Abschied hat er mir sein Amulett in die Hand gedrückt. Es sei ein legendäres Schmuckstück, sagte er, das magische Kräfte besitze. Natürlich wollte ich mehr wissen, aber er sagte nur, ich würde es herausfinden, wenn es an der Zeit sei.“ Elmer ergreift Mayas Hände und beschwört sie: „Bitte, Maya, vertrau mir. Der Alte hätte mir sein Amulett doch nicht geschenkt, wenn er mich nicht für würdig gehalten hätte!“

Maya sieht den Mann ernst an, der ihr gegenüber sitzt und sie so inbrünstig bearbeitet. Immer wieder wirkt er im flackernden Licht der Kerzen wie ein Dämon: Sein Schielen kommt dem einer Fratze gleich und die spitzen Zähne … sie schaudert. Bei Tageslicht wäre sie niemals auf solche Assoziationen gekommen, und sicher spielt auch der Wein seine Rolle bei diesem Streich. Es sind doch genau diese Eigenheiten, die sie so an ihm mag: Dass er eben kein schnöder Schönling ist wie Mark und Konsorten. Elmer ist anders. Und der alte Holzfäller hat ihm sein Amulett geschenkt. Weil er sein gutes Herz erkannte. Es kann doch kein Zufall sein, dass ihnen beiden auf so unterschiedliche Art und Weise ein Rosenamulett geschenkt wird – die Rose als Symbol der Liebe –, dass sie sich tatsächlich begegnen und sich dann auch noch so gut miteinander verstehen? Vielleicht hat Elmer Recht und sie kommen in dieser Sache tatsächlich nur gemeinsam voran? Maya hatte versprochen zu schweigen – aber gilt das auch gegenüber Ihresgleichen? Ihre Hände glühen. Sie halten den Talisman fest umklammert.

„Was hat das nur alles zu bedeuten?“, murmelt sie.

„Es ist kein Zufall, Maya“, sagt Elmer mit Nachdruck. „Das Schicksal hat uns zusammen geführt – die Amulette haben uns zusammen geführt. Du und ich, wir haben eine gemeinsame Aufgabe. Wir sollen diesen Weg miteinander gehen.“

„In Ordnung“, gibt Maya nach. „Es war so …“

***

„Schätzchen, du glaubst doch nicht, dass ich wissen will, worüber ihr zwei euch unterhaltet?“, fällt Anna ihrer Freundin ins Wort und trommelt aufs weiße Leinen. „Komm zur Sache – wir haben nicht ewig Zeit. Wie war der erste Kuss?“

Maya lacht. Sie kann es ja verstehen: Annas heiliger Erwachsenenabend. Großmütig überspringt sie also sämtliche Gespräche und beginnt ihren Wochenbericht noch einmal wie gewünscht mit dem ersten Kuss.

„Schmetterlinge, ick hör euch flattern!“, freut sich Anna. „Da kann ich mir ja vorstellen, wie deine Woche verlaufen ist: Schule so schnell wie möglich abhaken und dann ab durch die Galaxien, wie schön, ach endlich! Wuhuuu.“

„Na ja, ich habe ihn ja seit dem Wochenende gar nicht mehr gesehen“, korrigiert Maya. „Er musste am Montag überraschend zu einem Kongress. Ein Kollege ist erkrankt und hat ihm seinen Platz überlassen.“

„Hast du nicht gesagt, er arbeitet im Buchladen? Was gibt es denn da für Kongresse?“

„Nein, das ist eher privat – wohl ein Archäologenkongress, aber genaueres weiß ich auch nicht.“

„Ach so. Hm. Wo es gerade so prickelnd ist – das ist ja ne ganz schön fiese Abkühlung.“ Anna verschränkt die Arme als wäre sie selbst höchst persönlich von Elmer versetzt worden. „Und wie lange will er wegbleiben?“

„Zwei Wochen wahrscheinlich, aber er sagte, er meldet sich sofort, wenn er zurück ist.“

„Wie – wenn er zurück ist? Ist er in der hinteren Mongolei,

wo es keine Telegraphenleitungen gibt, oder was? Und selbst wenn, dann hat er zumindest ein paar Zeilen auf ein Stück Yakhaut zu kratzen und es vom nächsten Yeti zur Poststation bringen zu lassen! Also bitte – zwei Wochen! In welcher Zeit leben wir denn? Da ist doch was faul."

Annas Worte bohren sich wie hauchdünne Metallsplitter in Mayas Herz. Sie triggern jene unbestimmte Ahnung, die sie seit dem Wochenende heimlich begleitet und die sie bis gerade eben so erfolgreich verdrängt hat. Wie der meisterlich geklebte Riss in Omas Zuckerdose, den sie – einmal entdeckt – nie wieder nicht-sehen konnte.

Nach dem Abschied von Elmer am Sonntag hatte sie ihr Amulett ins Schmuckkästchen gelegt und es die ganze Woche über nicht mehr herausgeholt. Die Wärme, die von ihm ausging, war unerträglich gewesen. Und auch heute Abend, als sie endlich vor dem Spiegel im Badezimmer steht und das Amulett umfasst, strömt ihr augenblicklich die Hitze durch die Glieder.

„Was hat das alles zu bedeuten? Willst du mir irgendetwas sagen? Ich versteh' dich nicht!", sagt sie leise. Dann lässt sie sich ein Bad einlaufen, obwohl es eigentlich schon viel zu spät dafür ist. Nicht heiß und mit viel Schaum wie sonst, sondern lauwarm und mit Meersalz, wie die Südsee. Sie legt sich hinein und dreht das Amulett zwischen den Fingern.

„Sag mir, was du mir sagen willst", flüstert sie und schließt die Augen. Der Badezimmerwecker tickt. Maya rutscht tiefer, bis die Ohren unter Wasser sind und sie sich das Rauschen des Meeres besser vorstellen kann. Ganz leise meint sie, eine Melodie zu hören. Weit draußen. Aber je mehr sie sich darauf konzentriert, desto mehr entfernen sich die Klänge. Dort, auf hoher See treiben vereinzelte

Boote, kleine farbige Fischerboote mit kleinen, winkenden Fischern. Ein Sturm zieht auf. Der Wind peitscht meterhohe Wellen auf die Boote zu und treibt sie auseinander. Einige kentern, andere werden vom Blitz getroffen und gehen auf in Rauch und Asche.

Maya kommt zu sich. Hat sie geschlafen? Eilig steigt sie aus der Wanne und rubbelt sich die Gänsehaut vom Körper. Dick eingepackt in ihren flauschigsten Pyjama legt sie sich ins Bett und versucht, sich wieder auf Betriebstemperatur zu bringen. Ihr Kopf brummt, der Hals kratzt und die Augen brennen. In der Dunkelheit des Schlafzimmers, das nur vom fahlen Mondlicht erhellt wird, steigen seine Worte wieder und wieder in ihr hoch: „Dieser Kongress ist unglaublich wichtig für mich. Dort werde ich endlich erfahren, ob ich mit meiner Theorie richtig liege. Ich muss dort hin. Kannst du das verstehen?“

Die Puzzleteile liegen deutlich vor ihr. Sie muss sie nur noch bestätigen und dann … etwas tun. Irgendetwas.

***

Mit dem Zweitschlüssel, den sie Elmer in edelster Hilfsbereitschaft abgerungen hatte, öffnet Maya am darauf folgenden Nachmittag die Metalltür zu seiner Wohnung. Eine riesige Fensterfront weist auf der gegenüberliegenden Seite Richtung Industriegebiet. In der Mitte des Raumes steht ein schwarzes Ledersofa, weißer Fliesenboden, roter Teppich, Glastisch, schwarzer Medienschrank. Links eine offene Kochnische mit hellgrauer Sitztheke. Alles ist klinisch rein und nichts, aber auch gar nichts will zu einem

Bücher liebenden Junggesellen passen. Das einzige Buch des Haushaltes liegt im Küchenregal: „Liebe geht durch den Magen. Rezepte, mit denen Sie garantiert bei ihr landen." Charmant. Tagliatelle al mare, Seite 34. Hinter Mayas Stirn rumort es. Was, wenn er wirklich nicht der ist, für den sie ihn hält? Nein, es ist nicht fair, ihn wegen eines einzigen dummen Buchtitels zu verurteilen. Er hat es wahrscheinlich nicht einmal selbst gekauft, sondern während des Studiums von Kumpels geschenkt bekommen. Und wenn schon – die Pasta waren fantastisch. Und der Versuch, eine Frau mit absichtlich großartigem Essen zu verführen, ist deutlich harmloser, als in die Wohnung eines Mannes einzudringen und ihm hinterher zu spionieren.

Maya fühlt sich schuldig und beschließt, ihr Vorhaben abzubrechen. Da bleibt ihr Blick am Poststapel hängen, den sie selbst mit heraufgebracht hat. Eine Postkarte spitzt heraus. Ein kleiner Gruß von ihm wäre eine schöne Überraschung – schließlich weiß er, dass sie kommen und seinen Briefkasten leeren würde. Verzaubert von dieser Idee zieht sie die Karte heraus. „Yamas, Elmo! Wann geht's in die Kvarner Bucht?", steht darauf. Es ist eine dieser Fotopostkarten, die per App direkt vom Handy aus verschickt werden. Die Vorderseite zeigt Elmer grinsend auf einem Segelschiff. Um seinen Hals hängt das Amulett.

Maya steckt die Karte zurück in den Stapel und jetzt öffnet sie jede einzelne Schublade des Apartments, jedes Fach und jeden Deckel. Dann, im Wohnzimmerschrank, eine Kiste mit Büchern und ein Aktenkoffer. Der Schlüssel dazu – in der Küchenschublade. Maya öffnet den Koffer und durchwühlt einen Haufen eselsohriger Notizen und Kopien. Die Mail eines amerikanischen Anthropologen:

‚Auskunft zu Herkunft und Bedeutung des Amuletts … geringer materieller Wert … altem Volksglauben zufolge … Talismane als Kommunikations- und Orientierungshilfe … keine wissenschaftlichen Belege … sicher hoher persönlicher Wert des Erbstückes. Weiterhin viel Freude damit, beste Grüße.' Ganz unten ein Flyer der Reederei. Und eine riesige Seekarte des Südpazifik – mit der Route der MS Fortune. Maya lässt die Karte sinken. Es ging also tatsächlich immer nur um ihr Geheimnis. Von Anfang an. Seit er ihr im Radiostudio gegenüber gesessen … und ihr Amulett erkannt hatte.

***

Leise beginnt es im Wasserkocher zu brodeln. Getrocknete Kamillenblüten rieseln ins Sieb. Immer dicker drücken die Luftblasen an die Oberfläche. Sie übertönen das Ticken der Küchenuhr. Bald bricht der Tag an. Immer heftiger stürmt und rauscht es. Genauso wie vorhin in Mayas Traum, als sie angsterfüllt dalag, vollkommen unfähig, sich zu bewegen. Sie hörte es hinter sich deutlich knistern und brodeln und war nicht einmal in der Lage, den Kopf zu drehen. Immer wieder nahm sie all ihre Willenskraft zusammen – Arm, beweg dich! Körper, dreh dich! Aber nichts. Nur die wachsende Unruhe. Sie musste raus aus dieser Starre. Sie musste! Und jetzt, da es ihr endlich gelungen ist, steht sie barfuß auf den eisigen Fliesen in der Küche und ihr fällt nichts besseres ein, als sich eine Tasse Beruhigungstee zu brauen – Beruhigungstee.

„Ist das dein Ernst?", murmelt sie. Dann schaltet sie den

Wasserkocher aus, schiebt die Tasse zur Seite, schlüpft in wetterfeste Kleidung und verlässt das Haus. Sie weiß nicht, wohin sie geht. Aber gehen ist besser als stehen. Dreimal schlägt die Kirchturmuhr. Es nieselt. Ohne einen einzigen Gedanken im Kopf streift Maya durch die Nacht, bis sie ein verfrühter Radfahrer aus ihrer Trance holt. Seinem Beispiel folgend biegt sie in die kleine Allee ein – und weiß mit einem Mal, wohin ihr Weg sie führt: zur alten Eiche. Und zwar schnell.

*"Unergründliche Wunder
entspringen ganz einfachen Regeln."*

Benoît Mandelbrot (1924 – 2010)

11: Die Wahrheit

Das Mysterium

Das Amulett pocht. Kein Mensch weit und breit. Oben in der Krone säuselt der Wind ihren Namen. Maya. Maaya. Sie lauscht bewegungslos, bis die Gänsehaut im Morgengrau verschwindet. Dann huscht sie flink wie ein Wiesel hinein in die Dunkelheit der Tausendjährigen Eiche. Sie setzt sich aufs Moos und während sich ihre Augen an die Dunkelheit gewöhnen, erinnert sie sich daran, wie sie zum ersten Mal vor dem Mandelbrotbaum stand. Und an Bagwis' Worte: ‚Der Mandelbrotbaum kann alles verbinden, was verbunden werden will.' Genau genommen hat er das auch getan: Zuerst verband seine Liane Maya mit dem Nani Atahua. Und in gewisser Weise auch mit Isko. Und seit sie in ihre eigene Welt zurückgekehrt ist, begleitet er sie in Form des Amuletts und verbindet sie mit der Kraterinsel, mit ihrem Geheimnis. Und mit Elmer. Das Amulett hat sie zu ihm geführt. Oder Elmer zu ihr. Und sie war naiv genug gewesen, ihm zu vertrauen. Aber nein. Es ist nicht die Schuld des Amuletts, dass alles so gekommen ist. Und schon gar nicht die Schuld des Mandelbrotbaums.

Er verbindet, was verbunden werden will – und sie wollte ja eine neue Beziehung, eine ganz andere als sonst. Sie ganz allein hat sich immer und immer wieder für diese Verbindung entschieden. Und sie ganz allein hat sich auch entschieden Elmer die Wahrheit zu erzählen. Was für ein fataler Fehler! Wenn es nur noch nicht zu spät ist! Wenn sie nur etwas tun könnte, um ihn von der Entdeckung der Insel abzuhalten! Wenn sie die Dorfbewohner nur warnen könnte! Aber vielleicht kann sie es ja … telepathisch?
„Rocas?“, denkt sie also konzentriert. „Hörst du mich?“ Nichts. „Phina? Bist du da?“ Entweder sind sie anderweitig beschäftigt oder es klappt einfach nicht. „Tala?“ Nichts. „Imee. Ich muss mit euch sprechen! Bitte. Es ist wirklich wichtig.“
„Ich bin da“, hört Maya Imees Stimme wie aus der Erinnerung.
„Imee, ich … ein Mann ist auf dem Weg zu euch. Ich weiß nicht genau, was er will, aber es ist nichts Gutes. Er weiß von der Doline. Bitte passt auf. Es tut mir so leid, Imee! Es ist meine Schuld.“
„Jede Situation verdient Ehre, denn jede Situation ist ein Moment auf dem Weg des Pendels. Es schwingt stetig und solange wir uns dessen bewusst sind, können wir handeln.“ Maya kann Imees Verneigung mit geschlossenen Augen sehen.
„Was wollt ihr tun?“, fragt sie dann.
„Das hängt von seinen Entscheidungen ab. Und von deinen.“
„Von meinen?“
„Ja.“
Und damit löst sich Imees Erscheinung auf: Sie wird immer transparenter, bis nur noch zwei schildpattweiße Ohrringe

zu sehen sind, die kurz darauf wie Glühwürmchen im Nebel verschwinden.

Und nun? Die Minuten vergehen. Was meinte Imee? Welche Entscheidung könnte Maya treffen, um dem Inselvolk zu helfen? Sie sieht mit leerem Blick vor sich hin. Oder hat sie sich Imees Stimme nur eingebildet? Allmählich führt sie ihr warmer Atem durch die kühle Morgenluft hinaus aufs Feld, aus dessen Dunst sich kaum merklich die Kontur einer riesigen blauen Kugel erhebt. Zwölf Personen stehen mit geöffneten Handflächen darunter.

„Was ist das denn jetzt?“, überlegt sie fieberhaft. Sollte sie sich nicht sinnvollerweise auf Elmer konzentrieren? Das Bild von der Kugel verschwimmt. In ihren Händen glüht das Amulett. Aber glüht es, weil sie hier richtig ist, oder überhitzt es, weil sie noch immer nicht versteht, was genau sie tun soll?

***

Noch bevor der Propeller ganz zum Stehen kommt, hastet der Fremde über den Steg und steuert auf die hintere Bucht zu, wo er das beschriebene Boot schon von Weitem liegen sieht.

„Snorteling?“, ruft der Besitzer der Strandbar ihm strahlend zu und auf einen kurzen Fingerzeig hin rennt sein Sohn los, Captain Hani zu holen. Er selbst winkt den Fremden zu sich herüber, serviert zwei Gläser mit eiskalter Limonade und setzt sich erwartungsvoll zu ihm an den Tisch.

„What’s your name?“

„Elmer. Thank you.“ Er trinkt in hastigen Zügen.

Where are you from? How old are you? Are you married? Um die Gläser herum bilden sich kleine Wasserpfützen. Wortlos starrt Elmer zum Boot des Schnorchlers. Er hat kein Interesse an Touristentalk. Nein, kein Hotel. Ah, nur snorteling. Genau.

Endlich kommt der Junge zurück.

„Today no snorteling“, keucht er. Er hat sich sehr beeilt.

„YES snorkeling. TODAY!“, herrscht ihn der Fremde an.

„No, today no snorteling.“ Der Junge schüttelt den Kopf und zeigt auf die dunklen Wolken am Horizont. „Dangerus.“

„Hotel?“, freut sich der Barmann.

„No. No hotel!“, bleibt Elmer bei seinem Wort. Und zu dem Jungen gewandt sagt er: „Today snorkeling. How much today? I need to talk to the captain. Come on. Let’s go.“

Der Barmann und sein Sohn wechseln vielsagende Blicke. Wirklich sonderbar, diese Leute vom Festland. Dann steht er auf, um das Zimmer für seinen starrköpfigen Übernachtungsgast vorzubereiten. Auch der würde sich fügen müssen. Keiner wäre so verrückt, bei aufziehendem Gewitter aufs Meer hinaus zu fahren.

Wie staunt er aber, als er einige Zeit später das Tuckern eines Bootsmotors hört und mit eigenen Augen sieht, wie der junge Hani für diesen Fremden alles hinter sich lässt, was ihm lieb und teuer ist. Was für ein dummer Junge! Der Barmann schüttelt den Kopf, sichert sodann das Fenster mit der dicken Bastmatte und klemmt die Querriegel ein.

Draußen bläst der Wind von Minute zu Minute stärker. Der Motor des Schnorchelbootes hämmert dagegen an, mit voller Kraft und lauter als üblich im Versuch, das Tosen und dumpfe Grollen des Sturmes zu übertönen. Der jugendliche

Captain duckt sich hinters Steuer und schickt die innigsten Stoßgebete hinunter in die Tiefe der Kaímaná. Nicht nur einmal gerät sein Kahn in gefährliche Schieflage. Oh, sie wird ihn holen. Die Kaímaná wird ihn holen! So, wie es die Alten schon immer prophezeiten: Eines Tages würde ein Fremder kommen, der sich allen Warnungen widersetzen und die gesamte Menschheit mit sich hinab in den Schlund der Kaímaná ziehen würde. Hani verwünscht den Moment, als er dem Fremden die Tür öffnete und sich auf den höllischen Deal einließ. Wie hätte er nur ahnen können, dass dieses absurde Märchen wahr wäre? Wütend peitscht ihm die Gischt ins Gesicht, Wellen schlagen wie schäumender Hohn über den Bug und der junge Captain weint um sein Leben. In seiner Verzweiflung singt er das heilige Lied der Schlangengöttin, das er die Alten seiner Kindheit immer hatte singen hören. „O Kaímaná!" Im Blitzlicht das Gesicht des Fremden. Den leibhaftigen Teufel hat er sich an Bord geholt! „O Kaímaná, kajanga matu lé!" Der Donner grollt. Er will noch nicht sterben! Er wollte doch nur das Geld. Für die Heirat, für sein Mädchen! „O Kaímaná, kajanga matu lé, atina ta valé."

Seine Klagen vermischen sich mit dem Heulen des Windes und dann, mit einem heftigen Donnerschlag, gibt der Sturm das Toben auf. Das Boot tuckert durch den strömenden Regen, durch das windstille Grau in Grau, das in den Augen des erleichterten Bräutigams die schönste Farbe ist, die er je gesehen hat. Er lässt den Fremden an der gewünschten Stelle von Bord und macht sich schnurstraks auf den Nachhauseweg. Nie wieder würde er sich hierhin verirren! Diesen Teufel müsste ein anderer holen.

***

Der Regen hatte gänzlich aufgehört, als Elmer die Kraterinsel betrat. Nun begleitet eine gespenstische Ruhe seine Schritte. Weit und breit ist niemand zu sehen. Einzig zwei schimmernde Glühwürmchen aus weißem Schildpatt beobachten sein Näherkommen. Da, die Hütte der Alten. Nichts regt sich. Da, Mayas Schlafbehausung. Und da, das muss der Trampelpfad sein, von dem sie ihm erzählt hat. Er bahnt sich seinen Weg durchs Dickicht und die beiden Lichter fliegen ungesehen über das Blätterdach hinfort. Elmer taucht ein in die halbdunkle Welt der Dschungelgeräusche, der kreischenden Vögel und des stetigen Raschelns und Raunens tausender Insekten. Er legt ein gutes Stück des Weges zurück, bis er mit einem Mal aufhorchend stehen bleibt. Kinderstimmen. Aus sicherer Deckung erspäht er sie: Eingeborenenkinder unterschiedlichen Alters bauen geschäftig an einer Bob-Bahn. Einer der Jungen, ein kleiner mit dickem Lockenschopf, dreht sich zu ihm um und starrt ihn halb erschreckt, halb fragend an. Eine Silbermünze blitzt auf. Der Kleine geht mit mutigen Schritten auf den Fremden zu. Sein Händchen streckt sich, aber Elmer verschließt den Schatz in seiner Faust.

„Lake“, sagt er und aus seiner Tasche zieht er eine Kopie des Kupferstichs. „This place – you know? You show me.“

Mit zwei Fingern deutet der Junge auf Elmers Amulett und sagt etwas in Inselsprache.

„Maya. Yes!“, antwortet Elmer. „Maya gave it to me! She sent me!“

Die Augen des Jungen leuchten vor Freude. Schnell greift

er nach der Münze, dann nach dem Papier. Er hält beides ins Licht wie ein alter Pfandleiher und rennt zurück zu seinen Freunden, um ihnen aufgeregt fuchtelnd zu berichten. Die Turbane auf dem Bild sorgen zunächst für Heiterkeit. Ein paar Kinder zwirbeln ihr Haar auf, wickeln es sich um den Kopf und befestigen es mit einem Stöckchen, das just von anderen kichernd wieder herausgezogen wird. Der Junge mit den dicken Locken indes fuchtelt noch immer, gibt Anweisungen in Inselsprache und das einzige, was Elmer davon versteht, ist ‚Maya'. ‚Maya' ist das Zauberwort. Sein Ticket zur Doline.

„Komm-Komm!", winkt ihn der Junge nun heran.

Elmer lässt sich nicht zweimal bitten. Schon sitzt er in dem primitiv gearbeiteten Bob, neben ihm der Junge, der mit einem Mal aus Leibeskräften schreit: „Kaaa!"

Elmer hält sich das Ohr.

„Kaaaaaa!", antwortet es jubelnd aus zahllosen Kindermündern.

Zwei Jugendliche mit mannshohen Bambusspeeren kommen herbei. Hochaufrecht, drahtig, von Kopf bis Fuß bemalt. Elmers Schläfen pochen. Die beiden mustern ihn im Vorbeigehen und setzen mit einem kräftigen Stoß den Wagen in Bewegung. Los geht die holprige Fahrt über ein behelfsmäßiges Schienensystem aus Bambus, begleitet von den immer leiser werdenden Ka!-Rufen der immer weiter zurück bleibenden Kinderschar. Es ruckelt und rumpelt, es poltert und scheppert. Äste und Blattwerk peitschen Elmer von allen Seiten ins Gesicht. Womit soll er sich schützen, wo doch Hände und Füße verzweifelt Halt suchen? Ducken hilft nicht. Festhalten! Kurve! Noch mehr Büsche. Immer wieder rutscht seine Hand ab, er krallt die Finger ins Holz.

Dann die Lichtung. In einer lang gezogenen Biegung – ein Wunder, dass das Ding nicht aus den Gleisen rauscht – erhascht Elmer einen ersten Blick in die Tiefe der Klamm. Gefährlich nah eiert die Bahn am Abgrund entlang. Und dann sieht er die Abfahrt. Viel zu steil. Nein! „Wait!“, brüllt er. „Stooop!!!“ Aber es ist zu spät. Die beiden Jungs springen mit einem Satz hinter ihn in den Wagen und der Bob rattert in einem Affenzahn geradewegs hinunter in die Schlucht, wo er unsanft aus den Schienen springt und schließlich und endlich rumpelnd zum Stehen kommt.

Elmer hat keine Zeit, sich zu sammeln. „Komm-komm“, zieht ihn der Junge aus dem Höllengefährt und rennt voraus, an der Kraterwand entlang, direkt auf eine Gruppe Einheimischer zu, die wie versteinert vor drei riesigen Felskegeln auf dem Boden sitzen und mit offenen Augen ins Leere starren.

„Wohl auf Drogen“, überlegt Elmer. „Großartig. So kommen sie mir schon nicht in die Quere.“ Auf Zehenspitzen schleicht er an ihnen vorbei. Nur keine schlafenden Hunde wecken. Wer weiß, wie die drauf sind, wenn sie wach werden. „Wobei, mmmmh“, er bleibt kurz stehen, „bei der ein oder anderen Schnecke würd ich mir ja schon wünschen, dass sie aufwacht. Na. Besser nicht – die Kerle sehen nicht so aus als würden sie Spaß verstehen. Weiter.“

Und dann zeigt der Junge mit dem dicken Lockenschopf auch schon auf den Abgang zur Doline.

Er ist am Ziel!

***

Zwei schildpattweiße Glühwürmchen gelangen zurück zu ihrer Position am Mandelbrotbaum, wo sie sich wieder in die Ohrringe jener Frau verwandeln, auf deren Gesichtszügen heute ein besonders dunkler Schleier liegt. Imee tritt ein in den verbindenden Zauber des Mandelbrotbaums und übermittelt ihre Botschaft in das fein verästelte Adernwerk seines weltumspannenden Systems. Der Malhani befindet sich auf der Insel. Er ist auf dem Weg durch den Dschungel. Das Stille Volk benötigt ein waches Auge, denn ein Amulett hüllt ihn unantastbar in die Aura der ihren. Deshalb ist es von großer Bedeutung, die Kaímaná aus ihrem Schlaf zu holen. Nur sie kann ihn an seinem Vorhaben hindern. Wenn nötig, dann auf ihre Art.

***

Das Wasser der Doline ist genau so kalt wie Maya es ihm beschrieben hatte. Und genau so klar. Er schwimmt über den Felsvorsprung hinaus, um jenes kristalline Funkeln zu suchen, das ihm den Weg weisen würde. Das Licht muss im richtigen Winkel darauf fallen. Den Blick unverwandt auf die Unterwasserfelswand gerichtet, schwimmt er über der schwarzen Untiefe der Doline von einer Seite zur anderen. Er muss den richtigen Winkel finden. Und mit einem Mal blitzt es auf. In weißem Licht erstrahlen sie, die Farben des Regenbogens. Dort unten liegt der Eingang zum Versteck der Goldenen Bücher.

12: Die Hingabe
Ein Magisches Zeremoniell

Maya kennt diesen Kreis. Sie hat ihn bei Tereva im Laden gesehen. Auf der Rückreise. Damals stand dort ein alter Mann, ein sehr alter Mann, der sich in ihre Richtung verneigte und dann verschwand. An genau dieser Stelle steht nun eine Frau in einem bodenlangen, dunkelgrünen Kleid. Neyla! Sie dreht sich zu Maya um, kommt ihr mit offenen Armen entgegen, bleibt auf halbem Wege stehen und lächelt, bevor sie sich in einem zauberhaften Spiel aus Lichtreflexen in ein spiegelndes Nichts auflöst.

An zwölf ausgewählten Orten der Erde aktivieren die zwölf Hüter ihre Kräfte. Maya sieht sie wie in einer Projektion unter der schimmernden Kugel. Jeden Einzelnen. Alle wirken auf sonderbare Weise vertraut, doch nur eine Person kann sie beim Namen nennen: Tereva.

Ein tiefer, sehr tiefer Ton beginnt zu schwingen. Ein zweiter und ein dritter kommen hinzu. Die Klänge umspannen das gesamte Weltgebilde und werden als helle Linien sichtbar. Immer weitere stimmen ein und Maya ist hin und her gerissen zwischen der nie gekannten

Intensität dieser betörenden Frequenzen und ihrer eigenen Überraschung darüber, diese nicht nur hören, sondern auch sehen zu können – und das alles, während sie im Morgengrauen in einem morschen Baumstamm sitzt. Die Töne wirbeln durch sie hindurch, in sie hinein und stauen sich in ihr auf, so dass es unter der Haut kribbelt. Der Kopf beginnt zu wummern. Alles dreht sich. Mit der einen Hand stützt sie sich an der moosigen Innenwand der Eiche ab um Stabilität zu gewinnen, mit der anderen umklammert sie ihren Talisman. „Hilf mir, Mandelbrotbaum. Zeig mir, was ich tun soll“, flüstert sie ihm zu.

Und allmählich zeichnen sich durch den wässrigen Schleier ihrer Augen die Konturen einer Person ab. Es ist Tala, die hier ihr wahres Alter und ihre wahre Größe offenbart: Aus ihr heraus strömen die Kräfte der gesamten Inselbevölkerung. Es wabert und wummert. Vergeblich bemüht sich Tala, all die Schwingungen zu koordinieren – aus ihrer Position heraus ein unmögliches Unterfangen. Maya beobachtet das Geschehen eine ganze Weile, ehe sie hinübergleitet auf jenen leeren Platz, den einst ein alter Einsiedler inne hatte. Wie von selbst heben sich dort ihre Hände, kommen all die umherschwirrenden Frequenzen auf sie zu und bündeln sich in ihrem Herzen. Eine unendliche Stärke erfasst Maya. Das Glück in seiner reinsten Form bahnt sich seinen Weg bis in die feinsten Verästelungen ihres physischen Systems.

„Du bist eins mit der Welt“, haucht der Mandelbrotbaum in ihr. „Mit allen Kontinenten und ihren Lebewesen, mit allen Zeiten und Galaxien, mit ihrem Ursprung und mit ihrem Ende. Im Großen wie im Kleinen erkennst du das Prinzip des Lebens: das ewige Wachsen und Teilen.“

Mayas Körper schwingt vor und zurück. Sie sieht zu, wie ihre Hände die Führung übernehmen und wie die vielen unterschiedlichen Energien der Hüter sich in einem einzigen farbigen Wirbel verbinden. Und dann, endlich, legt sich der Schutzschild um die Insel.

***

Und dort unten, inmitten der Helligkeit öffnet sich ein schwarzes Loch. Es tritt aus sich selbst heraus, wird immer größer, länger, windet sich, ringelt sich in dicken schwarz-weißen Streifen herauf, schraubt sich immer näher an Elmer heran – und dann taucht er auf, unmittelbar vor ihm, der zischelnde Kopf der leibhaftigen Kaímaná, jener sagenumwobenen Schlangengöttin, die imstande sein soll, das Schicksal eines einzelnen Menschen bis hinunter zu den Anfängen seiner Ahnenkette mit einem einzigen Biss ein für alle Mal auszulöschen. Sie fixiert ihn mit ihren gelbgrünen Sehschlitzen, so dass er seinen Blick nicht mehr abwenden kann. Und im Bann ihrer Allmacht erinnert er sich an das Lied des jungen Kapitäns.

„O Kaímaná, kajanga matu lé, atina ta valé.“

Diese Worte aus dem Mund des Malhani brennen wie eine frisch aufgerissene Wunde in Imees Gehör. Woher kennt er das Lied der Kaímaná? Und wie konnte er so schnell, noch vor ihr, vom Strand hierher gelangen? Fassungslos steht sie am oberen Rand der Doline und beobachtet das Geschehen, welches sich nun, da der Malhani die heiligen Worte ausgesprochen hat, gänzlich dem Einflussbereich des Stillen Volkes entzieht.

„Du kennst mein Lied“, hört sie die Schlange zischeln. „Aber du bist nicht der, der du vorgibst zu sein. Du bist wie jener, den ich vor langer Zeit im Schlafe sah.“ Ihr Körper pendelt in S-förmigen Bewegungen vor Elmer hin und her. „Du und er, ihr teilt das gleiche Schicksal, die gleiche Absicht. Hinterfrage die Gründe deines Wunsches, bedenke die Folgen deines Strebens und erst dann wähle den Pfad deines Tuns.“

Für einen kurzen Augenblick denkt Elmer an den Sturz des Einsiedlers. In Zeitlupe sieht er ihn fallen, rückwärts hinunter in die Tiefe und im tosenden Schaum der Stromschnellen verschwinden.

Imees Ausdruck ist verhärtet. Diese kalte Entschlossenheit im Blick des Fremden. Nein, die Malhani sind wahrlich noch nicht so weit, dass sie das alte Wissen in Demut und Verantwortung einsetzen könnten. Dieser da würde alles tun, zu bekommen, was er will. Hypnotisiert vom äußeren Schein würde er riskieren, das Pendel so weit auszulenken, dass es nicht mehr aufzuhalten wäre. Er ahnt ja nicht, dass es sich, wenn es sich erst einmal selbst antreibt, vom Ursprung löst und das gesamte farbenfrohe Leben dieser Welt mit einem Schwung auslöscht. Wenn es nur der Kaímaná gelingt, in den Geist dieses Malhani vorzudringen und ihn zu erwecken wie der Morgen den dunklen Wald.

„Ich bitte dich, o Kaímaná“, sagt da Elmer, „mir den Weg zu den Goldenen Büchern zu zeigen.“

Atemlos sieht Imee zu, wie der Malhani tief Luft holt und hinabtaucht. Wenn er sich tatsächlich der Bücher bemächtigt, wird es zum Äußersten kommen müssen, was dem menschlichen Bewusstsein angetan werden kann: Die Kaímaná wird es auslöschen. Zum Schutz des Ganzen wird sie gezwungen sein, diesen Malhani zurück zu schicken in den Schoß der Großen Mutter, wodurch all seine Erinnerungen und Emotionen von ihm gelöst werden. Er wird ohne Anbindung sein und nicht mehr wissen, wer und warum er in diesem Leben ist. Ein fürchterliches Schicksal, da es auch seine Ahnen betrifft, die ihre Hoffnungen von Generation zu Generation weitergaben, die hofften, dass er löse, was ihnen zu Lebzeiten unmöglich war. Wenn aber sein Bewusstsein vergeht, vergehen mit ihm auch all seine Ahnen mit ihren Kindern und Kindeskindern.

***

Mit starr aufgerissenen Augen taucht Elmer hinab, der Schlange hinterher. Noch zwei Züge bis zu dem Kristall, in dessen gleißendem Licht sie just verschwindet. Elmer zögert nicht, folgt ihr und gelangt in einen Tunnel, an dessen Ende ein orangefarbenes Licht flimmert. Das Wasser wird seicht. Er taucht auf und steht inmitten eines riesigen unterirdischen Felsensaals. Den Säulen einer gotischen Kathedrale gleich streben Stalagmiten in die Höhe, suchen in unergründlicher Geduld nach ihrer Vollendung: dem Einswerden mit ihrem von oben herabwachsenden Gegenpart. Kühle Tropfen hallen durch die Stille. Im Halbdunkel fällt Elmers Blick dorthin, wo ein brennender Kerzenleuchter auf einem Tisch in einer Nische steht. Kalter, rauer Steinboden unter seinen nassen Füßen. Ihn fröstelt.

„Setz dich zu mir, mein Junge“, sagt eine wohlvertraute Stimme und das Gefühl des seligen Enkelkindes keimt in Elmer auf, noch bevor er den Großvater erkennt. Und so, wie er es immer getan hatte, wenn sein Enkel abends noch einmal zu ihm in die Küche geschlichen kam, schiebt der alte Mann die Tasse über den Tisch. Elmer lächelt. Ja, so hatten sie immer begonnen, die heimlichen Nachtgespräche mit dem Großvater. Wie konnte er das nur vergessen?

„Sie weiß bis heute nicht, dass mein abendlicher Kakao in Wahrheit immer für dich war", sagt der Großvater mit einem Zwinkern. Elmer setzt sich, umgreift die Tasse mit beiden Händen und der warme, feine Kakaogeruch bringt die Erinnerung zurück.

„Wieso – warum – was tust du hier, Großvater?", fragt er.

„Das ist mein Junge!", lacht der Alte und schlägt mit der Hand auf den Tisch, dass das Echo nur so hallt. „Du hättest mal lieber deine Sommersprossen behalten, als deine aufsässige Fragerei. Käsebleich bist du geworden. Wenn das die Omama sehen würde – raus an die Sonne würde sie dich schicken und nicht eher wieder reinlassen, als bis du wieder aussiehst wie ein Mensch. Habe ich dir nicht immer gesagt, dass du die Dinge nehmen sollst, wie sie sind, anstatt von allem und jedem das Wofür, Woher und Wohin wissen zu wollen? Aber du bist ja schon immer deinen eigenen Weg gegangen. Und letzten Endes – da muss ich dir gratulieren – hat dich die Fragerei ja hierher geführt: ans Ziel deiner Mission. In dir steckt ein echter Döhlen, mein Junge. Mit dieser Aktion hast du all den Jäger-Generationen in der langen Reihe deiner Vorväter höchste Ehre erwiesen. Keiner von uns, die wir alle nächtelang durch die Wälder gezogen sind, auf der Jagd nach allem, was sich – zu Recht – vor uns verbarg. Denn wir waren die Überbringer und Vollstrecker der Todesurteile für all jene, von denen sich unsere Familie ernährte. Auf Kosten ungezählter Rehe, Hasen und Wildvögel brachten wir uns über die Zeiten.

Und wir jagten selbst dann noch, als es längst keine Krisen und Kriege mehr gab. Als es nur noch darum ging, uns über andere zu erheben. Diese Marotte sitzt so tief in unseren Genen wie eine Zecke im Dackelfell. Mein Vater, ich selbst und auch dein Vater, wir nahmen die Welt immer wie sie war. Mitsamt Zecke. Und wir wurden Jäger wie es sich für unsereins gehörte. Aber du? Du mit deiner unermüdlichen Fragerei hast dich unbeirrt auf eine ganz andere Jagd gemacht. Auf die Jagd nach dem verborgenen Wissen der Menschheit."

Der Großvater betrachtet seine Hände von beiden Seiten, legt sie flach auf den Tisch und sagt: „Jeder hat sein Schicksal in der eigenen Hand. Es ist schon so. Bleib dir treu, mein Junge." Und dann weist er mit einer kurzen Kopfbewegung in den hinteren Teil der Höhle. „Und jetzt geh. Dort drüben findest du, was du so lange gesucht hast."

Elmer springt auf. „Wie – die Tafeln – dort drüben?"

„Drei Fragen in einem Satz", schmunzelt der Alte. Dann leert er genüsslich die noch halbvolle Tasse Kakao, wischt sich den Bart ab und schlurft davon. Nur kurz vor der Seitenkapelle dreht er sich noch einmal um. „Und denk an dein Omchen: Geh' an die Sonne, wenn du wieder droben bist. Damit du wieder zum Menschen wirst."

„Ja, Großvater", ist alles, was Elmer in diesem Moment über die blauen Lippen kommt, während sein linkes Auge schon hinüber schielt zu jener Felsplatte, einem Altar gleich oder einer historischen Opferstätte, auf welcher die Goldenen Tafeln schimmern. Nun ist er also wirklich am Ziel. Er hat sie gefunden! Die vermeintlichen Legenden sind wahr. Er hat es immer gewusst: Das Geheime Wissen existiert. Und so streichen alsbald im mystischen Licht der Felsenhöhle die Finger des Jägers über pures Gold. Über die eingeritzten Miniatur-Schriftzeichen, welche die Platten von oben bis unten übersäen. Eins am Anderen, dicht gedrängt, auf den ersten Blick kaum voneinander zu unterscheiden, denn sie sprechen – jedes in seiner ureigenen Art – eine gemeinsame Sprache. Wie der Sand am Meer, von dem jedes Körnchen anders geformt ist und für sich allein stehend so unbedeutend wäre, dass es hinfort gefegt würde. Gemeinsam jedoch machen sie die Bedeutung des Ganzen in all seiner Schönheit und Vielfalt sichtbar. Was für ein Zauber liegt in diesen Minuten der Bewunderung und des Stolzes, in denen er, Elmer Döhlen, der einzige Mensch eh und je dem Geheimnis auf die Spur gekommen ist. Und so spiegeln sich die uralten Schriftzeichen in der Gedankenwelt des Forschers, in seinen Gefühlen und in seinem ganzen Wesen. Glänzend liegt die Platte in seiner Hand, liegt ihr Schicksal in seiner Hand. Und mit einem Mal erblickt Elmer sein eigenes, verzerrtes Spiegelbild in ihnen, erkennt, dass auch sein Schicksal sich in ihnen spiegelt. Und mit ihm das Schicksal der gesamten Menschheit.

Tageslicht. Wasser. Atemnot. Elmer reißt die Augen auf und erkennt über sich die Wasseroberfläche, den blauen Himmel, die Kaímaná tänzelnd. Er schnappt nach Luft. Maya hat nicht übertrieben.

„Du hast dich entschieden?“, zischelt die Kaímaná und für den Bruchteil einer Sekunde blickt Elmer anstelle des Schlangenkopfes in die gütigen Augen des Großvaters.

„Ja“, sagt er, den Kakaogeschmack noch in der Nase.

„Ein jeder handelt aus seiner Geschichte“, tänzelt sie, jetzt wieder mit ihrem Schlangengesicht. „Ein jeder handelt aus seinem Bauch, denn dort sitzen die Ahnen und sehnen und sehen sich auch. Du hast sie gehört, ihre Stimmen, ihren Hauch. Und hast den Knoten gelöset. So nehme ich dir nur, was du nicht mehr brauchst für dein Leben, dein neues, dein schönes."

Und ehe Elmer weiß, wie ihm geschieht, reißt die Kaímaná ihr Maul auf, schießt auf ihn zu und rammt ihm die scharfen Zähne in den Hals.

***

Maya beobachtet fasziniert, wie sich ein gleißend helles Licht aus dem Kreis erhebt: Eine Lichterspirale, in der Millionen feinster Fäden flimmern, und die sich als goldener Schein um die Erde legt. Ausgezehrte Dämonen schütteln endlich den Fluch des unentwegten Gängelns von sich. Wie lange haben sie gekämpft und wurden doch nie verstanden. All das Leid und all der Schmerz, den sie zu verursachen hatten, all die Lügen und Intrigen, um doch nur selbst zu überleben! Wie geschundene Kinder hangeln sie sich an den Goldfäden entlang, endlich hinaus, weg von der ewigen Qual und endlich hinauf, so glücklich, in ihre eigene Welt. Nach Hause! Und wo sie verschwinden, da entladen sich grollende Blitze. Vergiftete Materie geht in Flammen auf, verglüht, und nur langsam kommt wieder alles zur Ruhe. Es bleibt die endlose Wellenbewegung im Innern der Kugel. Maya könnte ewig zusehen. Sie saugt das Gefühl der Verbundenheit, des Mitgefühls in sich auf und bleibt noch lange, nachdem die inneren Bilder erloschen sind, mit vor der Brust gekreuzten Armen in der alten Eiche sitzen.

13: Das Loslassen

Neubeginn

Alle Vitalfunktionen sind in Ordnung. Der Biss scheint zumindest nicht von einer Giftschlange zu stammen. Er sollte bald zu sich kommen, dann wird sich das Ganze schon aufklären." Der Arzt verreibt das Desinfektionsmittel zwischen seinen Fingern und sieht gelangweilt hinaus aufs Meer.

„Was ..", murmelt Elmer völlig geschwächt. „Was ist passiert?"

„Ach, guten Morgen, Herr Döhlen. Ja, das würden wir gerne von ihnen erfahren." Der Mann in hellblauer Uniform kommt einen Schritt näher. „Wir haben sie heute früh bewusstlos draußen bei den Heizanlagen gefunden. Dieser Bereich ist ausschließlich fürs Personal zugänglich. Darf ich fragen, was sie dort wollten?"

„Bei den Heizanlagen?"

„Ja, hinter dem Wellness Center. Sie haben blutige Striemen im Gesicht – hat es einen Streit gegeben? Mit einem Angestellten? Oder einen Unfall?"

„Unfall?"

„Nun gut. Kommen sie erstmal wieder zu sich. Wahrscheinlich brauchen wir nach der Aufregung alle erstmal eine Tasse Kaffee.“ Ein rascher Blick zur Uhr, dann zur Angestellten. „Schließen sie den Vorgang ab, Schwester. Diskret bitte. Und machen sie Meldung“, er bewegt tonlos die Lippen: „an den Kammerjäger.“ Und schon fällt hinter ihm die Tür ins Schloss.

Die Frau im weißen Kittel setzt sich seufzend auf den quietschenden Hocker. Sie ist Stationsassistentin, keine Krankenschwester. Und ihren Kaffee würde sie mit Milch und viel Zucker trinken, wenn sie denn einen bekäme.

‚Verdacht auf retrograde Amnesie nach nächtlichem Sturz.‘, schreibt sie in hübschen Schnörkeln. Dann klackt der Locher und der Deckel dieser Akte schließt sich für immer.

***

Zwei geruhsame Urlaubswochen später steht Elmer Döhlen vor seiner Wohnungstür im Treppenhaus und sucht die Reisetasche nach dem Schlüssel ab.

„Herr Döhlen! Da sind sie ja wieder! Na, wie war der Urlaub?“, freut sich die Nachbarin und huscht herüber. „Sie sind mir ja einer – Urlaub in der Südsee, so mir nichts dir nichts! Wars denn schön, ja?“

„Guten Morgen, Frau Baer, ja, doch, sehr erholsam war es. Und schön, ja, wirklich schön ist’s dort.“

„Ich habe mir erlaubt, ihnen eine Portion vom Sonntagsbraten aufzuheben und in ihren Kühlschrank zu stellen – als kleines Begrüßungsgeschenk zur Rückkehr.“

„Das ist sehr nett, Frau Baer. Aber sie sollten mich wirklich nicht so verwöhnen – ich gewöhne mich noch daran.“

Frau Baer druckst geschmeichelt. „Es ist doch schön, wenn man anderen was Gutes tun kann, nicht wahr? Hier ist ihr Schlüssel zurück. Die junge Dame hat die Sachen vom Antiquariat abgeholt. Also unter uns: Eine sehr hübsche junge Frau ist das, Herr Döhlen. Wäre die denn nichts für sie?“

Elmer stutzt. „Ich kann mich gerade gar nicht daran erinnern, dass ich noch irgendwas vom Antiquariat hatte. Und eine junge Dame? Ah, wahrscheinlich die Tochter vom Chef, die hilft manchmal aus.“

„Das ist ja wohl auch gut so, dass sie sich nicht erinnern können – sonst wäre ihr Urlaub ja ganz und gar umsonst gewesen, nicht wahr!“ Frau Baers Dauerwelle wippt beim Lachen. „Da sieht man, wie gut sie abgeschaltet haben. Ach, da beneide ich sie ja gleich doppelt. Mal so ganz weg vom grauen Alltag, sich mal keine Gedanken machen zu müssen – wer möchte das denn nicht.“

„Ja“, nickt er. „Da haben sie wohl recht.“ Er dreht den Schlüssel im Schloss und drückt die Tür auf.

„Dann will ich sie auch gar nicht länger aufhalten, gehen sie ruhig, gehen sie rein und kommen erstmal wieder zu Hause an. Und lassen sie es sich schmecken.“

„Ja, danke, sehr nett, Frau Baer.“

Der restliche Tag verläuft ereignislos, beinahe einsam, weswegen Elmer sich am späteren Nachmittag auf den Parkterrassen unter die Leute mischt. Er setzt sich an einen Singletisch und unterhält sich damit, den Kellner zu beobachten, der so unauffällig wie nur irgend möglich über den Marmorboden des alten Tanzsaales schwebt, hinter den dicken Säulen verschwindet und an anderer Stelle wieder auftaucht. Und während er das elitäre Gebahren der kleinstädtischen Schickeria beobachtet, wundert er sich, wie er eigentlich auf die Idee kam, heute ausgerechnet hierher zu kommen. Das wäre ihm doch früher nicht eingefallen – oder etwa doch? Er nippt am Kristallglas. Irgendwie scheint es ihm, als wären bei seinem Sturz noch weitere Details aus seinem früheren Leben verloren gegangen. Aber ist es denn wirklich von Bedeutung, ob er die Parkterrassen früher mochte oder nicht? Oder Eistee? Jetzt und hier schmeckt er ihm. Man sollte sich wahrscheinlich viel öfter vom Ballast der Vergangenheit befreien, überlegt er. Natürlich nicht von allem. Man sollte im Kern schon derjenige bleiben, der man ist. Aber so eine klitzekleine Veränderung reicht bisweilen ja schon aus, um — moment, ist das dort drüben nicht … wie heißt sie nur gleich? Elmer steht auf, geht durch den Saal und hinaus auf die Terrasse, zur Balustrade.

„Frau … Kussmann, richtig?“

„Ja“, sagt sie und blickt überrascht von ihrem Buch auf.

„Bitte entschuldigen sie den Überfall – ich weiß nicht, ob sie sich noch an mich erinnern. Ich bin Elmer Döhlen. Wir haben uns vor ein paar Wochen bei einer Radiosendung kennen gelernt.“

Maya fehlen die Worte. Sie wusste nicht einmal, dass Elmer wieder in der Stadt ist.

„Es ist kein Problem“, fährt er schnell fort, „wenn sie sich nicht an mich erinnern. Ich wollte auch nicht stören, aber da wir beide hier allein sitzen – ich dachte, ich frage einfach mal, ob ich sie auf eine Tasse Kaffee einladen darf?“

„Ähm, doch, doch, ich erinnere mich“, sagt sie irritiert.

„Aber sie waren gerade sehr vertieft in ihr Buch, nicht

wahr? Muss ziemlich guter Stoff sein“, lacht er. „Nichts für ungut – wenn jemand dafür Verständnis hat, dann ich. Lesen sie ruhig weiter. Wir verschieben den Kaffee einfach auf ein andermal, wenn sie möchten. Oh, die Zeitung da, haben sie die zufällig schon gelesen?“

„Ähm, nein, … aber wenn sie sie mitnehmen möchten, nur zu. Ich habe ja mein Buch hier.“

„Das ist sehr nett“, sagt Elmer und nimmt die Tageszeitung mit dem praktischen Kaffeehaus-Zeitungshalter an sich. „Wissen sie, ich war ein paar Wochen verreist und muss mich erst einmal wieder in unsere Welt einlesen. Aber ich sehe schon, ich habe nichts verpasst, es ist alles, wie es war: Zivilisationskollaps hier, Militärputsch da, ringsum Propaganda, Korruption, künstliche Intelligenz und Biotechnologie, strandende Wale, dazwischen Mikroplastik, Energiekrise, Waldbrände und explodierende Elektroautos, na, da fühlt man sich doch gleich wieder wie zu Hause. Ich weiß ehrlich gesagt nicht, ob ich all das tatsächlich lesen möchte, aber ich nehme es trotzdem mit – so viel hässliches Zeug sollte nicht auf dem Tisch einer schönen Frau liegen.“ Ganz Gentleman verneigt sich Elmer. „Ich freue mich, sie getroffen zu haben, Frau Kussmann. Ich wünsche ihnen noch einen schönen Tag.“

„Ja, ähm, schön … einen schönen Tag noch, … Herr Döhlen“, sagt Maya und sieht ihm nach wie er seinen Mantel vom Haken nimmt, es sich drüben, im warmen Licht der Nachmittagssonne in einem Chesterfield-Sessel bequem macht, die Beine übereinander schlägt und kopfschüttelnd beginnt die Zeitung zu lesen. Ist es denn wirklich möglich, dass er sie und alles, was zwischen ihnen war, alles, was sie ihm erzählt hat, einfach vergessen hat?

Dass das geheimnisvolle Zeremoniell neulich in der alten Eiche tatsächlich stattgefunden … und dass es allen Ernstes die Abläufe in der realen Welt verändert hat? Bis gerade eben war sie davon ausgegangen, dass sie in der Eiche eingeschlafen, dass alles nur ein Traum gewesen war. Und sie hatte sich schlimmste Vorwürfe gemacht, dass sie danach Hals über Kopf zu Elmers Wohnung gefahren war, um die Kiste mit seinen Recherchen verschwinden zu lassen. Dass sie sogar ins Antiquariat gefahren war, um den russischen Kupferstich zu kaufen. Sie hatte noch hin und her überlegt, wie sie ihm all das nach seiner Rückkehr erklären sollte und war aber dann zu dem Schluss gekommen, dass im Grunde keine Erklärung mehr notwendig ist: Ihre Beziehung war spätestens mit dem Moment seiner Abreise ein für allemal zu Ende. Aber selbst das scheint sich hiermit erledigt zu haben: Für ihn hat ihre Beziehung gar nie existiert.

Maya bestellt noch ein Kännchen Zitronengrastee, atmet tief durch und schließt die Augen. Es stört sie überhaupt nicht, dass er sie vergessen hat. Im Gegenteil. Es ist sogar ganz angenehm, denn eine besonders glänzende Rolle hat sie in dieser Beziehung ja nicht gespielt. Dennoch möchte sie die Erfahrung nicht missen. Denn wenn sie die Reihe ihrer Partner einmal ganz nüchtern betrachtet, dann macht Elmer ihren Irrtum ganz besonders deutlich. Sie hat ja nie einen echten Gefährten gesucht, sondern immer nur einen Statisten für das Fotoalbum ihres Vorzeigelebens. Und wichtiger noch: Jemanden, der ihr jeden Tag aufs Neue die Bestnote geben würde. Aber das Leben ist keine Prüfung mehr, wenn man einmal weiß, dass jeder Mensch von Anfang an auf seinem eigenen besten Platz sitzt. Auf seinem ureigenen Platz, von dem aus er wächst und seine Talente teilt – in allen nur denkbaren Formen, Farben und Größen. Und dass auf diese Art ein neues, ein ganz natürliches Miteinander entstehen kann. Genau so, wie es Jessica und Julius auf ihrem Hof versuchen. Jeder gibt genau das in die Gemeinschaft hinein, was er zu geben hat, und wird von ihr in dem unterstützt, was er benötigt. Und wo der Respekt der Menschen voreinander und vor allen Lebensformen an erster Stelle steht – wie auf der Kraterinsel – da braucht es weder künstliche Regeln noch Kontrollinstanzen. Denn da funktioniert das Miteinander so, wie das Menschsein ursprünglich einmal gedacht war. Und so, wie Maya seit ihrem Aufenthalt in der Südsee immer stärker die Kraft des Mandelbrotbaums spürt, so klar ist ihr jetzt, beim Herbstgesang der Rotkehlchen, dass dieses Gefühl der natürlichen Verbundenheit die Wurzel und das Herz des wahren Lebens ist. Paopao.

***

Wie eh und je schwappen die zarten Wellen an Talas Strand. Wie eh und je im vollen Bewusstsein, dass sie trotz allergrößter Neugier am Ende doch nur einen klitzekleinen Ausschnitt vom Leben an Land erfahren werden. Und auch wenn sie wissen, dass jeder Sonnenauf- und jeder Sonnenuntergang ihrer langen Reise übers Meer in sich ebenso viel Freude birgt wie dieser letzte kleine Moment zum Abschluss ihres Lebens, so gleicht er doch einem Sahnehäubchen, der ihr Dasein mit einer kurzen Geschichte aus dem Leben der Menschen krönt. Und so kann die kleine Welle ihr Glück kaum fassen, als sie erkennt, dass sie ihre

Reise ausgerechnet wieder dort beenden würde, wo sie bereits im letzten Zyklus das Gespräch von Osmo und Tala mit anhören durfte.

„Von deinem Vertrauen kann ich nach all der Zeit doch noch immer etwas lernen, meine Liebe“, sagt Osmo in diesem Moment. „Dass ein jeder die Möglichkeit hat, frei zu wählen, welchen Beitrag er leisten möchte, schürt bei mir noch immer die Angst, dass er sich als Zünglein an der Waage für den falschen Weg entscheiden könnte. Aber vielleicht sind die Malhani ja doch schon weiter als gedacht?“

„Ach Osmo“, seufzt Tala. Die Beine wollen unter ihr nachgeben.

Die Welle ahnt Böses. Wird sie noch erfahren, was hier geschieht, ehe sie versickert und der Kreislauf von Neuem beginnt?

„Dieser Malhani war nicht das Problem, dessen Schatten wir seit langem kommen sahen“, sagt Tala. „Er war nur derjenige, der kommen musste, um uns die Augen zu öffnen. Damit wir erkennen, wie schlimm es wirklich um alles steht. Die gesamte Geschichte um diesen Malhani, sie war nur eine Übung.“

„Wovon sprichst du, Tala?“

„Ich war so lange nicht unten – ich weiß nicht einmal, wie lange sie schon —“, die Worte bleiben Tala in der Kehle stecken. „Ich bin nach dem Zeremoniell hinabgetaucht, um nach dem Rechten zu sehen.“

Mit aller Kraft strampelt sich die Welle zurück ins Meer. Sie will noch nicht versickern! Sie muss noch einmal auflaufen. Sie muss hören, was hier geschehen ist!

Osmo stützt die uralte Frau. Er streicht ihr das silberne

Haar aus der Stirn und betrachtet die feinen Gesichtszüge.

Lange wird sich die Welle nicht mehr halten können. Zum zweiten Mal schon hat sie sich geweigert, in den ewigen Kreislauf einzutreten. Es bleibt keine Zeit mehr. Es ist ihre letzte Chance.

Da tut Tala die Augen auf. Ihre Lippen zittern, dann flüstert sie: „Die Goldenen Bücher, Osmo, … die ersten vier … sind verschwunden."

„Wie kann das sein?", murmelt der alte Mann. „Der Malhani ging doch mit reiner Hand und mit reinem Geist."

„Ich war so lange nicht mehr unten … womöglich sind sie schon in der Welt seit –"

Osmos Blick verliert sich in der Ferne, bevor er den schrecklichen Verdacht ausspricht: „– seit dem Aufenthalt des Zweiten hier auf der Insel."

Es knistert in der Luft.

Tala nickt.

Und die kleine Welle taumelt. Vor Schreck vergisst sie zu strampeln und mit einem lautlosen „Das kann doch nicht –" versickert sie im Sand.

„Das erklärt den Aufstieg der vielen, vielen Dämonen", überlegt Osmo. „So viel mehr als üblich. Das Netz war ja selbst mit Mayas Hilfe kaum zu halten."

„Ja. Deshalb habe ich nachgesehen. Der Prozess ist zu weit vorangeschritten, Osmo. Allein mit den Hütern können wir diesen Sturm nicht mehr aufhalten. Nur gemeinsam mit den Malhani wären wir dazu noch fähig. Aber dafür … ist es zu früh. Die Malhani sind noch lange nicht so weit." In unendlicher Erschöpfung sinkt Tala auf jenen Stamm, den das Meer einst an Land gespült hat. Osmo steht noch immer dem Ozean zugewandt. Und es mag das leise Schimmern sein, das sich am Horizont zeigt, ein sachtes Spiel von Sonne und Wasser in der Ferne, das ihm die untrügliche Sicherheit gibt: „Doch, Tala“, sagt er. „Als ich vom Zweifel zerfressen war, hast du an Maya geglaubt. Und du hattest Recht. Vertraue du nun mir, wenn ich dir sage: Maya hat die Täuschung erkannt. Sie hat gelernt, dass ihre Gedanken nicht isoliert und in ihrem Inneren verschlossen, sondern dass sie die mächtigste Verbindung zwischen Mensch und Welt sind. Maya hat erfahren, dass sie mit ihren Gedanken nicht nur sich selbst, sondern auch das Außen verändern kann, sobald sie ihr Herz öffnet, sich an den Ursprung erinnert und wieder beginnt, mit der Erde und all ihrem Leben gemeinsam zu atmen. Sie ist gewachsen und sie wird ihre Erfahrungen mit den anderen Malhani teilen, damit auch diese sich an ihre wahren Kräfte erinnern. Denn sie alle, Tala, sind doch in ihrem innern Wesenskern Menschen. Und allein darum geht es. Darin liegt die Hoffnung.“

"Das Leben erschien mir wie eine zufällige Aneinanderreihung von Ereignissen. Doch wenn ich zurückblicke, erkenne ich ein Muster.

Benoît Mandelbrot (1924 – 2010)

EINLADUNG ZU EINEM MATHEMATISCH-LITERARISCHEN GEDANKENSPIEL

Die folgenden Darstellungen sind eine verkürzte und vereinfachte Darstellung komplexer Sachverhalte. Sie erheben keinerlei Anspruch auf Vollständigkeit und dienen in der vorliegenden Form lediglich als Inspiration für weitere Überlegungen.

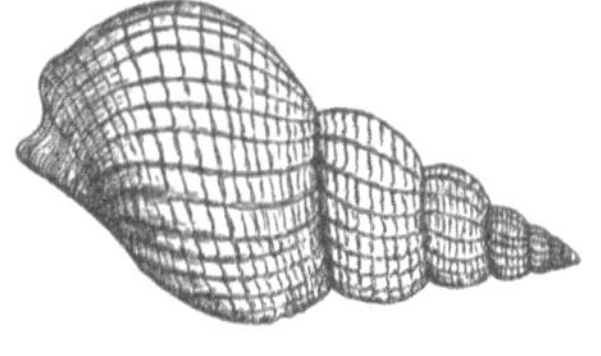

Das schönste Problem, das man sich vorstellen kann, …

Benoît Mandelbrot war ein französisch-amerikanischer Mathematiker, der die Gabe besaß Zahlen und Formeln als geometrische Muster vor seinem inneren Auge zu sehen. Den Großteil seines Lebens beschäftigte er sich mit dem „schönsten Problem, das man sich nur vorstellen kann“ und veränderte damit nichts weniger als unseren Blick auf die Natur.

… denn die Welt ist komplexer, als man gemeinhin denkt.

Es ging um ein altes, ungeklärtes Zahlenspiel der Mathematik, das in den Bereich der sogenannten komplexen Zahlen fällt. Diese Zahlen unterscheiden sich grundlegend von unseren alltäglichen ‚reellen Zahlen‘.

Weshalb? Ganz einfach: Weil unser Konstrukt der reellen Zahlen bei sehr genauem Hinsehen den ein oder anderen Schönheitsfehler aufweist. So

gibt es zum Beispiel keine Zahl, die mit sich selbst multipliziert -1 ergibt.
In anderen Worten: Die Wurzel der negativen 1 lässt sich nicht ziehen.

Um diese Lücke zu stopfen, kam man in der Mathematik überein, diesen fehlenden Wert mit ‚i' zu bezeichnen: imaginärer Wert.
Wo aber nun hin damit? Auf dem reellen Zahlenstrahl sind ja sämtliche Positionen bereits mit reellen Zahlen belegt.
Da wurde in der Not eine neue Achse definiert, welche zwar der y-Achse des kartesischen Koordinatensystems sehr ähnelt, allerdings in diesem Fall mit ‚i' bezeichnet wurde.

Kurz: Unser klassisches, reelles Zahlenverständnis wurde um eine imaginäre Dimension erweitert, deren Werte dann ‚komplexe Zahlen' heißen, weil sie beispielsweise so aussehen:

(3+2i)

Bedeutet: Der imaginäre Punkt (3+2i) liegt 3 Einheiten nach rechts auf der realen x-Achse und 2 Einheiten nach oben auf der imaginären i-Achse.

Real plus imaginär?

Besteht nicht auch der Mensch aus einem realen, sichtbaren Körper in einer realen, sichtbaren Welt plus einem imaginären Teil, den wir Geist, Seele, Emotionen, Gedanken oder Trauma nennen?

Alles ist eine Frage der Sichtweise, …

Zurück zu Benoît Mandelbrot und dem schönsten Problem, das er sich vorstellen konnte:

Was geschieht, wenn man eine solche komplexe Zahl (der Einfachheit halber wird sie nur ‚z' genannt), quadriert, sie zu einer komplexen Zahl ‚c' hinzufügt und das Ergebnis als neues z behandelt – es also wieder quadriert, das alte c dazu addiert und das Ergebnis als neues z behandelt, es also wieder quadriert, das alte c dazu addiert und das Ergebnis ... in unendlicher Wiederholung? Anders gesagt:

$$z(0) = 0$$
$$z(1) = (z0)^2 + c$$
$$z(2) = (z1)^2 + c$$
$$z(3) = z(2)^2 + c$$
$$z(4) = z(3)^2 + c$$

..

... und jedes Ende ist ein neuer Anfang.

Frühere Mathematiker stießen hier recht schnell an die natürlichen Grenzen von Stift, Papier und Geduldsfaden.
Mandelbrot jedoch hatte als IBM-Mitarbeiter erstmals die Möglichkeit, diese ‚Iteration' maschinell laufen zu lassen.
Und das, was er in den Ergebnisreihen sah, faszinierte ihn vollkommen. Er sprach von fantastischen Mustern, von unendlichen Spiralen in den buntesten Farben. Doch zunächst konnte ihm niemand folgen. Was sah er nur?

... denn jedes Ganze besteht aus 2 Hälften.

Ausgehend von der Annahme (Erklärung folgt), dass das allererste z gleich 0 ist, hatte Mandelbrot die Iteration für sämtliche Werte c durch den Rechner laufen lassen und folgende 2 Gruppen erkannt:

1. Für bestimmte Zahlen c werden die Ergebniswerte immer kleiner und nähern sich immer weiter der Null an.

2. Für andere Zahlen c werden die Ergebniswerte immer größer und verlieren sich in den unendlichen Weiten des Koordinatensystems.

Um dem Rest der Welt nun zu veranschaulichen, was er mit bloßem Auge sehen konnte, stellte Mandelbrot zunächst sämtliche Ergebnispunkte der 1. Gruppe als schwarze Punkte im Koordinatensystem dar.
Et voilà: Das ‚Mandelbrotset'

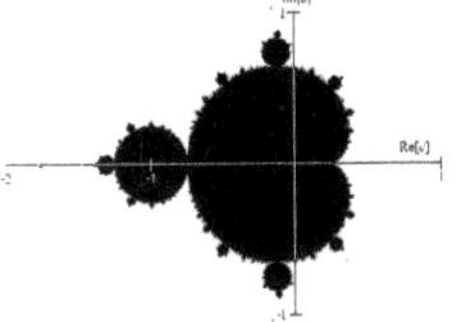

Und was ist mit der zweiten Gruppe? Mit jenen Punkten, denen die gesamte Weite des Koordinatensystems zur Verfügung steht, die nicht zum klar definierten Bereich des Mandelbrotsets gehören?
Sie werden schnell extrem groß und katapultieren sich damit über kurz oder lang selbst aus dem Sichtfeld.

Interessanterweise entspricht die Grenze zwischen diesen beiden Gruppen 1 und 2 nicht etwa einer klar umrissenen Linie. Es handelt sich vielmehr um eine Art Grenzbereich, der sich zwischen der offenen Unendlichkeit und dem geschlossenen Mandelbrotset entfaltet.

Wo die vollkommene Freiheit
auf die ordnende Kraft
des Ursprungs trifft,
da entsteht
faszinierende Schönheit.

Das Göttliche zeigt sich
im Pendel der Dualität,
denn Licht und Schatten,
Groß und Klein,
Freiheit und Bindung
sind immer Teil desselben.

Denn es ist die ewige Verbindung ...

Mit einem speziellen Farbschema machte Mandelbrot die Spiralmuster der Grenzbereiche für uns sichtbar.

Egal, wie weit man aus diesen Mustern heraus- oder in sie hineinzoomt, sie wiederholen sich in sich selbst und über sich selbst hinaus immer und immer wieder. Ohne Anfang, ohne Ende. Sie kreieren eine herrliche Vielfalt an Mustern und Spiralen und doch taucht immer und immer wieder das Mandelbrotset in ihnen auf. Es ist Teil ihres Seins und Teil ihres Werdens.

Alles läuft immer wieder auf dasselbe hinaus: Das Große ist wie das Kleine und das Kleine ist wie das Große. Oben ist wie unten und unten ist wie oben.

Diese sich ständig wiederholende Reflektion des eigenen Wesens in sich selbst wird als das Prinzip der Selbstähnlichkeit bezeichnet ... und es zeigt sich an zahlreichen Stellen in der Natur:

Wasser, Wellen, Felsen, Wolken

Brokkoli Romanesco

Schnecken, Muscheln, ...

Wälder, Bäume, Farne, Blätter, ...

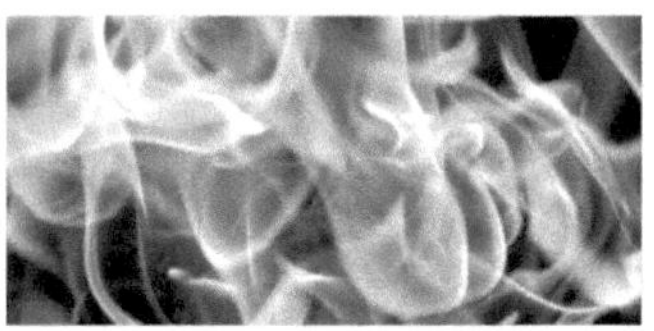

Feuer

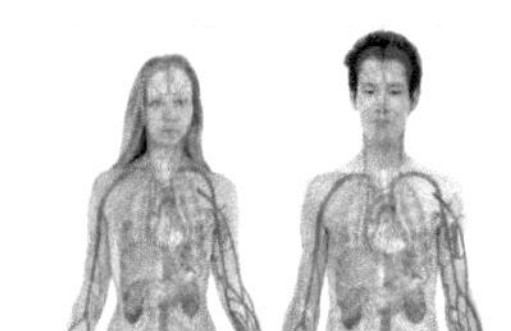

Blutgefäße, Atemwege, Nervensystem, ...

Berge

Küstenlinien

... des Ursprungs

Im Koordinatensystem bezieht sich ein jeder Zahlenwert auf den so genannten Nullpunkt: Die 4 beispielsweise liegt vier Einheiten rechts von der Null, die -4 liegt vier Einheiten links von der Null.
Und die komplexe (3+2i) liegt drei Einheiten rechts und zwei oberhalb von der Null.

Die Null ist der Ursprung aller Zahlen. Aus diesem Grund setzte auch Mandelbrot mit seinen Überlegungen am Nullpunkt an:

$$z(0) = 0$$

Ist dies nicht jener unerreichbare Ort, aus dessen Nichts heraus alles entsteht und in dessen Nichts hinein alles mündet?

... mit dem Leben.

So essenziell die Null auch ist – mit ihr allein kommt man nicht weit.

Setzt man nämlich auch die zweite Variable der Gleichung, c, gleich Null, dann sind alle weiteren Ergebnisse Null.

Was wäre der Ursprung ohne das Leben?

Darüber hinaus gibt es neben der Null noch einen zweiten Sonderfall in Mandelbrots Iteration:
Es handelt sich um jenen bereits bekannten Wert -1, der die

Mathematikwelt bereits ganz zu Beginn der Überlegung zur Einführung der imaginären Dimension bewog.

Wird nämlich die -1 als konstante Variable c in die Mandelbrotformel eingesetzt, springen die Ergebnisse im ständigen Wechsel zwischen -1 und 0 hin und her und hin und her und hin und her ...

Das Göttliche (0) und die
imaginäre Dimension (-1)
allein würden sich auf ewig
im Kreise drehen,
wenn sie sich nicht
in der realen Dimension
von Mensch und Natur
manifestieren könnten.

Oder anders herum:

Was wäre das reale
Dasein des Menschen
ohne die Imagination
und ohne die Existenz
des Göttlichen?

Das Leben ist ein immerwährendes Wachsen und Teilen

Die faszinierenden Muster des Mandelbrotsets entstehen im Spannungsfeld von ursprünglicher Ordnung und völliger Freiheit.
Sie vereinen in sich das Reale mit dem Imaginären, drehen sich als Spiralen in bunter Lebensfreude, schwingen und tanzen unendlich tief in ihre Existenz hinein und unendlich weit aus ihr heraus. Und zeigen dabei immer wieder jenes Bild, aus dem heraus sie selbst entstanden sind.
Bei Betrachtung einer solchen Mandelbrot-Animation, z.B. auf youtube, zeigt sich, dass diese Muster sich stets nach dem gleichen Prinzip verhalten:

Wachsen und teilen.
Wachsen und teilen.

Und dabei bleibt ihr innerster Wesenskern stets erhalten.

Inhaltsverzeichnis

Teil 1

Teil 2

Bildquellennachweis:

Die verwendeten Bildelemente wurden via canva.com bzw. pixabay.com für die private und kommerzielle Nutzung geteilt von

Alexman89, Christianpackenius, Circle Ink, Dimitrisvetsikas1969 Freefotos, djvstock2, Geralt, iconsy, Iplenio, Kanenori, KRPhotography, Nellivalova, New Wind, Mikolaj Niemczewski, Mo-Ho Art, OpenClipart-Vectors pixabay, Pavel Vectors, PDPhotos, Pitsch, Pixaroma, Rafiico Studio, Roundicons Pro, Serhii Borodin, Simon, sparklestroke, SummerGlow, Super Style, vectortradition, Vintage Illustrations, Weasley99, WikiImages und Connelly (commons.wikimedia).

Ein Dankeschön von Herzen

meinen tollen Testlesern
für ihr hilfreiches Feedback,
meinem wundervollen Mann
für Inspiration und Rückhalt
und meinen lieben Eltern
für alles.